河北省教育厅青年拔尖人才项目
"共同富裕的正义伦理价值研究——基于马克思正义论研究的理论视角"
（BJS2023016）的最终研究成果

U0686140

共同富裕
的正义伦理价值研究

基于马克思正义论研究的理论视角

刘建涛　赵雪　著

九州出版社
JIUZHOUPRESS

图书在版编目（CIP）数据

共同富裕的正义伦理价值研究：基于马克思正义论研究的理论视角 / 刘建涛，赵雪著 . -- 北京：九州出版社，2024.5

ISBN 978-7-5225-2840-3

Ⅰ . ①共… Ⅱ . ①刘… ②赵… Ⅲ . ①共同富裕 – 研究 – 中国 Ⅳ . ① F124.7

中国国家版本馆 CIP 数据核字（2024）第 080692 号

共同富裕的正义伦理价值研究：基于马克思正义论研究的理论视角

作　者	刘建涛　赵雪　著
责任编辑	王　宇　田　梦
出版发行	九州出版社
地　址	北京市西城区阜外大街甲 35 号（100037）
发行电话	（010）68992190/3/5/6
网　址	www.jiuzhoupress.com
印　刷	廊坊市海涛印刷有限公司
开　本	710 毫米 ×1000 毫米　16 开
印　张	18
字　数	249 千字
版　次	2024 年 5 月第 1 版
印　次	2024 年 5 月第 1 次印刷
书　号	ISBN 978-7-5225-2840-3
定　价	78.00 元

目　录

导　言

第一节　马克思正义论与共同富裕的正义伦理价值

正义作为一种批判性的哲学话语，蕴含着对人类生命价值的关怀、自由本质的追溯、人与自然的和谐共处及社会现实的批判与反思。在人类的思想历史发展过程中，不同时代、不同阶级都有自己的正义表达和正义诉求。正义也呈现出不同的面孔与姿态。二十世纪六七十年，欧美分析马克思主义学派关于马克思与正义问题的争论，拓展出了马克思主义理论研究的新的问题域。毋庸置疑的是，马克思虽然没有专门研究和系统阐释正义问题，但在马克思的文本中，存在着诸多正义的"面孔"。在这里，我们必须要搞清楚一些问题：马克思是否持有特定的正义观念？马克思是不是基于正义的立场批判资本主义生产方式的？马克思又是如何看待资本主义生产过程中的非正义性问题的？要厘清这些问题，就必须对正义的内涵及马克思重要文本中的正义思想进行系统而全面的研究，从而澄明马克思的正义论的本真面目。

共同富裕是社会主义的本质要求，是实现中华民族伟大复兴、实现中国式现代化的应有之义。党的二十大报告指出："我们坚持把实现人民对美好生活的向往作为现代化建设的出发点和落脚点，着力维护和促进社会公平正义，着力促进全体人民共同富裕，坚决防止两极分化。"① 共同富裕是一个内含公平正义理念的美好生活概念，也是实现全体富裕、全面富裕，不断增进民生福祉、维护公平正义、促进全面发展的生产和再生产过程。中国共产党始终坚持以人民为中心的价值追求，让全体人民过上美好生活是中国共产党自诞生之日起的初心和使命。共同富裕从人民对美好生活的向往演化为牵动国家中长期发展战略的顶层设计，进而落实为现实的发展规划，从而一步步走进人民群众的实际生活，其中所蕴含的正义伦理价值越来越清晰。理解共同富裕的正义伦理价值对于实现中华民族的伟大复兴具有重要的理论意义和实践价值。可见，扎实推动共同富裕目标的实现，需要准确把握其正义伦理价值，从而为共同富裕的最终实现奠定坚实基础。

一、对"正义"概念的历史考察

正义概念的最早提及，可以追溯到古希腊时期。公元前 9 世纪前后，在荷马史诗中存在"dike"一词，从词源意义上讲，"dike"一词是正义（justice）概念的雏形，这一原初含义所表达的是宇宙秩序的本性。在荷马史诗中，"dike"一词的原初含义存在着一个假定的前提，也就是宇宙存在着单一的基本秩序。而正义便是要按照这一秩序来规范自己。在古希腊时期，这一秩序的统辖者便是宙斯，国王则分配宙斯所分配的正义，分统各特殊共同体的秩序。荷马史诗中所表达的正义观念是古希腊早期人们对社会秩序和正义追寻的原初表达。如果说荷马史诗中正义观念的神的正义"恩赐"，那么，到梭伦和伯里克利时期，古希腊正义观念则由天上降到了人间，开始提出城邦正义观念。他们极力推行公民本位的正义，重视法治与正义的关联，为古希腊民主政治的发展和西方近现代的社会政治和价值观产生了深远影响。经过伯罗奔尼撒战争后，雅典走向衰败，城邦民主制逐渐暴露出

---

① 习近平.高举中国特色社会主义伟大旗帜 为全面建设社会主义现代化国家而团结奋斗——在中国共产党第二十次全国代表大会上的报告［M］.北京：人民出版社，2022：22.

无法克服的弊病，自由的极端化、平等的绝对化，使社会道德混乱与堕落。此时，苏格拉底开始反思城邦民主制的道德基础。他主要是从个人美德的视角来"规范"正义的。此外，苏格拉底还将守法看作是正义，提出了"神也将正义和守法看作是一回事"①，并且用自身的实际行动捍卫着正义的威严，做出了"苏格拉底之死"的壮举。相对于苏格拉底的德性正义，柏拉图提出了"界域正义"。他对"界域正义"的阐释主要从国家正义和个人正义两个维度来开展的。柏拉图为城邦设定了一个总的正义原则，这一总的正义原则便是"每个人必须在国家里执行一种最适合他天性的职务"②。也就是城邦中的三个阶层（统治者、护卫者、劳动者）各司其职、各安其位。这便是"国家正义"的阐释。在《斐德罗》和《理想国》中，柏拉图提到了人的灵魂是由理性、激情、欲望三部分构成。而他所构思的个人正义便是人的灵魂的三个组成部分（理性、激情、欲望）各尽其职、各安其位。柏拉图认为，只有这样，人的整个心灵才能处于和谐安宁之中，整个国家也才能保持平稳有序的和谐状态。

苏格拉底和柏拉图将城邦正义诠释为个人的美德、智慧和内在于人的灵魂并有利于它的一种善，并以城邦之善来促城邦之和谐。亚里士多德将以城邦之善为基本原则的古典政治哲学的正义观念发挥到了极致，并且也赋予了正义以更为宽广的内涵。正义在亚里士多德的思想中分划为了"普遍正义"和"特殊正义"。亚里士多德用美德指代"普遍正义"，"一种完全的德性"，遵从"普遍正义"也即"合法"意义上的正义。亚里士多德指出："要使事物合于正义（公平），须有毫无偏私的权衡；法律恰恰正是这样一个中道的权衡。"③这里的法律不仅包括城邦颁布的成文法，也包括不成文的道德法典。可以说，"普遍正义"关注的是城邦公民的整体德性和社会伦理品质，是以"守法"为基本原则来考量城邦整体和个体成员之间的关系，

---

① 汪子嵩，范明生，陈村富，等.希腊哲学史（第2卷）[M].北京：人民出版社，1993：460.

② ［古希腊］柏拉图.理想国［M］.北京：商务印书馆，2002：154.

③ ［古希腊］亚里士多德.政治学［M］.北京：商务印书馆，1965：169.

是德性的全部。"特殊正义"更加关注城邦之中个体成员之间的"平等"关系，指涉部分的美德。分配正义则隶属于"特殊正义"。分配正义是指依据美德在共同体成员之间分配社会公有的财富、荣誉和政治职位等可分之物；矫正正义是指依据"算数平等"的原则维护城邦成员在经济交往中的公平，矫正人们之间的伤害，对受害者给予赔偿；而交换正义是反映人们在经济交往中在自愿基础上的互惠关系，也即自主的均等。亚里士多德从个人美德和社会规范两个维度对古典正义观念进行了划分，同时也赋予了古典正义的基本原则。他认为："城邦以正义为原则。由正义衍生的礼法，可凭以判断（人间的）是非曲直，正义恰正是树立社会秩序的基础。"① 正义要依托于两个基本原则，即作为城邦的政治法律制度原则和作为个体正义善的美德。综上所述，亚里士多德赋予了正义新的内涵，开启了分配正义研究的先河，为后世学者探讨正义理论奠定了基础。

亚里士多德之后，西塞罗在《论义务》中对正义和慈善作了区分，并将正义看作是每个人都必须履行的义务。受其影响，托马斯·阿奎那、格劳秀斯、亚当·斯密和康德等都对正义与美德之间的关联作了不同意蕴的解读。但早期正义观念，包括亚里士多德的观念，对财富分配的论述基本都是关于政治权利分配而非物质财富的分配。正像塞缪尔·弗莱施哈克尔所说的："斯密前的法学思想家亚里士多德、阿奎那、格劳秀斯、普芬多夫、哈奇森、威廉·布莱克斯通和大卫·休谟等，没有一个在分配正义的题目下提出过财产权的合理性。财产的所有权，就像财产的侵犯一样是矫正正义的范畴，没有人能够在分配正义下获得提出财产要求的权利。"② 关于物质财富的分配问题，也即财产所有权的合理性问题只是到了十八世纪，在诸如亚当·斯密和康德等哲学家的著作才得以提及，由此，也开启了正义与权利之间相互关联的维度。斯密在《道德情操论》一书中指出，正义是"唯

① ［古希腊］亚里士多德. 政治学［M］. 北京：商务印书馆，1965：9.
② ［美］塞缪尔·弗莱施哈克尔. 分配正义简史［M］. 南京：译林出版社，2010：38.

一明确和准确的道德准则”，并指出“放弃属于他人的东西”是正义的核心准则，这意味着不得侵犯他人的利益和幸福，“没有给旁人任何实际伤害，不直接伤害他的人身、财产或名誉时，就说对他采取的态度是正义的”①，其中，包含着对他人私有权利的认可和维护。斯密的以“放弃属于他人的东西”为核心准则的正义理论继承了休谟的“自私是建立正义的原始动机”的思想，并对正义作了私有财产权的确认和辩护的阐发。斯密遵循自然法传统把正义与权利紧密关联起来，对现代正义理论，特别是现代分配正义理论的开启和发展提供了必要资源。

与前现代相比，现代意义上的正义理论的内涵获得了新的解释。正义与美德相分离，逐渐转向了一种政治和经济制度，指涉维护个人基本权利和社会基本秩序的公共规范。也就说是，多数学者对现代正义理论的“规范”都是在法权意义上开展的。正如奥诺拉·奥尼尔所谈到的：“作为伦理和政治关切的焦点，正义和美德是对抗的而不是互补的探究。几乎所有关于正义的当代著作都是普遍主义的：它拥有普遍的和抽象的原则。”②“关于正义的视界的争论变成关于国家权力、经济权力或社会权力服从于正义的要求的方式的争论。”③当然，正义理论的转向无法逾越西方传统的契约论方法。正是依托于西方的契约论传统，现代正义理论以所有权为基点，将正义概念与权利、自由、平等等相关联，开辟了正义理论研究的新路向。

探讨现代正义理论必须聚焦于罗尔斯的《正义论》，因为罗尔斯推动了当代政治哲学发展，是关于现代正义问题讨论的核心人物。几乎所有研究现代正义理论的学者都以罗尔斯为坐标，或者追随，或者批判，或者赞成，或者反对，从而建构起自己的正义理论。罗尔斯对古典正义理论进行了修正，并基于卢梭、康德等人的自然法和契约论传统，将正义视为“社会制度的首要美德”。在罗尔斯看来，正义与社会制度所分配基本权利和义务密

---

① ［英］亚当·斯密.道德情操论［M］.北京：商务印书馆，1997：355.
② ［英］奥诺拉·奥尼尔.迈向正义与美德［M］.北京：东方出版社，2009：2.
③ ［英］奥诺拉·奥尼尔.迈向正义与美德［M］.北京：东方出版社，2009：17.

切相关。因此，罗尔斯的正义理论可以说是"分配正义"的集中表达，他所要解决的是人类分配的不平等，所以，在罗尔斯看来，正义总是意味着平等。为了解决人类的不平等，罗尔斯设定了"原初状态"和"无知之幕"，并以此为基础推出了正义的两个原则（平等的自由原则，差别原则和机会平等原则）。正义原则归根到底所指涉的是社会价值或基本善（如权利和自由）的平等分配问题。从罗尔斯对"原初状态"的设定及对正义两个原则的推论，我们可以发现其延续了霍布斯以来的自然法和契约论的传统。罗尔斯对正义原则的建构其实也是对古典社会契约论的重构。当然，在社会契约论的重构过程中，罗尔斯借助了康德的建构主义，也就是说，在康德式建构主义范式的指引下罗尔斯实现了对正义两个原则的证明。

罗尔斯从整个社会的价值或基本善出发，将正义看作是基于平等原则的"分配正义"。罗尔斯的这一正义理论和正义原则遭到了同为新自由主义者的诺齐克、德沃金以及社群主义者麦金太尔的批判和诘难，同时，也彰显了现代政治哲学中关于正义理论探讨的"诸神混战"的局面以及现代正义概念的不确定性。但无论是诺齐克的"持有正义"理论还是德沃尔的"资源平等"理论都在自由主义的话语体系中围绕"权利"而建构现代分配正义理论。而麦金太尔则站在社群主义的立场上提出"正义是给每个人——包括给予者本人——应得的本分"①。麦金太尔的"应得"正义也是在亚里士多德式的分配正义的框架内来建构的。总之，现代正义原则的谱系彰显出现代正义理论的内涵具有极强的复杂性。不同学者依托不同的知识背景和社会环境给予正义原则不同的理论内涵和现实规则。但从总体来看，现代正义原则的建构都是围绕新自由主义者罗尔斯的正义理论对权利、平等、自由等社会基本原则和价值秩序的分配问题的探讨，其运思的语境始终没有逾越资本主义制度的框架。

---

① ［美］阿拉斯戴尔·麦金太尔. 谁之正义？何种合理性？［M］. 万俊人等译. 北京：当代中国出版社，1996：56.

综上所述，正义"具有着一张普洛透斯似的脸"（博登海默语）。伴随着思想的历史流变，对正义内涵的不同规定和理解使得正义具有了不同的面孔呈现。在西方政治哲学的理论视阈中，正义往往被诠释为"应得"正义，也就是考究权利、平等、自由等社会基本原则和价值秩序的分配问题。但正义作为一种批判性的哲学话语，其理论视域并不局限于此，从亚里士多德对"普遍正义"的诠释也可以看出正义概念蕴含着对某种社会制度安排正当、合理的价值诉求，彰显着对人类生命价值及自由本质的关怀及对社会现实的批判与反思。

二、马克思对资本生产的正义性批判

马克思并没有系统而完整地论述过正义问题，但在马克思的著作中确实也出现了对正义问题的不同表述。而真正将"马克思与正义问题"的研究推向高潮的要到二十世纪六七十年代分析马克思主义学派对"马克思与正义问题"的争论。在罗尔斯出版《正义论》的第二年，美国学者艾伦·伍德提出了马克思似乎并没有以"不正义"之名来批判和谴责资本主义，由此，引起了英美左翼学者对马克思与正义理论的长达30多年的激烈争论，这一争论至今"硝烟未消"。他们的争辩基本围绕两个截然不同的观点展开。一种观点是马克思"反对正义理论"的"塔克—伍德论题"，认为马克思对正义持有反对态度，并没有以"不正义"之名谴责资本主义。另一种观点以胡萨米为代表则认为马克思持有正义理论。马克思以正义理论批判了资本主义生产方式。因此，要正确把握马克思的正义观念就必须探究分析学派对马克思与正义理论的评判，窥透他们是基于何种理论前提来反对或赞成马克思对资本主义正义性批判的。

毋庸置疑的是，英美分析学派诸学者都是以马克思恩格斯的著作文本特别是《资本论》为依据来展开评判的，这一点似乎增加了他们评判的"科学性"和"真实性"，但实则未然。的确，在马克思的《资本论》等文本中出现过对正义持否定性和拒斥性的描述。因此，我们必须要探清马克思是在何种语境下，又是基于什么样方法论原则否定和拒斥正义的。马克思否定和批判的主要是资产阶级的"永恒正义"或"自然正义"观念及庸俗社会主义的"分配正义"观。他批判蒲鲁东等人不了解资本主义的生产方式只是"一种历史性的和暂时的方式"。对拉萨尔主义等庸俗社会主义者，马克思批判其犯了基于资产阶级权利观念的错误，因为，他们把社会主义描述为主要是围绕着分配兜圈子，"在所谓分配问题上大做文章并把重点放在它上面，那也是根本错误的"①。在伍德看来，马克思和恩格斯确实认真对待了正义概念，并对正义采取了批判的态度。但伍德对马克思的正义概念作了意识形态的法权意义式的解读。马克思在文本中并没有明确提出一个清晰的正义概念。伍德把马克思的正义观描述成一个意识形态的法权概念，并指出这一正义观是依附的和变化的。此外，伍德还将马克思的正义理论看作是非规范性的描述性概念，得出了这样的结论："资本主义虽有种种明显的缺点，但它在正义问题上却并未犯错。对马克思而言，无论资本主义可能是什么，它似乎都不是不正义的。"②胡萨米站在分配正义的立场给马克思的正义观以积极维护。他指出："在马克思的表述中，无产阶级及其代言人运用无产阶级的正义标准批判资本主义的分配活动，这是有效的。"③胡萨米所依据的是马克思批判资产者对工人剥削所采用的词汇，如"抢劫""篡夺""盗用""抢夺""战利品""盗窃""榨取"等词。进而，胡萨米将马克思的正义理论归结为"采用何种标准来衡量资本主义的财产分配和收入分配的问题"，并指出，"分配正义关注的是针对特定分配行为的道德评价"④，从而运用"道德社会学"对马克思的正义理论做了"唯道德论"的考察。

纵观英美分析学派对马克思正义观的评判。无论是以伍德为代表的"反对派"，还是以胡萨米为代表的"赞成派"，都提出了一些可以借鉴的观点，

① 马克思恩格斯选集（第3卷）[M].北京：人民出版社，2012：365.
② 李惠斌，李义天.马克思与正义理论[M].北京：中国人民大学出版社，2010：4.
③ 李惠斌，李义天.马克思与正义理论[M].北京：中国人民大学出版社，2010：47.
④ 李惠斌，李义天.马克思与正义理论[M].北京：中国人民大学出版社，2010：44.

但同时也暴露出了一些各自的问题与症结，伍德从法权意义上得出了马克思对正义观念的否定和拒斥态度，并看到了这种拒斥所蕴含的解构性意味。殊不知，马克思在其他场合也提出过超越法权意义的正义观念，如在《1857—1858 年经济学手稿》中，马克思谈到，工人认识到"劳动同自己的实现条件的分离是不公平的、强制的，这是了不起的觉悟。这种觉悟……是为这种生产方式送葬的丧钟"①。伍德虽然看到了马克思对正义概念在批判意义上的解构。但没有探清马克思否定、拒斥进而解构正义概念的理论语境和方法论原则，从而对马克思的正义观作了非辩证的抽象同一性的解读。胡萨米等人指出了马克思论证资本主义不正义的合理性，并对马克思的分配正义做了考察，但他运用道德社会学的理论来看待马克思的正义观，对马克思对法权模式的正义概念的批判和解构视而不见，就不可避免地陷入单一化、抽象化的理论陷阱。总之，关于"马克思与正义问题"的争论基本都是围绕马克思对资本主义生产方式批判来展开的，这是一个不争的事实。

在不同的社会形态中，总有特定的生产方式呈现。资本主义生产方式是资本主义社会所呈现出的以雇佣劳动为基础的生产关系。在人类历史发展进程中，资本主义生产呈现出了庞大的物质财富积累，这对人类社会发展产生的积极作用。马克思在审视资本主义生产方式时肯定了其存在的历史正当性。通过与前资本主义的剥削社会做对比，马克思认为资本主义生产方式"都更有利于生产力的发展，有利于社会关系的发展，有利于更高级的新形态的各种要素的创造。"②这一"现代生产方式"为社会生产力和社会发展做出了历史性贡献。当然，马克思挖掘出了资本主义生产方式中既定的不正义性。马克思不仅看到了资本原始积累过程中所产生的"血和肮脏的东西"，而且也深入揭示出了资本主义生产方式下所存在的"交易正当

---

① 马克思恩格斯全集（第 30 卷）［M］.北京：人民出版社，1995：455

② 马克思恩格斯文集（第 7 卷）［M］.北京：人民出版社，2009：927—928.

性"的虚假、分配过程的剥削、生产过程的支配、生产所导致的生态破坏等不正义性问题。这些都体现在马克思对资本主义生产方式的批判之中。

也就是说，马克思确实是基于正义的视角对资本主义生产方式进行批判的。一方面，马克思基于"应得"正义的视角对资本主义生产中的存在的资本对劳动者的"剥削""支配"问题开展了内在性的批判；另一方面，马克思对基于人类生命价值及自由本质的关怀及对社会现实的批判与反思的视角对资本主义生产方式及其生态问题开展了外在超越性的批判。众所周知，马克思的文本中的确存在着正义的"多种面孔"，马克思肯定正义的同时也反对或批判正义。而这也是产生"马克思与正义问题"争论的缘由之一。在历史唯物主义形成以后的马克思的文本中，的确存在着马克思对正义理论的拒斥和批判。但马克思所拒斥和批判的只是各种资产阶级或小资产阶级的自然正义和分配正义理论，及超脱于现实的"永恒正义"，而不是任何正义主张。深究马克思的文本，特别是《资本论》，还可以发现马克思通过对资本主义方式的批判与反思，显现了对"应得"正义的价值诉求，也彰显了其对人类生命价值的关怀、自由本质的追溯及人与自然和谐共处的价值诉求。

马克思对资本本质的分析，揭示了资本自我增殖的宰制性、扩张性和侵略性的本质及在资本逻辑驱动下资本主义生产方式所凸显的不正义问题。而对劳资矛盾、资本与环境的矛盾的掩盖和遮蔽恰恰暴露了资本主义生产方式的不正义一面。法国学者 M. 波德指出，资本主义"承载了一段复杂的历史。它是一部金融与工业的史诗，其中贯穿着劳方工作与生活条件、工人与工会所做的斗争及资方压迫的历史"①。英国学者彼得·桑德斯也看到了资本主义生产方式对生态环境的宰制："显而易见，我们地球的未来正遭到过度承载的人口、正在融化的冰极、日益增加的皮肤癌、衰减中的资源以及被破坏的生态系统的威胁，而这些绝大部分是或者说全部都是资本主义

---

① ［法］米歇尔·波德.资本主义的历史［M］.上海：上海辞书出版社，2012：18.

在成功制造经济增长时的副产品。"①也就是说，在资本永无休止地追逐利润的生产过程中，始终充斥着对雇佣工人的剥削和压迫，伴随着对生态环境的破坏和掠夺。因此，我们有理由认为，资本主义生产方式这一具有矛盾性的逻辑，在造就当今世界物质生活世界繁华的同时，也滋生着资本家与工人之间的紧张，资本主义生产与生态问题之间的紧张。而这些紧张的局面始终流淌在资本主义生产过程之中。马克思揭示了剩余价值的来源及其产生过程，揭露了由资本主导的生产方式对工人的压迫和剥削、对生态环境的支配好和破坏。

在《资本论》中，马克思首先对生产过程进行了分析。他认为，在不同的社会形态和生产关系中，生产过程被赋予了不同的性质。生产过程和劳动过程是两个不同的概念。劳动过程是指劳动者运用自身劳动有目的的创造使用价值的过程。而生产过程不仅是劳动过程，而且在不同社会形态下表现为价值形成或增殖的过程。马克思通过对资本的本质和价值增殖过程的考察，揭示彰显了其对资本主义生产方式不正义性的批判。

一是马克思通过对资本主义生产过程中所凸显的资本家与劳动者之间的深层矛盾的揭示彰显了其对劳动者劳动财产权及自由权利的价值伸张。马克思认为，资本主义生产过程是资本家剥削和奴役劳动者劳动财产权及自由权利的过程。在这一过程中，劳动者的劳动过程及其创造的劳动产品是被资本家所占有的。因此，表面上所看到的资本家和工人之间在自由、平等原则的基础上所进行的劳动力的交易只是一种假象。当我们深入到资本主义生产之中时，我们就会发现工人在具体生产过程中遭受着资本家的掠夺和折磨。"资本由于无限度地盲目追逐剩余劳动，像狼一般地贪求剩余劳动，不仅突破了工作日的道德极限，而且突破了工作日的纯粹身体的极限。它侵占人体的成长、发育和维持健康所需要的时间。它掠夺工人呼吸

① ［英］彼得·桑德斯.资本主义——一项社会审视［M］.张浩译.长春:吉林人民出版社，2005：76.

新鲜空气和接触阳光所需要的时间。……资本是不管劳动力的寿命长短的，它唯一关心的是在一个工作日内最大限度地使用劳动力。它靠缩短劳动力的寿命来达到这一目的，正像贪得无厌的农场主靠掠夺土地肥力来提高收获量一样。"①总之，马克思通过对资本主义生产过程中所凸显的资本家与劳动者之间的深层矛盾的揭示彰显了其对劳动者劳动财产权及自由权利的正义伸张。

二是马克思进一步揭示出了资本主义生产过程中的物质变换及新陈代谢、生态和资本之间深层次的矛盾，彰显了马克思的生态正义诉求。马克思首先对劳动做了阐释和说明。"劳动首先是人和自然之间的过程，是人以自身的活动来中介、调整和控制人和自然之间的物质变换的过程。"②在马克思看来，劳动承载着人与自然之间的物质变换的重要职能，为人类物质财富的积累提供了动力支撑。但在资本主义生产过程中，在资本逻辑的驱动下，资本家为了实现利润最大化，恣意地开发和利用自然资源，以至于在生产过程中出现了物质代谢断裂和生态环境破坏的问题。人类在改造自然的过程中出现了人与自然和谐关系的背离。马克思指出，资本主义生产过程，"它一方面聚集着社会的历史动力，另一方面又破坏着人和土地之间的物质变换，也就是使人以衣食形式消费掉的土地的组成部门不能回归土地，从而破坏土地持久肥力的永恒的自然条件。这样，它同时就破坏城市工人的身体健康和农村工人的精神生活。"③资本与生态之间的紧张所引发的物质代谢断裂的问题导致了人口、土地及工业之间关系的割裂，进而引发了分裂、异化的劳动关系及环境问题。资本主义生产方式破坏了生态和谐和生态平衡，引发了生态灾难，也使得"在社会的以及由生活的自然规律所决定的物质变换的联系中造成一个无法弥补的裂缝"④。

---

① 资本论（第1卷）[M].北京：人民出版社，2004：306—307.

② 资本论（第1卷）[M].北京：人民出版社，2004：207—208.

③ 资本论（第1卷）[M].北京：人民出版社，2004：579.

④ 资本论（第3卷）[M].北京：人民出版社，2004：919.

综上所述，马克思基于正义的视角对资本主义生产方式进行批判，揭示出了资本主义生产与劳动之间，以及资本主义生产与生态之间的深层次矛盾，从而彰显了马克思对劳动者劳动解放、自由权利以及生态环境的正义诉求。

三、共同富裕的正义伦理价值

正义是人类永恒不懈的追求。正如康德所说："如果公平和正义沉沦，那么人类就再也不值得在这个世界上生活了。"① 从 20 世纪 90 年代开始，贫富差距扩大的社会现实引发了国内学者对公平正义的关注，罗尔斯《正义论》在国内的传播掀起了正义问题的研究热潮。进入 21 世纪之后，马克思正义思想研究逐渐升温，中国特色社会主义公平正义的理论与实践成为新的理论生长点。党的十八大以后，新时代中国特色社会主义公平正义问题成为马克思主义中国化的深层次议题。马克思正义思想为新时代共同富裕的价值设置和实践推进提供指导。

通过马克思对资本主义生产所凸显的非正义问题的揭示和批判，重点考察基于生产方式批判的马克思正义观的理论视域与价值旨趣，展现马克思正义理论的当代价值，是呈现共同富裕的正义伦理价值的重要基础。基于马克思经典著作，探究马克思的正义思想，不难发现马克思是站在人类历史发展的高度上，全面、辩证地看待正义。其一，马克思的正义观具有鲜明的历史性。即不同的历史阶段与社会形态有其不同的正义要求，所有正义的表达都与其所处的时代紧密相关。其二，马克思正义观念的阐释需要回归到生产方式，不能脱离经济关系孤立地看待正义。人们"归根到底总是从他们阶级地位所依据的实际关系中——从他们进行生产和交换的经济关系中，获得自己的伦理观念"。② 马克思通过对资本主义生产方式的批

---

① ［德］康德 . 法的形而上学原理［M］. 沈叔平译 . 北京：商务印书馆，1991：165.
② 马克思恩格斯文集（第 9 卷）. 北京：人民出版社，2009：99.

判，一方面揭示了资本主义生产方式的不正义性问题，另一方面也彰显了马克思的正义观念。与西方传统政治哲学对正义理论考察的路数不同，马克思对正义理论的考察是建立在历史唯物主义的理论基础上的，是在历史唯物主义的理论视域中来揭示和批判资本主义生产方式的不正义性的。通过对资本主义生产方式不正义性问题的揭露和控诉，我们可以发现，马克思在历史唯物主义的理论视域中运用道德的"善"和正当性来审视资本主义生产方式不正义性问题的，也就是用基于道德的价值标准和是否正当来评判资本主义生产方式。其三，马克思正义论的出发点是具体的、现实的人，最终目标是实现人的自由而全面的发展。马克思所构建起来的正义观念兼有现实性的价值规范指向和超越性的终极精神品格，是一种基于"应得"正义而又超越"应得"正义的生产正义观念，这一正义理念呈现出了低位阶（"应得"正义）和高位阶（生产正义）的立体式结构，它的价值旨趣在于实现人类解放与人的自由而全面发展。

列宁指出，"只有"考虑到各个'时代'的不同特征（而不是个别国家的个别历史事件），才能够正确地制定自己的策略，只有了解了某一时代的基本特征，才能在这一基础上去考虑这个国家或那个国家的更具体的特点"①。马克思主义政党的显著特点之一就在于善于根据时代主题制定路线、明确时代精神以引领历史。面对世情国情党情的深刻变化，党的十九大报告作出了"中国特色社会主义进入新时代"的重大判断，对中国特色社会主义在新的历史阶段的时代主题进行了科学概括。

无论哪个时代都需要理想性价值的指引。在价值维度层面，新时代的重大判断非常强调公平正义的时代诉求和时代价值，提出"正义是中国特色社会主义的内在要求"②，"把促进社会公平正义作为核心价值追求"③，并通过实践奠定新时代的正义根基。由此可见，公平正义是新时代中国特色

① 列宁全集（第26卷）[M].北京：人民出版社，2017：143.
② 习近平谈治国理政（第一卷）[M].北京：外文出版社，2018：13.
③ 习近平谈治国理政（第一卷）[M].北京：外文出版社，2018：147.

社会主义的重大实践主题之一，蕴含于中国特色社会主义的发展目标、发展价值和发展精神之中，构成了国家治理体系和治理能力现代化的基本价值取向，是新时代重大判断的重要内涵和应有之义。

共同富裕是中国共产党在百余年治国理政的历史经验中继承马克思主义正义观，根据时代特征以及社会主要矛盾的变化，持续推进的理论创新。当下，中华民族站在实现伟大复兴的重大历史关头，从马克思正义论研究的理论视域中研究新时代共同富裕的正义伦理价值，拓宽了共同富裕研究的时代内涵与价值视域，加深了马克思主义正义论研究的理论深度，并为切实推进践行共同富裕指明了行动方向，具有重大的理论意义与现实意义。

公平正义是共同富裕的时代新命题。党的十九大报告在解释新时代这一历史方位时，提出新时代是"逐步实现全体人民共同富裕的时代"①。之前对于共同富裕的阐释基本上是从社会主义的本质规定和根本原则的角度上进行，以终极原则的形象出现。由习近平总书记的多次重要讲话中可以看出，习近平总书记赋予了共同富裕以新的时代内涵和更为具体的新时代命题。他多次提出，实现公平正义，直接影响着人民的安全感、获得感、幸福感，面对共同富裕的时代重任，新时代需要从政治、经济、社会、文化、法律等各方面采取有力措施，解决好收入差距问题，促进社会公平正义，使发展成果更多更公平惠及全体人民。换言之，作为中国特色社会主义现代化建设的根本奋斗目标，共同富裕从本质上就决定了在新时代要更加强调社会的公平正义，公平正义应贯穿于共同富裕的全过程。

在运用马克思主义正义论研究现实问题时彰显了它的实践逻辑，这项研究在深入考察和解析实际问题的过程中深化了马克思主义正义论所具有的现实性。概言之，从解决当前社会公平正义问题的实际出发，弄清楚

---

① 习近平.决胜全面建成小康社会 夺取新时代中国特色社会主义伟大胜利——在中国共产党第十九次全国代表大会上的报告［M］.北京：人民出版社，2017：11.

马克思正义论的理论逻辑，深刻把握马克思正义论所呈现出来的实践逻辑，扎实推进共同富裕，是在新的时代条件下发展马克思主义正义论的一种有价值的探索。为此，我们需要明确马克思主义正义论的实践逻辑，呈现在现实生活中有效实现公平正义的思路与方法，更好地解决因分配问题导致的贫富差距问题，使人们在更多领域感受到公平正义的魅力。这是马克思主义正义论的时代精神之所在，也是对社会主义核心价值观的基本遵循。

正义是一个说不尽的话题，实现共同富裕具有长期性和复杂性，综合解读关于共同富裕的正义伦理价值纷繁复杂的观点，其目的在于廓清人们对共同富裕理论逻辑和实践逻辑的认识，明确新时代的公平正义原则，不断提高人民群众的获得感、幸福感、安全感，使之指向人的自我实现和全面发展。这不是一项简单的工作，但未尝不是一场富有价值的思想之旅。这正是本书所做探索的重要价值所在。

第二节　研究现状与趋势

一、研究现状

基于马克思正义论研究的理论视角研究新时代共同富裕的正义伦理价值问题，既是马克思正义论研究也是新时代共同富裕研究中的一个不可忽视的问题域。从当前可查阅到的文献和资料来看，有关从马克思正义论研究的理论视域中研究新时代共同富裕的正义伦理价值的直接论述并不多。在所有涉及这一主题的研究内容中，一方面是马克思正义论的研究，另一方面是共同富裕的相关研究。其中涉及从马克思正义论的理论视域中研究新时代共同富裕的正义伦理价值问题的相关内容。基于对这一问题的不同视角和理解，当前的研究大致具有以下三种路向。

（一）政治哲学研究

1.公平与效率的关系问题

在罗尔斯出版《正义论》的第二年，艾伦·伍德提出了马克思似乎并没有以"不正义"之名来批判和谴责资本主义，由此，引起了英美左翼学者对马克思与正义理论的长达30多年的激烈争论，这一争论至今"硝烟未消"。他们的争辩基本围绕两个截然不同的观点展开。一种观点是马克思"反对正义理论"的"塔克—伍德论题"，这一观点认为，马克思并不认为资本主义是不正义的；另一种观点以胡萨米为代表则认为马克思持有正义理论，马克思持有正义观批判了资本主义。其中，在《马克思论分配正义》一文中，胡萨米站在分配正义的立场从道德社会学的维度对马克思的正义观以积极维护。他指出："在马克思的表述中，无产阶级及其代言人运用无产阶级的正义标准批判资本主义的分配活动，这是有效的。"① 资本主义的分配原则使工人遭到了不公正的待遇，资本家对工人的掠夺和剥削更加加深了资本主义的不正义性。

近年来，大多学者都是在传统分配正义的理论框架下，探讨马克思正义思想。如分配正义与人的自我实现等等。可以说，分配正义构成了"马克思与正义"问题研究的最核心的论题。但伴随着马克思与正义理论的持续火热，马克思正义思想考察视角也出现了转移，显现出了超越传统分配正义的研究趋向，出现了一些诸如生产正义、高阶正义概念等词汇。加拿大卡尔加里大学的凯·尼尔森（Kai Nielsen）认为马克思的正义观是关于生产的正义观。尼尔森从物质生产的视角来审视和重构马克思的正义思想，他考察了雇佣劳动和剩余价值的产生，他认为即使资本家和工人之间的交易是公正的，但是当工人在剩余劳动时间所产生的剩余价值被资本家无偿占有时，资本家对工人的剥削确实发生了。尼尔森指出，分配在生产方式中占据重要地位，但分配的方式和原则要由生产关系来决定。"我们必须知

---

①　李惠斌，李义天.马克思与正义理论［M］.北京：中国人民大学出版社，2010：47.

道，分配方式是生产方式职能的一部分并由生产方式的总的特征所决定。我们不可能在不改变生产关系的情况下从根本上改变分配……生产是一件主要的事情：我们的分配将广泛地被我们的生产关系所决定。"①

就国内学者研究来看，21 世纪初期，我国在经济社会发展过程遇到了一系列公平正义的现实问题，基于对社会现实问题的思考，国内学者开始从马克思思想中寻求正义理论之源，并将其用于共同富裕的分析和实践中。共同富裕是将马克思正义论与时代发展的新特征和社会发展的新形势相结合的产物，对于推动马克思主义政治哲学的当代走向具有重要意义。

涉及马克思正义论中关于公平与效率关系问题的文献：张欢欢②认为相比于罗尔斯从分配领域来保证平等的维度论述正义的理路，马克思则是从对资本主义生产关系的批判中来建构正义的。马克思所要建构的正义理论正是生产正义理论。这一理论是建立在对资产阶级永恒正义观的解构和资本主义生产方式批判的基础上的。高广旭③从正义论的视角阐发了马克思对现代政治的批判与超越。作者以亚里士多德的"普遍正义"和"特殊正义"为理论依据，从显性政治逻辑和隐性政治逻辑两个维度审视了《资本论》的正义观。作者认为分配正义是《资本论》正义观的显性政治逻辑，而生产正义则是《资本论》正义观的隐性政治逻辑。臧峰宇，朱梅④指出，对马克思正义论研究的学术图景进行有效的认知测绘是理解马克思正义论的必经之途。在此基础上，重构一种面向现实问题且符合时代精神的马克思主义正义论，在遵循历史规律的同时秉持规范性原则，探寻公平正义问题的合理思路，是促进马克思主义政治哲学研究的应有之义。张晓萌在《超越

---

① 李惠斌、李义天．马克思与正义理论［M］．北京：中国人民大学出版社，2010：210.
② 张欢欢．生产正义还是分配正义——马克思与罗尔斯正义理论比较研究［J］．理论月刊，2015（1）．
③ 高广旭．《资本论》的正义观与马克思的现代政治批判［J］．哲学动态，2015（12）.
④ 臧峰宇，朱梅．关于马克思正义论研究的认知测绘［J］．哲学动态，2019（12）.

与回归：马克思主义正义理论研究》①一书中以马克思主义正义理论为研究对象，立足政治哲学中的正义史语境，运用历史唯物主义的基本立场、观点和方法，展示马克思主义正义理论的理论缘起、学理分梳和总体图景，在当代政治哲学思潮的影响和反思批判下，立足于马克思主义的经典文本对马克思主义的正义理论做出阐释。

涉及公平与效率的关系问题与共同富裕的文献：付文军②从政治哲学的宽广视野中理解共同富裕，必须以妥善处理公平和效率的关系为核心，在初次分配、再次分配和三次分配中寻求效率原则、公平原则和正义原则的落实方略，在有力政党、有效市场、有为政府和有爱社会的互动中寻求公平与效率的辩证平衡。王立胜在《共同富裕：看见未来中国的模样》③一书中通过"共同富裕的历史逻辑""在坚持基本经济制度中筑牢实现共同富裕的根基""夯实共同富裕的分配制度基石"等章节的内容论述了马克思主义经典作家的共同富裕思想、公平与效率的关系等问题。赵丹丹和赵凤秀④指出，新时代共同富裕中蕴含着深刻的马克思分配正义思想。新时代的共同富裕是全民富裕与全面富裕、物质富裕与精神富裕、做大蛋糕与分好蛋糕以及共同建设与共同享有的统一体。新时代共同富裕中所体现的以人为本的分配思想，效率与公平并重的分配原则以及公有制为主体的分配基础，充分体现了对马克思分配正义思想的继承与发展。廖小明⑤指出，在中国式现代化新场域下，共同富裕和公平正义都是目标和进程，二者在政治价值、制度价值和人本价值基点上相互关联、相互促进、共同提升。中国式现代

①　张晓萌.超越与回归：马克思主义正义理论研究［M］.北京：中国人民大学出版社，2019.

②　付文军.共同富裕的政治哲学阐释［J］.思想理论研究，2022（6）.

③　王立胜.共同富裕：看见未来中国的模样［M］.北京：中国财政经济出版社，2022.

④　赵丹丹，赵凤秀.新时代共同富裕的马克思分配正义向度［J］.浙江理工大学学报（社会科学版），2023（1）.

⑤　廖小明.中国式现代化新场域下共同富裕与公平正义互促提升探要［J］.广西社会科学，2023（3）.

化新场域下共同富裕和公平正义互促提升的现实呈现为：一方面，通过推动共同富裕取得更为明显的实质性进展来助推公平正义、以践行新发展理念推动高质量发展的共同富裕彰显公平正义；另一方面，以强化公平正义助推共同富裕，通过中国特色社会主义公平正义价值观念的强势引领、强化公平正义的道义规范以及强力发挥公平正义形塑制度机制的作用保障共同富裕不断取得实质性进展。陈潭和廖令剑①认为，财富分配的正义与非正义议题贯穿了人类社会发展的历史进程。马克思的正义理论回答了人类社会发展的"正义之问"，为财富和资源的合理配置提供了"按劳分配"的正义观和"按需分配"的后正义观指引。理解共同富裕分配正义的理论范式和实践逻辑对于推进国家治理体系和治理能力现代化和实现中华民族的伟大复兴具有重要的理论意义和实践价值。

2. 美好社会的价值理想问题

在未来社会中，共同富裕的实现是一个良性发展的过程，每个人的自由而全面的发展是全社会自由全面发展的基础，每个劳动者的生活富足也是全体劳动者共同富裕的基础。真正公平的实现，还要靠社会主义社会继续发展生产力、累积物质基础，进入共产主义社会。到那时，物质财富充分涌流，人人得到全面发展，共同富裕才能真正地彻底实现。通过对马克思经典著作的回归，探究其中蕴含的正义思想，不难发现马克思是站在人类历史发展的高度上，全面、辩证地看待正义。马克思主义正义论所具有的对人的本质的深切关怀，对于现代社会中实现共同富裕，进而实现人的自由而全面的发展具有重要意义。

涉及马克思正义论中美好社会的价值理想问题的文献：汪行福②指出，马克思与正义关系的争论源于对资本主义剥削理论、马克思道德立场的哲学基础以及对未来社会理想的核心原则的不同理解。在分析马克思主义学

---

① 陈潭，廖令剑.共同富裕的正义追寻及其共同守护［J］.学术研究，2023（5）.
② 汪行福.超越正义的正义论：反思"马克思与正义"关系之争［J］.江海学刊，2011（3）.

派关于马克思与正义关系争论基础上，作者指出，马克思对正义问题探讨的视角已经由道德话语领域转向了基于个人自我实现。王新生①从生产关系的考察维度认为，马克思的正义理论在本质上是一种超越性的高阶正义，因为它逾越了传统的"应得"正义理论藩篱，而立足于"人类社会"立场之上，着眼于人的自由全面发展。王晓升②从正义社会的经济特征、正义社会的政治标准、正义社会的道德特征以及正义社会的根本标志四个维度，对马克思的正义观进行了建构。最后将马克思正义观的核心落脚到保障个人自由和自我实现的条件上，指出马克思的共产主义理论作为一种正义理论就是要实现每个人的自由。白刚③认为，马克思《资本论》的正义理论在本质上是生产正义。从某种意义上来讲，《资本论》的"正义论"是一种超越传统"分配正义"的"生产正义"。其建构根基是"自由人的联合体"，着眼于人的自由全面发展。张晓萌④指出，马克思主义的正义理论在思想范式上有着一次鲜明的转换，即从强调法权正义，转向在历史原则和生产性原则基础上对正义的探讨。这一深刻的转换是马克思立足于"人类社会"基础上的更高层级的价值进取，是以历史唯物主义为依托对正义问题的深层解答。马克思主义的正义概念是建立在现实的"人的解放"和"自由人的联合体"基础上的更高层次的正义理论。

　　涉及美好社会的价值理想问题与共同富裕的文献：邓莉⑤从政治哲学的宽广视野中理解马克思通过暴力革命消灭贫困、构建共同富裕的共产主义社会的政治主张，是他反思超越现代性困境、为人类实现美好社会这一应然价值目标的理论自觉。在马克思主义基本原则的指导下，中国走上了一条以共同富裕为重要特征的中国式现代化道路，并在对共同富裕的追求中，

①　王新生．马克思正义理论的四重辩护［J］．中国社会科学，2014（4）．

②　王晓升．共同体中的个人自由和自我实现——马克思正义理论的新理解［J］．道德与文明，2014（5）．

③　白刚．作为"正义论"的《资本论》［J］．文史哲，2014（6）．

④　张晓萌．马克思主义正义理论形成的历史路径［J］．马克思主义理论学科研究，2019（6）．

⑤　邓莉．政治哲学视野中的共同富裕［J］．江西社会科学，2022（6）．

实现了马克思共同富裕理论在当代语境的建构。肖祥[①]指出，共同富裕作为社会主义的本质特征，不仅为实现社会正义奠定了物质经济基础，其对符合伦理应当的经济效用分配的追求更体现了社会正义的实质。共同富裕的实践体现了社会正义在国家、社会和个人三个层面的落实。实现共同富裕的发展启示在于它不仅为消解世界贫富分化带来的不公平、不正义问题提供了借鉴，也担负着辨析当代社会生产关系性质和批判资本主义的价值使命，其展现出的对人类发展的正义关切还为构建人类命运共同体提供了利益认同和价值认同路向。

3. 生态正义的问题

西方学界对生态正义问题的研究形成于 20 世纪中期。1962 年美国学者蕾切尔·卡逊在《寂静的春天》中披露了资本主义生态环境的残酷现实，标志着人类首次关注生态环境问题。而依托于马克思的思想资源对资本主义生态正义问题进行研究的主要是 20 世纪下半叶出现的生态学马克思主义学派。如安德烈·高兹（Andre Gorz）、本·阿格尔（Ben Agger）、詹姆斯·奥康纳（James O'Connor）、约翰·贝拉米·福斯特（John Bellamy Foster）、戴维·佩珀（David Pepper）等人。

高兹在《资本主义，社会主义，生态学》（*Capitalism*，*Socialism*，*Ecology*）一书中认为要解决资本主义的生态危机，实现生态正义，就要抑制资本生产，停止经济增长，限制消费，在生产过程中采用分散技术和可再生能源；阿格尔在《西方马克思主义概论》[②]一书中指出，异化消费和资本主义的过度生产必然会与有限的自然生态系统产生矛盾，导致资源枯竭、生态系统的破坏及生态危机的爆发。为消解异化消费、过度生产与生态系统之间的必然性矛盾，消除生态危机，阿格尔提出了"期望破灭了的辩证法"的社会主义变革模式；奥康纳在代表作《自然的理由——生态学马克思

---

① 肖祥.共同富裕：社会正义的中国实践及其发展启示［J］.理论学刊，2023（1）.
② ［加］本·阿格尔.西方马克思主义概论［M］.慎之等译，北京：中国人民大学出版社，1991.

主义研究》①中，从资本主义生产力和生产关系与生产条件之间的矛盾的视角构建了"资本主义的第二重矛盾"，并开展了对资本主义的生态学批判。奥康纳认为，生态学马克思主义的出发点便是资本主义的第二重矛盾。这一重矛盾内在于资本本性之中，资本主义生产的自我扩张系统以永无止境地剥夺和损害自然界来获取利润为目的，其结果是加速了资源枯竭、环境污染和生态失衡等现实问题的严重性。在利润的驱使下，资本主义生产通过损害和破坏自身的生产条件不仅具有了自我毁灭的力量，同时也为自身设置了发展的障碍；福斯特在《马克思的生态学：唯物主义与自然》②一书中通过挖掘对自然和生态危机的唯物主义认识，重构了马克思主义的生态学根基，并通过对马克思生态学思想的建构不仅论证了马克思对资本主义生产反生态本质的批判，他在《生态危机与资本主义》③一书中通过分析资本主义社会现实环境问题的案例也阐述了生态与资本主义之间的对立性及资本主义制度所带来的生态危机问题。在福斯特看来，马克思生态学的贡献就在于"物质变换断裂"理论及对资本主义反生态本质的揭露与批判，并借助马克思的"物质变换断裂"理论揭示出了生态与资本主义之间的相互对立性，并对当代资本主义生态危机进行了系统的分析与批判。

从上述国外学者的理论成果来看，相关分析开启和丰富了西方生态正义思想，为进一步研究共同富裕中的生态环境问题提供了理论支撑和参考，但其立论和分析也具有明显的局限，一是对资本主义社会的批判并不彻底，大多都是对资本主义制度的修补性改造。二是鉴于第一条局限其没有也不可能提出解决生态环境问题，实现生态正义的现实路径和可行性方案。

就国内学者来看，廖小明在《生态正义：基于马克思恩格斯生态思想的

① ［美］詹姆斯·奥康纳.自然的理由——生态学马克思主义研究［M］.唐正东，臧佩洪译.南京：南京大学出版社，2003.

② ［美］约翰·贝拉米·福斯特.马克思的生态学：唯物主义与自然［M］.刘仁胜，肖峰译.北京：高等教育出版社，2006.

③ ［美］约翰·贝拉米·福斯特.生态危机与资本主义［M］.耿建新，宋兴无译.上海：上海译文出版社，2006.

研究》① 一书中从生态和正义的目标向度来审视马克思对人类命运的思考。作者从立论之基（人与自然的辩证统一关系）、核心问题（资本及其制度批判）、目标向度（共产主义社会"双重"矛盾的和解）三个层面对马克思生态思想的基本论域进行了建构。作者认为，资本扩张和资本主义制度的发展制造着"生态灾难"，资本扩张和资本主义生产方式破坏着人类的生存环境。李惠斌② 指出，不仅要关注马克思在劳资关系中的公平正义问题，而且还要关注生态公平和生态正义问题；不仅要肯定劳动价值论，而且还要建立生态价值论。马克思在批判资本主义劳资关系时所表达出的公平正义观念对于解决资本对人类生态条件的破坏问题仍有解释力。徐海红③ 依据马克思唯物史观的理论基础，认为生态正义的基础是物质性生产实践。生态正义追求的是生产性正义。陶火生④ 也谈到，在马克思的视阈中，资本中心主义是生态不正义的根源。在现代社会中，资本对世界的掠夺既是对劳动者的掠夺，也是对自然的掠夺。资本的世界中心地位是通过资本主义私有财产制度得以保障的。马克思对资本控制自然导致自然之死的批判，以及复归劳动的本质，扬弃异化劳动的思想蕴含着限制资本是自然界的真正的复活的必要方式，等等。刘莉⑤ 认为，生态是共同富裕不可或缺的维度，生态正义则是新时代共同富裕的基本遵循和必然要求。新时代共同富裕背景下生态正义的理论逻辑融合了"浅绿""深绿"和"红绿"的生态正义元素，并将生态正义与共同富裕有机结合，实现了生态正义理论在中国情境下的创造性转化。在新时代共同富裕背景下探寻生态正义的实现路径要坚持全面导向、坚持全民立场、坚持渐进手段，从而为世界范围内生态正义的实现贡献出中国智慧。

---

① 廖小明.生态正义：基于马克思恩格斯生态思想的研究［M］.北京：人民出版社，2016.

② 李惠斌.生态权利与生态正义——一个马克思主义的研究视角［J］.新视野，2008（5）.

③ 徐海红.历史唯物主义视野下的生态正义［J］.伦理学研究，2014（5）.

④ 陶火生.资本中心主义批判与生态正义［J］.福州大学学报，2011（6）.

⑤ 刘莉.新时代共同富裕背景下生态正义的理论逻辑与实现路径［J］.社会主义研究，2022（5）.

进入新时代后，习近平总书记高度重视对生态文明建设规律的把握，并把生态文明建设置于新时代党和国家事业发展中的重要地位，对生态文明建设进行了一系列的部署和安排。生态文明建设、人与自然和谐共生、绿色发展理念、污染防治等背后实际上都蕴含着生态正义的观念。从上述国内学者的理论成果来看，对马克思生态正义问题的研究大多都是着眼于资本主义的制度和生产方式的问题，不少学者也认识到在当今社会中出现的生态环境问题很大程度上是有资本逻辑主导生产所造成的，这已经成为全球性的正义问题。这些资源对我们从生态正义的视角评析共同富裕的正义理论价值提供了理论借鉴。

（二）伦理学研究

1. 伦理意蕴的具体体现

共同富裕是马克思正义伦理的当代呈现。共同富裕本身内含着主体的全民性正义、内容的实质性正义、方式的程序性正义等"正义"意蕴，与马克思正义论思想具有内在的契合性。张志丹[①]指出，共同富裕充分彰显了马克思主义伦理思想的立场、观点和方法，蕴含着追求理念善、价值善、制度善和过程善"四位一体"的伦理意蕴，丰富了新时代马克思主义伦理学的创新性研究，也有助于深化对共同富裕的理解把握，更好地推进共同富裕落地生根、开花结果、行稳致远。张鹏[②]认为，共同富裕通过消除贫困这一举措，创新性地给出了中国式现代化道路对公平正义、追求幸福等伦理诉求的实践方案，展现出中国共产党解决"伦理出局""伦理冲突"等伦理疑难问题的中国智慧。龚天平和殷全正[③]认为，在马克思主义理论体系中，共同富裕是一个基本价值目标。进入新时代，共同富裕的内涵又得到新的界定，因而具有更为深刻的伦理内涵：一是，它意味着人们的物质生

---

①　张志丹.论共同富裕的伦理意蕴［J］.道德与文明，2022（4）.

②　张鹏.论共同富裕的伦理世界观及意义［J］.江西社会科学，2022（6）.

③　龚天平，殷全正.共同富裕：思想回顾与伦理省思［J］.华中科技大学学报（社会科学版），2022（6）.

活富裕诉求得到尊重；二是，它意味着人们的精神生活富裕诉求得到关切；三是，它不是同步富裕，也不是同等程度富裕，而是共同但有差别的富裕，因而突显着社会公平正义。这些伦理内涵使得共同富裕拥有坚实的道义合理性。坚持人民中心论伦理原则、秉持效率公平并重、倡导勤劳创新、践履相互顾及等具体要求，是实现共同富裕的伦理路径。陈伟宏[①]认为，推动实现共同富裕是解决新时代社会主要矛盾的必然要求，是实现中华民族伟大复兴的伦理目标。推动实现共同富裕必须以公平正义伦理原则作为行动的价值指引。共同富裕是全体人民的富裕，要求公平对待每一个人，有效改善弱势群体的生活境遇成为推动实现全体人民共同富裕的重要环节。共同富裕与道德进步相辅相成，道德是促进全体人民共同富裕的重要力量，共同富裕为道德进步奠定物质基础。

2. 伦理价值的多维向度

在阐释共同富裕的伦理内涵过程中，也呈现出其多维向度的伦理价值。从马克思正义论研究的理论视角出发，探寻共同富裕正义伦理的多维价值图景，对于厘清共同富裕的正义伦理价值至关重要，对于扎实推进当代中国共同富裕进程至关重要。

正确理解共同富裕需要在历史维度中准确把握其正义伦理价值。马惠娣[②]指出，马克思主义历史哲学为"共同富裕"问题提供了本质的内在规定性与辩证唯思维的实践方式。从人类文明历史演进的宏大叙事中阐明共同富裕的时代意义在于中国的"共同富裕"是人类全体解放总目标的重要组成部分，它既是人类实现自由的理论预设，也是人类寻求解放之路的社会实践指南。范伟伟[③]指出，历史唯物主义视域下的共同富裕，其伦理意蕴既涵盖了生活幸福，又指向了社会公平；既超越了个人原子主义的狭隘性，又避免了共同体主义的抽象性。其伦理向度表现为：在人的需要中刻画共同富

① 陈伟宏.共同富裕的伦理内涵［J］.思想理论研究，2022（10）.
② 马惠娣.马克思主义历史逻辑中的"共同富裕"［J］.哲学分析，2022（4）.
③ 范伟伟.历史唯物主义视域下共同富裕的伦理意蕴［J］.思想教育研究，2022（5）.

裕的伦理现实性；在社会有机体中描绘共同富裕的伦理整体性；在历史演变中凸显共同富裕的伦理具体性。

　　正确理解共同富裕需要在社会维度中准确把握其正义伦理价值。吴宁等人[①]认为，在马克思主义幸福伦理的思想视域中，共同富裕是在个人幸福与集体幸福的内在张力中实现的动态平衡，它揭示了人类追求幸福自由的美德伦理。共同富裕是人民幸福的基础，共同富裕和人民幸福是马克思幸福伦理思想的价值取向和社会主义核心价值观的重要体现，也是人类的永恒追求，更是社会发展的最终价值目标。共同富裕彰显了公平正义，为人的幸福创造了条件，为幸福中国开辟了路径。张由菊[②]认为，共同富裕是马克思主义经典作家不懈追求的奋斗目标和价值指向，是具有中国特色的德政惠民的科学论断、国家战略和美好生活愿景，内蕴着深刻的伦理因子。新时代赋予共同富裕更为鲜明突出的伦理底色，致力于以伦理为维度开辟新路，着力于执政伦理、制度伦理、经济伦理、文化伦理和生态伦理等伦理资源的深度开掘，以期将共同富裕的伦理图景落地为实。晏辉[③]认为，为新时代共同富裕思想进行伦理基础论证，不仅仅是在伦理学的意义上为其科学性和实践性进行辩护，以便证明其所具有的鲜明伦理性和对伦理基础奠基的诉求，更在于从整体性、复杂性和冲突性三个维度上揭示出实现共同富裕的复杂性和困难性。新时代共同富裕思想的伦理基础论证内在地展现出如下客观逻辑：朝向目的之善的政治伦理预设、构建手段之善的制度伦理安排以及实现共同富裕的道德奠基。

　　正确理解共同富裕需要在经济维度中准确把握其正义伦理价值。刘荣军[④]指出，促进共同富裕与促进人的全面发展具有内在统一性，它既是马

---

① 　吴宁，丁芙蓉，浦天罡.马克思幸福伦理思想视阈下的共同富裕［J］.郑州轻工业大学学报（社会科学版），2022（4）.

② 　张由菊.新时代实现共同富裕的伦理路向［J］.内蒙古社会科学，2022（6）.

③ 　晏辉.新时代共同富裕思想的伦理基础论证［J］.哲学动态，2022（9）.

④ 　刘荣军.马克思财富哲学视域中的共同富裕与三次分配［J］.深圳大学学报（人文社会科学版），2022（1）.

克思财富哲学的理论旨归，也是中国特色社会主义发展的根本要求。共同富裕最好地诠释了马克思从财富的本质出发理解人的自由全面发展的历史哲学意蕴。赫曦滢①认为，共同富裕是由经济—政治—社会逻辑构成的综合问题域，是开启现代化国家建设新征程和实现第二个百年奋斗目标的共同论域，其核心要义离不开"共享"二字。共享在共同富裕进程中的伦理出场引发了对于"共享伦理—共享价值—共享权利"的理论反思，阐明了共同富裕的伦理底蕴、伦理使命和伦理要求。通过回答"谁之富裕""何种富裕""如何实现富裕"三个不断递进的伦理问题，重申了共同富裕的人民性、兼顾性和正义性。

（三）历史哲学研究

1. 历史价值论的意义探讨

涉及马克思正义论的历史价值论的文献，徐峰②指出：成熟时期的马克思以历史评价的尺度将正义看作是社会生产的产物。马克思将对资本主义社会的道德评价置于历史唯物主义的视域中，使其正义观具有了现实性。林进平在《马克思的"正义"解读》③一书中认为：在马克思的观念中，"正义"存在着两重"曲折性"转向，一是从对正义的追求与思辨到对自由主义正义观的反思与批判；二是从对自由主义正义观的反思与批判到从社会物质生产维度解构正义的路径。作者在揭示出自由主义正义观的内在悖论的同时，从社会物质生产的维度解构了正义。并将正义视为一个历史范畴，物质生产决定正义，而不是正义决定社会的物质生产。李惠斌，李义天编辑的《马克思与正义理论》④共收录艾伦·伍德、齐雅德·胡萨米、凯·尼尔森、诺曼·杰拉斯等人14篇关于马克思的正义理论的文章，他们以马克思和恩格

---

① 赫曦滢.共享：共同富裕的伦理出场［J］.学习与实践，2023（7）.
② 徐峰.正义的在场与所指——以"马克思与正义"关系之争为线索［J］.云南社会科学，2014（1）.
③ 林进平.马克思的"正义"解读［M］.北京：社会科学文献出版社，2009.
④ 李惠斌，李义天.马克思与正义理论［M］.北京：中国人民大学出版社，2010.

斯的文本作为论说的依据，从关于马克思和正义的争论、马克思的正义理论以及马克思正义理论的现代建构几个方面对马克思主义的正义理论进行阐释。林育川在《马克思主义社会正义理论研究》①中，基于马克思本人并没有既成的社会正义理论体系这一基本判断，通过考察支撑马克思社会正义理论的思想地基，批评、回应和借鉴国外学者研究马克思社会正义理论并呈现其理论特质。

　　劳动正义作为正义理论中的全新概念，蕴含着对正义内涵的丰富和扩充。无论是从劳动条件、劳动过程、劳动成果还是异化劳动的维度来审视，都是对马克思正义观念的全新理解和建构，以及对当今社会公平正义问题的价值追问。毛勒堂从资本批判和人类解放的视角进行了审视。作者认为，马克思的正义思想是基于生产劳动实践而建构的。所谓劳动正义"就是从人类自由的核心价值和历史唯物主义的原则高度出发，对作为人类基础存在之方式和社会历史之深刻本体的劳动活动及其关系的正义追问，其实质是对现实具体的人类劳动活动、劳动方式和劳动关系所展开的合理性反思和合目的性价值追问。同时，劳动正义意味着从作为人类基础存在方式的劳动活动及其主体利益角度规范正义本质及其价值核心。"②王代月③将劳动正义视为马克思正义理论研究中的新视阈和新方法。他认为，劳动正义体现了唯物史观在正义理论上的实际应用，是马克思对资本主义生产方式在价值层面的本质追问，也是他在《哥达纲领批判》中展望未来共产主义第一阶段的基本内容之一。贺汉魂④指出，实现全体人民共同富裕是建设高水平社会主义市场经济体制的基本判断和重要目的。马克思商品理论说明了商品交换正义的实质是正义的劳动交换，劳动正义是市场经济促进共同富

---

①　林育川.马克思主义社会正义理论研究［M］.北京：中国社会科学出版社，2022.

②　毛勒堂.劳动正义：马克思正义的思想内核和价值旨趣［J］.毛泽东邓小平理论研究，2017（3）：55.

③　王代月.马克思的劳动正义理论及现实价值研究［J］.思想战线，2010（1）.

④　贺汉魂.劳动正义：人民共同富裕市场经济体制的伦理基石［J］.甘肃社会科学，2023（2）.

裕的伦理实质，是超越市场逻辑的根本伦理依据，是节制资本逻辑的基本价值遵循，劳动正义就是建设人民共同富裕市场经济体制的伦理基石。

2. 历史方法论的自觉运用

基于马克思正义论研究的伦理立场，探索实现共同富裕正义价值理念的实践路径，是扎实推进共同富裕的必然要求。从实践主体与实践客体的双重视角探索实现共同富裕的具体路径，指明新时代共同富裕正义伦理的实然旨归，是不断推进共同富裕实践、着力丰富共同富裕理论的必然要求。

陈培永，史锡哲[①]指出，马克思主义正义论研究在中国学界的出场，根本原因是改革开放以来中国社会公平正义现实问题的倒逼。当前国内学界对马克思主义正义论的研究有"回应性研究""还原性研究"和"现实性研究"三条路径，其中面向中国社会的现实性研究还处在起步阶段。以问题为导向、以中国社会现实为基础建构的马克思主义正义论，必须是古今中外先进文明成果的综合体，必须是时刻回应现实问题、在现实问题上不断发展的学说。李楠[②]阐释了马克思正义观的理论特质，在此基础上，论述新时代运用和发展马克思正义观的重要意蕴和路径。作者指出：重温马克思正义观，在理论上可以有效回应各种正义观特别是自由主义正义观的挑战，维护和巩固主流价值观，在实践上有助于解决经济社会发展过程中各种深层次矛盾和利益分歧。袁航[③]指出，中国共产党自成立之日起就把实现共同富裕作为矢志不渝的奋斗目标，消除绝对贫困、为共同富裕创造前提，始终坚持人民至上的百年奋斗历史经验。因此扎实推进共同富裕是中国共产党自觉运用历史研究的方法，系统整体地从历史观、价值论、方法论上确立一整套完善的历史哲学逻辑，全面回答共同富裕的前提条件、不竭动力

---

① 陈培永，史锡哲. 马克思主义正义观研究的中国出场、现状和走向［J］. 中国社会科学评价，2021（2）.
② 李楠. 运用马克思主义正义观推进社会公平正义［J］. 人民论坛，2022（Z1）.
③ 袁航. 新时代促进共同富裕"路线图"的哲学意蕴［J］. 南开学报（哲学社会科学版），2022（2）.

与实现路径等问题的理论自觉性与历史主动性。贾则琴和龚晓莺[①]指出：新时代共同富裕是具有新的时代特点的共同富裕，是社会发展概念、社会变革概念、美好生活状态概念的集合体。促进共同富裕目标的实现，在明晰新时代共同富裕独特内涵的基础上，关键要厘清扎实推动共同富裕所面临的长效困境并找出其破解思路。当前，相对贫困问题、生态环境保护问题及精神生活共同富裕的问题均为阻碍共同富裕长期性与稳定性的现实桎梏，必须逐一破解，其破解思路为：一是扎实推进"先富带后富"，着力破解相对贫困难题；二是培育可持续发展方式，扎牢共同富裕生态基础；三是调整认知偏差，多措并举促进精神生活共同富裕。

魏传光在《马克思正义思想与现实》[②]一书中探讨了马克思正义思想对中国现实能够提供什么关照这一问题，围绕新时代公平正义的价值设置与实践推进、制度正义与社会治理能力现代化、重大突发公共卫生事件中的分配正义、人类命运共同体的正义根基与实践逻辑等现实问题展开讨论，着重分析了在马克思正义思想的现实关照下，新时代人民正义、权利正义、分配正义、生态正义、全球正义的深化和落实。丁任重等人主编的《共同富裕的理论内涵与实践路径研究》[③]，从历史唯物主义视域下共同富裕的理论内涵与实现路径、共同富裕与中国特色社会主义政治经济学理论体系构建研究、社会主义市场经济的公平与效率问题研究报告、新时代共同富裕的理论阐释等方面出发，对共同富裕的理论内涵与实践路径进行阐释。谢伏瞻，高培勇主编的《共同富裕理论探索》[④]按照"总论—专论"的框架收录多篇文章，从多个维度和侧面阐释共同富裕的特征和推进共同富裕的原则和途径，给出了共同富裕理论上的"鸟瞰图"和共同富裕实践中的"路线图"。

①　贾则琴，龚晓莺.新时代共同富裕的时代内涵、长效困境与实现路径[J].新疆社会科学，2022（4）.

②　魏传光.马克思正义思想与现实［M］.北京：人民出版社，2022.

③　丁任重，盖凯程，韩文龙主编.共同富裕的理论内涵与实践路径研究［M］.北京：中国社会科学出版社，2022.

④　谢伏瞻，高培勇.共同富裕理论探索［M］.中国社会科学出版社，2022.

综上所述，马克思正义思想构成了近些年我国马克思主义理论研究的热点，也是马克思主义中国化所遭遇到的深层次问题。共同富裕是马克思关于社会主义社会的基本设想，是中国式现代化的重要特征，也是当前党和国家的重大战略部署。从正义的角度看，共同富裕本质上是社会主义正义的基本要求。推进当代中国共同富裕的进程应当注重从马克思正义观中寻求启示。关于这一主题，国内外学者已经产生一些重要的学术成果，这些研究成果为共同富裕的正义伦理价值研究提供有力的文献支撑。然而，在以下两个方面上具有继续探究的必要：一方面，现有的许多研究成果都只是分别涉及马克思正义论和共同富裕的分析，但并没有以共同富裕的正义伦理价值为核心，对其各个方面进行系统说明的研究。另一方面，现有的研究多是强调共同富裕的正义伦理价值的重要性，但对这种重要性如何发挥具体作用的问题关注不够。因此，本文将从马克思正义论的角度研究新时代共同富裕的正义伦理价值问题，阐释马克思正义论对于推进共同富裕的重要理论和实践意义。

二、研究趋势

从上述国内外学者对共同富裕的正义伦理价值的研究来看，大多都是分别围绕马克思正义论及共同富裕的伦理价值来展开的。从研究的关键词来看，劳动、自由、平等、公平、正义、资本主义生产、剩余价值、生态环境等出场率较高。国内学者大多都是分别站在马克思批判资本主义生产方式不正义的立场上来论述马克思的正义论，站在共同富裕理论内涵和实践路径的探寻角度上来论述共同富裕的相关内容。从当前的研究现状来看，共同富裕的正义伦理价值问题研究主要呈现出三大发展趋势：一是从政治哲学的角度出发，对美好社会的价值理想、公平与效率的关系等问题进行分析和说明；二是从伦理学的角度出发，对共同富裕正义理论的价值意蕴和多维价值图景进行探究；三是从历史哲学的角度出发，对共同富裕如何诠释马克思正义论的历史哲学意蕴、如何自觉运用历史研究的方法进行论证。而扎实推动共同富裕目标的实现，需要准确把握其正义伦理价值，从而为共同富裕的最终实现奠定坚实基础。

本书在研究共同富裕的正义伦理价值研究问题时也需要深思和解决以下问题：一是如何前人已有的研究成果的基础上继续深化对马克思正义理论的探究，在研究过程中不应简单地沿用已有的方法和模式对相关理论进行梳理、汇总和解读，而应该采用合适的研究方法力求在理论深度和观点陈述上有所突破。如，运用历史发生学方法与问题回溯式研究方法来研究资本的社会历史生产过程，遵循资本主义的历史发生学"逻辑"，了解资本主义生产方式不正义性问题的内生的根据及表现。二是如何从马克思正义论的视角来拷问和深究共同富裕的理论内涵、基本特征以及实践路径等，进而对其进行伦理价值的探索和追问。正义在马克思的理论视域中是一个重要的问题域，也是一个十分复杂的理论难题。共同富裕是中国式现代化的重要特征，是党坚持全心全意为人民服务根本宗旨的重要体现，是社会主义正义的基本要求。要拷问共同富裕的正义伦理价值必须研读和深究相关文献资料，运用历时性文本解读和总体逻辑勾勒的方法，从微观层面对相关论述加以提炼和总结。三是归纳出马克思正义论研究的价值旨趣，展现马克思正义理论的当代价值，全面地、多维度地呈现共同富裕的正义伦理价值。正义具有对时代问题进行拷问和评估的价值旨趣。马克思的正义观念是一种立足于生产的超越性正义观念，这一正义理念的价值旨趣在于实现人类解放与人的自由而全面发展。在当前扎实推进共同富裕的进程中需要马克思的正义理论指向现实生活，指向实践，担负起时代所赋予的使命与责任，解决好当代社会中的现实问题。

共同富裕是马克思主义中国化的重大理论与实践成果结晶。改革开放以来尤其是党的十八大以来，党和国家不断推进共同富裕实践、着力丰富共同富裕理论，明确基本建成社会主义现代化之时"全体人民共同富裕取得更为明显的实质性进展"的重大任务和远景目标。中国特色社会主义进入新时代，遵循党中央关于共同富裕的战略考量，我们应主动自觉提高对共同富裕的理论认识，应坚持以人民为中心的根本指引，扎实推动共同富裕的实现。马克思正义思想可以为新时代共同富裕的价值设置与实践推进提供指导。在对共同富裕的正义伦理价值现有研究成果梳理和分析的基础上，把握共同富裕未来的发展前景，为共同富裕研究的进一步发展，为推进社会的公平正义提供必要理论支撑和实践指导。

第三节　研究思路与方法

一、研究思路

本书以共同富裕为主要研究对象，以《资本论》为理论载体，通过马克思对资本逻辑驱动下资本主义生产所凸显的非正义问题的揭示和批判，展现马克思正义理论的当代价值，全面地、多维度地呈现共同富裕的正义伦理价值。文章首先从马克思正义论的理论视角对正义概念的时代关切与价值指涉进行详细的考察与阐释。基于资本主义生产的非正义问题，厘清马克思正义伦理的时代语境与价值指向，科学回答"生产非正义"的伦理冲突及其内在根源；其次深度把脉新时代共同富裕的战略决策与马克思正义论理论的内在契合性，从学理上解决新时代共同富裕"为什么共同富裕""什么是共同富裕"的基本理论问题；最后积极探索实现共同富裕、构建公平正义社会环境的现实路径，从实践上解决"怎么样共同富裕"的基本问题。从个人、社会、国家与世界的四重实践主体形塑全球价值共识的实现进路，并在发展基础、制度保障、体制构建、道德培育的实践领域中探索实现共同富裕的具体路径，为持续推进人类文明新形态、形塑社会公平正义的伦理秩序规范提供中国智慧与中国方案。

根据上述主题分析，具体来说，正文主要包括六部分内容。

第一章主要通过考察资本的本性及资本的生产过程来把握马克思正义

论视角下的资本及资本生产的本质。一是通过对古典政治经济学的资本及资本生产过程的考察来揭露其对资本的"形式规定"的遮蔽。主要从重商主义在流通领域中的商业资本和古典政治经济学视阈中的作为一种永恒形态的生产要素的资本形式来考察。分析古典政治经济学将资本作为一种超历史的永恒概念，将资本庸俗化的缘由，并指出其掩盖资本的实质和本质的弊端。二是分析马克思在《资本论》中对古典政治经济资本理论批判及其对资本"形式规定"的彰显和考察。主要分析马克思对古典政治经济学家遮蔽资本作为生产关系而存在的"形式规定"的批判，进而彰显马克思对资本的"形式规定"分析。主要通过两个层面展开：第一、资本一般的形式规定是自行增殖的价值。马克思在《资本论》中，通过商品、货币、价值等概念对资本一般的"自行增殖的价值"的形式规定做了具体分析。第二，资本的本质特性是作为一种生产关系的"形式规定"。马克思通过分析资本主义的生产方式，指出了资本作为"生产关系"的"形式规定"，打破了将资本永恒化的"魔咒"。三是在价值层面展开对资本主义生产过程的主体性存在和支配性权力，以及剩余价值生产成为资本主义生产的直接目的和决定性动机的批判。接着论证劳动者在资本主义生产过程中出现了"本性性退化"的怪象，造成了对劳动者的"主体性存在的遗忘"，从而导致现代人及社会难以承受之重。最后，马克思站在人的自由平等的人本价值维度和人与自然和谐共处的社会价值维度来审视资本主义生产方式。

第二章对资本主义生产各环节中"交易的正当性"与虚假、劳动所有权与剥削、劳动主体性与支配三个维度的考察来剖析马克思对资本主义生产诸环节的正义伸张。一是资本主义生产方式中"交易的正当性"的虚假本质背后隐藏着不公平性和不正当性的交换。二是资本主义生产过程中的剥削使得劳动者所应得的劳动所有权和财产权丧失。本部分主要从马克思对资本主义社会中异化劳动与私有财产批判及资本对无酬劳动的支配与剥削问题，来揭示资本家对工人劳动所有权的占有和剥削的现实性，从而彰显资本主义分配方式的不正义性。三是随着劳动者主体性的丧失和资本主义生产方式中的支配和强制使得劳动者的自由权利丧失。如果说对资本主义生产过程中剩余价值产生渊源及资本主义占有规律转化所造成的资本家对工人劳动所有权的剥削的揭露和谴责体现了马克思对劳动者"应得"权利的正义诉求，那么，其对资本主义生产过程中劳动者主体性和个性之遮蔽的批判，则体现了对劳动者自由权利的正义诉求。本部分主要从劳动者主体性的退化、工人自由时间的强制剥夺和技术异化对劳动者自由的钳制三个层面来分析资本主义生产方式的不正义性以及马克思对其的批判。四是寻求可能的解决之道，也即在批判资本主义生产方式不正义的基础上，着重分析马克思在《资本论》中所提出的实现劳动解放的现实路径。主要从两个层面展开：第一，废除资本主义私有制，重建个人所有制；第二，实现劳动组织管理形式和工作场所的民主化。马克思从所有制形式的转化和劳动组织管理形式的民主化等层面对消解资本主义生产方式的不正义性问题从而实现劳动解放进行了建构。

第三章主要从生态正义和代际正义的视角来揭示马克思对资本主义生产生态正义问题的考量。一是分析马克思劳动过程理论的生态学逻辑。主要从两个层面展开：第一，马克思视阈中的劳动过程是作为目的实现的对象化活动的劳动过程；第二，马克思的劳动过程是作为物质变换的自然活动的劳动过程。二是通过分析资本与生态的相互关系，深刻揭示资本主义生产方式对生态环境的破坏问题，主要通过两个层面的批判来展开：第一，资本主义生产过程中物质变换断裂所造成的生态环境恶化；第二，资本主义生产过程中生产生活环境的恶化。进而从制度、观念与循环经济三个维度来具体分析马克思在《资本论》中对生态系统的可能性建构。三是分析生态学马克思主义对资本主义生产方式生态问题的正义考量。本部分重点对三位生态学马克思主义学者的三个不同观点展开：第一，本·阿格尔对资本主义生产扩张、"异化消费"与生态系统之间的基本矛盾的分析；第二，詹姆斯·奥康纳对"资本主义的第二重矛盾"与"生产性正义"理论的分析；第三，约翰·贝拉米·福斯特对资本主义生产过程中"物质变换断裂"与资本主义制度的不正义性问题的分析。

　　第四章主要论述垄断资本主义时期生产方式的正义性问题。本章在论述马克思劳动过程理论在垄断资本主义时期由缺失到复兴的基础上，着重从三位学者对垄断资本主义时期生产过程，特别是劳动过程的分析来展开对生产方式不正义性的批判。主要是：第一，哈里·布雷弗曼在沿承马克思劳动过程理论的基础上对资本主义生产过程中劳动的规制策略的分析；第二，迈克尔·布若威在马克思的分析框架内对资本主义生产过程中，霸权的"工厂政体"所存在的规训与同意及工人自发认同的机制的分析，从新开启了马克思劳动过程理论中工人的主体性研究路向；第三，安德鲁·芬伯格在重构马克思技术批判理论的基础上深化了对垄断资本主义时期劳动过程的技术批判。总之，上述学者都是在马克思主义的分析框架内对后马克思时期劳动过程理论的深化和提升，对垄断资本主义生产方式的不正义性问题进行了深刻揭示和批判。

　　第五章主要论证共同富裕是马克思正义伦理的当代呈现。一是分析共同富裕正义伦理的时代背景。主要从三个方面展开：第一，经济全球化背景下资本生产扩张的悖论与人本回归；第二，市场经济条件下生产主义的弊病与生产的意义追问；第三，经济理性的失范与生产分配失衡问题的滋生。二是论述共同富裕正义伦理的应然诉求。主要从三个方面展开：第一，政治价值。促进全体人民共同富裕，是马克思主义政党的使命所在，是中国共产党矢志不渝的初心和使命，也是中国共产党作为执政党的核心政治价值；第二，内在诉求。共同富裕正义伦理的理论基础来自马克思的基本理论体系，其中"应得"正义就是其中非常重要的价值取向，劳动者是社会生产的主体，也应是劳动产品的占有者；第三，价值旨趣。马克思主义正义观关注的最后一个向度，是人的自由全面发展。马克思和恩格斯在批判资本主义制度的过程中体现出了自己的正义理念。在社会主义制度的前提下，最大化实现公平正义的制度是按劳分配，所有社会成员共同参与建设，也共同享有社会发展的成果，这个观点恰好契合了当今中国的共同富裕和共建共享理论的精神实质。在未来的共产主义社会，人们不必再为了争取利益而争斗，而是投入人的本质，也就是自由全面发展，这是马克思主义理论的最终价值目标。三是呈现共同富裕正义伦理的多维价值图景。主要从劳动尊严、代际公平、主体自由以及平等共享四个方面进行论述。

第六章主要论述中国特色社会主义实现共同富裕与美好生活的路径探索。一是实现共同富裕的发展基础，主要在于消除贫困与做大"蛋糕"。一方面，消除贫困，重在"共同"。中国共产党始终坚持以共同富裕为核心，不断加强贫困治理，努力把"蛋糕"的经济发展效果变得更加可观，让广大群众在发展中得到更多的收益和幸福。以科学的理念引领贫困治理是一场深刻的变革，包括贫困治理路径创新、贫困治理模式创新、贫困治理资源使用方式创新以及贫困治理考评体系创新等方面内容。另一方面，实现共同富裕的关键在于做大"蛋糕"，共享蛋糕，如何做大蛋糕是政府职能部门的当务之急，主要从平衡经济增长、改善营商环境、加大科技投入三个方面进行论述。二是实现共同富裕的制度保障，主要在于增进制度规约的实践智慧。一方面，为了达到共同富裕的目标，我们必须加强党的集中统一领导，完善党的领导制度体系，以此来促进国家治理体系和治理能力的发展，从而为社会主义现代化建设提供有力的支撑。另一方面，必须坚持人民至上价值理念，健全人民当家做主制度。不断推动我国社会制度和治理方式的进一步完善，走上共富的现代化发展大道。三是实现共同富裕的体制构建，主要在于促进平衡与发展更加充分。构建和完善体制机制的核心是实现共同富裕。要坚定不移地促进中国特色社会主义制度发展，就必须不断完善制度建设，采取科学的方法和路径，将我国的制度优势转化为我国的治理效能。主要包括收入分配体制改革、要素市场体制改革、社会治理体制改革、深化文化体制改革以及社会保障体制改革五个方面内容。四是实现共同富裕的道德培育，主要在于公民美德的伦理教化。共同富裕既包括物质财富的积累，也包括精神财富的积累。共同富裕是道德提升的物质基础。只有实现精神富裕的社会，才是真正的富裕。第一，发挥公民美德的认知功能，形成促进实现共同富裕的价值共识；第二，发挥公民美德的规范功能，强化促进实现共同富裕的行为践履；第三，发挥公民美德的调节功能，完善促进实现共同富裕的评价保障。

二、研究方法

历史发生学方法与问题回溯式研究方法相结合。基于马克思正义论的理论视角研究新时代共同富裕的正义伦理价值问题，需要遵循历史发生学逻辑。其一，从历史发生和发展过程的维度研究资本主义的社会历史生产过程，进而了解资本主义生产方式不正义性问题内生的根据及表现。从总体上考察马克思对资本主义生产方式的批判，"研究必须充分地占有材料，分析它的各种发展形式，探寻这些形式的内在联系"①。避免将马克思成熟时期的理论完全代替和涵盖其不同时期的思想转变，实现资本（剩余价值生产）和资本积累（资本积累过程）之间内容与形式的统一。其二，需要从社会主义的社会历史过程，对共同富裕的历史逻辑、理论逻辑以及实践逻辑进行横向及纵向研究。此外，历史发生学方法还需要问题回溯式研究方法加以辅助，在从历史过程生化和发展的维度考究共同富裕的正义伦理价值，需要以问题主导回溯分析，彰显出共同富裕的本质特性及背后所显现的问题域。

文献研究解读法。提炼和总结马克思批判资本生产所依据的理论根基、正义原则、正义标准等，归纳出马克思正义论研究的价值旨趣必须依据马克思的相关著作文本，其中最重要的是《资本论》的研究，通过研读和深究《资本论》及相关著作文本，运用历时性文本解读和总体逻辑勾勒的方法，从原著中考究和解读相关论述，显现出马克思的正义思想。从马克思正义论研究的理论视域中分析出中国特色社会主义实现共同富裕的正义伦理意蕴及其实现路径，也需要依托共同富裕的相关文本加以研究。特别是需要

---

① 资本论（第 1 卷）［M］.北京：人民出版社，2004：21.

对习近平总书记关于共同富裕思想相关论述进行详细研究，分析其对马克思主义共同富裕思想以及马克思主义中国化的共同富裕思想的继承与创新，为新时代共同富裕思想的研究提供支撑。

理论与实践相统一的方法。对马克思正义论的研究需要以问题意识来致力于文本研究，还原马克思的本真意旨，但又不能仅仅局限于对经典著作和相关文献的文本研究，否则会陷入"学院化""思辨化"的理论窠臼。解释世界的目的是为了更好地改变世界。因此，对共同富裕的正义伦理价值问题的研究必须坚持理论与实践相统一的研究方法，将本研究的最终目的指向现实生活，担负起时代所赋予的使命与责任，解决好当代社会中的现实问题，对当代中国构建公平的正义理论，对扎实推进共同富裕的具体实践提供理论借鉴。

分析与综合相结合的研究方法。在对马克思《资本论》的"资本的生产过程"相关理论研究中需要坚持微观层面的分析与宏观层面的综合相结合的研究方法。一方面有必要对资本主义生产方式的微观细胞加以"解剖"分析，探究和诊断其正义性问题的根源及表现形式，进而将相关问题及其表现，经过层层分析加以综合，从宏观角度把握马克思对资本主义生产方式不正义性的批判的运思理路。特别地要注意，目前关于共同富裕已有的研究大部分是围绕单一学科展开，然而无论是共同富裕的科学内涵，还是其面临问题及实践路径等方面来看，共同富裕的研究是一个涉及政治学、经济学、社会学、文化、生态学等多学科交叉的研究领域。因此，促进多学科的协同综合研究对清晰认识共同富裕问题具有重要意义。这也是"总体—要素"方法的题中之意。除此之外，抽象上升到具体的研究方法也是本研究需要遵循的。

第 一 章

马克思正义论视角下的资本及资本生产的本质

"资本主义"是一个复杂的概念。不同经济学家对其有不同的阐释和理解。一般而言，资本主义，是指资本主导社会经济和政治的意义。在资本主义的形成和发展过程中，资本始终是社会经济权利和经济组织结构的中心，并且始终充斥着资本的宰制性、扩张性和侵略性的本质。英国学者彼得·桑德斯指出，资本主义的"经济活动围绕对利润的自利性的持续追逐组织起来"。① 因此，资本逻辑充分展现了资本主义生产方式对利润的持续的追逐的过程。无可否认的是，资本的这种"固执"的积累逻辑以及对利润的自利性的持续追逐催生了资本主义经济的快速发展。对资本主义生产方式的考察必须要抓住一个核心概念，即"资本"。"资本"是一个内涵丰富且有着悠久历史的概念体系。"资本"（capital）的原初意义最早出现在中世纪的拉丁语中，意指代表着当时财富主要来源的牛或其他家畜的头。对当时的人们来讲，家畜具有很多优点：饲养成本低廉、可以活动避免损失、数量和大小易于计算和衡量等等。其实，家畜之所以能够成为当时人们财富的重要来源更重要的是源于家畜的两个"价值特性"：一是可以带动其他行业增加产值；二是家畜作为活的动物可以获取更大财富。"'资本'这个词具有双重含义：它表示你可以从资产（家畜）中获取物质资源，同时也可以提取它们产生附加值的潜能。"② 由此，"资本"的原初含义可以理解为能够

---

① ［英］彼得·桑德斯.资本主义——一项社会审视［M］.张浩译.长春：吉林人民出版社，2005：6—7.

② ［秘鲁］赫尔南多·德·索托.资本的秘密［M］.北京：华夏出版社，2012：29.

产生附加值，获取物质资源的资产。由于西欧中世纪是以封建庄园为典型形态的封建社会，经济生产以农业为主，土地的利用方式在社会经济生活中占有突出地位，且宗教在当时也占有特殊地位。因此，中世纪的经济学都带上了神秘的神学色彩。在这一背景下，商品经济始终处于尴尬的境地。在中世纪，商业被看作是卑鄙的行业，获取利润受到严格的限制，除非能够运用获取的利润维持家庭或帮助穷人，否则，贱买贵卖是要受到道义谴责的。因此，在中世纪，"资本"并没有真正成为理论研究的重点出现在经济学家的书桌上。

第一节　古典政治经济学：资本"形式规定"的遮蔽

"资本"概念是经济学的一个重要概念，也是古典政治经济学家和马克思政治经济学共同关注的核心主题。古典政治经济学资本在本质上就是一种"可感觉的物"的存在。他们将资本看作是国家财富增长的一种生产要素、一种客观部件、一种"物质性"存在，并运用对资本及资本主义生产方式做了永恒化和非历史化的处理。因此，古典政治经济学遮蔽了资本在价值形式、商品形式、资本形式等方面的特殊性。

一、重商主义的商业资本：流通领域中的资本考察

作为理论研究对象的"资本"，是经济学领域的重要概念。在经济学说史上，应该说，最早从理论角度对资本及资本主义生产方式进行探讨的是重商主义。重商主义产生于16世纪中叶，流行于17、18世纪中叶，是欧洲资本主义原始积累时期代表商业资产阶级利益的经济学说，反映了当时商业资本的利益和要求，其对现代资本主义经济运行做了最早的理论考察。主要代表人物有早期重商主义者法国的安·德·孟克列钦（Antoine de Montchretien，1575—1621）、晚期重商主义者英国的托马斯·孟（Thomas

Mun，1571—1641）等。

重商主义主要关注商品流通领域中货币财富如何在商业运动中实现增值，即货币—商品—货币（G…W…G）的运动（资本产生的过程），进而将商业资本的运动作为考察对象。重商主义获取财富的源泉有两个：一是金银的开采冶炼，二是对外贸易。由于金银矿的开采受到严格的条件限制，财富的获取主要在流通领域中通过发展对外贸易贱买贵卖获得利润，从而增加社会财富。重商主义还主张通过对外贸易的方式将金钱连同商品输出国外，来获取更多的财富。这也是重商主义获取财富的另一种方式。

重商主义理论着重从流通领域考察了商业资本的运动，其对资本本质的理解和探讨仅限于流通领域。鉴于当时历史条件的限制，其理论缺陷是在所难免的。"重商主义关于货币、财富及其源泉的观点在理论上是错误的。重商主义作为对资本主义的最初探讨，还不了解货币的起源与本质，还难以从本质上说明财富的真正源泉，也不能科学地理解利润的产生。"[①]但是在资本主义发展初期，重商主义就把货币财富积累作为使命，也点出了资本主义的实质，这一点也是难能可贵的。马克思在《资本论》中肯定了商业资本的历史贡献，也指出了商品流通对资本产生的重要性，认为商品流通是资本的起点和最初表现形式。但是在资本主义发展历史中，伴随着工场手工业的出现，重商主义思想的局限性越发显现，而新的学派——重农学派渐渐超越了重商主义并开展了对其的批判，进而将对资本本质的考察推向了深处。

二、古典政治经济学：作为一种生产要素的永恒资本形式的考察

（一）重农学派的产业资本：资本生产的最早的系统代言人

在资本主义发展初期，发展生产力，进行物质财富积累是资产阶级的主要使命。由于重商主义单纯从流通领域中来寻求财富积累的源泉，并没

---

① 姚开建.经济学说史［M］.北京：中国人民大学出版社，2003：31.

有深入到资本主义生产方式的实质。17 世纪以后，西欧社会经济危机或衰退势头日益呈现，一些经济学家将寻求财富的路径由流通领域转移到生产领域。故此，产业资本在资本主义的发展进程中应运而生。在对重商主义的批判中，古典政治经济学得以产生。此时，经济学理论研究开始从流通领域转到生产领域。① 古典政治经济学产生于 17 世纪中叶到 19 世纪初期。在经济学说史上，古典政治经济学奠定了劳动价值论的基础，这一历史性贡献也为后来的产业资本的发展奠定了理论基础。

1. 早期古典政治经济学：财富源于劳动和土地

威廉·配第（William Petty，1623—1687）在政治经济学上的重要功绩在于第一次有意识地把商品价值的源泉归于劳动。在《赋税论》中，他列举了同等时间内开采白银和生产谷物产生同等价值的例子。"假如一个人在能够生产一蒲式耳谷物的时间内，将一盎司从秘鲁的银矿采出来的白银运到伦敦来，那么，后者就是前者的自然价格。"② 这里的"自然价格"相当于同等劳动时间生产的同等价值量的商品。但由于受到重商主义的束缚，配第并没有形成对价值本质的科学分析。从而将劳动和土地看作是财富的本源。此外，配第在《赋税论》中还对工资、地租、利息进行了理论分析，并且触及了剩余价值的问题。虽然其没有形成一套完整的理论，但他涉及了对资本主义生产方式的分析。法国古典政治经济学的创始人布阿吉尔贝尔（De Boisguillebert，1646—1714）也认为重商主义由于不了解国家税收的来源是土地和劳动，因而不能理解财富的真正性质和内涵。他指出财富来源于农业生产。"就像四种要素是万物的本原，万物赖之以形成一样，欧洲一切财富的整个基础就是小麦、酒、盐和布"，"因之，法兰西的一切财

---

① 马克思最早提出"古典政治经济学"的概念。他认为资产阶级古典政治经济学是指资产阶级政治经济学发展的一个阶段。古典政治经济学在英国从威廉·配第开始，到李嘉图结束，在法国从布阿吉尔贝尔开始，到西斯蒙第结束。马克思恩格斯全集 . 中文 1 版（第 13 卷）［M］. 北京：人民出版社，1962：41.

② ［英］威廉·配第 . 配第经济著作选集［M］. 北京：商务印书馆，1983：48.

富便分为两类，即农产品和工业产品。"①布阿吉尔贝尔虽然指出劳动是财富的源泉，但其把社会财富仅仅看作是使用价值。在他看来，财富"包括人们全部的享受，不仅是生活必需品，也包括非必需品以及能够满足人们身体官能的快乐的一切物品。"②无论如何，布阿吉尔贝尔的财富来源于农业生产的论断实现了同重商主义的彻底决裂。他的重农思想为后来的重农学派所继承和发展。

2.重农学派：资产阶级视野内的资本生产的考察

如果说重商主义和早期古典政治经济学仅仅就财富积累的源泉是产生于流通领域还是生产领域进行了分析，而没有真正在资产阶级的视野中审视资本及其生产。那么，重农学在批判重商主义和早期古典政治经济学的基础上又进行了进一步的发展。重农学派是18世纪中叶产生于法国的主张经济自由和农业生产的经济学流派。重农学派主要是在资产阶级范围内对资本及其生产进行分析，主要人物有魁奈和杜尔哥。

弗朗斯瓦·魁奈（Francois Quesnay，1694—1774）是最早对资本进行研究的经济学家之一。魁奈认为，投入到工商业中的资本不能称之为生产的资本。因为在他看来，农业是唯一的生产部门，财富来源于农业生产。"只有土地的产品才是原始的、纯粹得到的、经常在更新的财富，人们可以用它来支付他们购买的一切物品。"③他把农业生产中的剩余产品称之为"纯产品"，并且依据能否创造"纯产品"区分了生产阶级、不生产阶级及土地所有者阶级。魁奈的"纯产品"实际上就相当于农业生产中的"剩余价值"。农业被看成是唯一进行资本主义生产即产生剩余价值的生产部门。在这里，魁奈其实是把地租看成了剩余价值的唯一形式。土地所有者披上了资本家的外衣，占有了剩余劳动产品。魁奈运用"原预付"和"年预付"的概念来区分农业中的生产资本。"原预付"一般是多年预付一次，多年收回，如

① ［法］布阿吉尔贝尔.布阿吉尔贝尔选集［M］.北京：商务印书馆，1984：13.
② ［法］布阿吉尔贝尔.布阿吉尔贝尔选集［M］.北京：商务印书馆，1984：153.
③ ［法］弗朗斯瓦·魁奈.魁奈经济著作选集［M］.北京：商务印书馆，1979：177.

仓库、房屋等的基金；"年预付"是每年预付，每年收回，如支付工人的工资等。

虽然魁奈并没有使用"资本"概念，但其"原预付"和"年预付"可以看作是最初的"资本"概念。魁奈使用"原预付"和"年预付"从再生产的角度分析了农业生产中的生产资本。他把资本看作是用于农业生产中的各种物质形式，并没有认识到生产资本的货币形式。因为在魁奈看来，资本是物，而货币只是一种流通手段。除此之外，魁奈还在《经济表》中，通过在三大阶级之间的交换关系中分析财富的创造和增加的基础上，对社会总资本的再生产和流通进行了系统的探索和研究。在《经济表》中，魁奈论证了资本的再生产过程，并就流通过程和再生产过程的关系做了说明。在他看来，流通过程只是再生产过程的形式。正如马克思所谈到的"除了对资本在劳动过程中借以组成的物质要素进行这种分析以外，重农学派还研究了资本在流通中所采取的形式（固定资本、流动资本，不过重农学派用的是别的术语），并且一般地确定了资本的流通过程和再生产过程之间的联系"。① 总之，魁奈虽然没有形成统一的资本概念体系。但他对生产资本和社会资本的再生产问题的分析是很有启发意义的。

重农主义体系在安·罗伯特·雅克·杜尔哥（Anne Robert Jacques Turgot，1721—1781）时期发展到了顶峰。1766 年，杜尔哥在《关于财富的形成和分配的考察》一书中，对资产阶级会阶级结构进行了深入分析。在魁奈的"生产阶级""不生产阶级"和"土地所有者阶级"三大阶级的划分的基础上，杜尔哥又进一步将生产阶级和不生产阶级各自划分为两个对立的阶级。他将生产阶级划分为农业劳动者和农业资本家，不生产阶级划分为工业劳动者和工业资本家。（如图 1）

---

① 马克思恩格斯全集（第 26 卷）（第 1 册）[M].北京：人民出版社，1972：15—16.

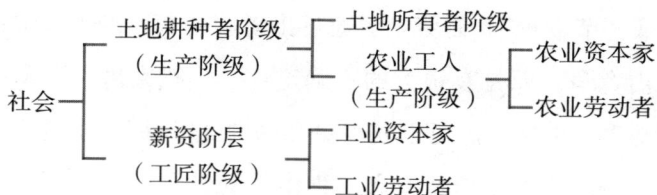

图1　杜尔哥的阶级结构理论 ①

　　杜尔哥对社会阶级结构的划分源于他对劳动者和土地生产资料分离过程的考察。他认为，劳动者和土地相分离的过程经历了三个阶段：第一阶段，人们既是土地所有者又是劳作者，一切"纯产品"都归劳作者占有和使用；第二阶段，土地被占有，没有占有土地的人们，通过自己的劳动与土地所有者和耕作者换取产品；第三阶段，土地的占有和使用相分离，土地使用者只能得到维持必要生活资料，而土地占有者则拥有超出的一切"纯产品"。这里也体现出了资本和雇佣劳动之间的最初关系。杜尔哥通过劳动者和土地生产资料分离过程揭示了雇佣劳动关系的发生。在杜尔哥看来，土地是唯一的财富源泉。土地所有者是真正的资本家，工商业和借贷资本家都是派生的资本家。除了土地所有者之外的所有工人和资本家都是由土地所有者雇佣的。杜尔哥对社会阶级结构的分析，揭露了资本主义雇佣劳动关系的存在。土地所有者通过占有资本来获取利润；包括农业资本家和产业资本家在内的雇佣劳动者，通过出卖劳动得以生存。

　　杜尔哥之所以区分进一步资本家和劳动者，也是为了解释资本家资本的来源。在他看来，资本家得到的也是工资，而这些工资是要靠节俭得来的。"无论是谁，只要他每年能从他的土地收入，或从他的劳动或辛劳所挣得的工资，收到一些多于他必须花费的价值，他就可以把这笔多余的价值作为一种储蓄而积累起来；这种积累起来的价值就是所谓资本。"② 这个观点

---

① 赵峰.新编经济学说史教程［M］.北京：北京师范大学出版社，2006：89.
② ［法］杜阁.关于财富的形成和分配的考察［M］.北京：商务印书馆，1961：22.

后来被发现成"节欲论"。而劳动者通过出卖劳动获取的工资取决于买卖劳动双方的自由竞争，而具有很大的不确定性。一般来讲，资本家会尽量挑选廉价的劳动力，以便自己可以获得更多的"纯产品"。也就是说，在资本生产过程中，资本家（土地所有者）把由劳动者劳动创造的超过劳动者工资的剩余产品，即"纯产品"无偿地占为己有。"在土地所有者手中，余额已经不再表现为自然的赐予，而表现为对于别人的劳动的——不给等价物的——占有"①。由此，杜尔哥似乎也看到了资本家对雇佣工人剥削的一面。

重农学派主要是从生产领域考察财富的源泉，而不是流通领域。重农学派把将农业生产中的投入与产出的使用价值的差额称为"纯产品"，并把农业生产看作是财富的唯一源泉。重农学派的这一认识，实际上也就揭示了剩余价值的源泉。尽管限于当时历史条件的限制，其理论有诸多瑕疵之处。但重农学派将资本一般概括为农业生产资本，并对社会总资本的再生产和流通的初步系统的探索和研究都为后来者提供了重要借鉴作用。

（二）生产关系亦或生产资料：斯密对资本理论的二重性分析

古典政治经济学发展到亚当·斯密时期，实现了经济学说史上的伟大变革。斯密的经济学说形成于 18 世纪 50—70 年代，此时的英国已经从农业占优势的国家转变为工业占据首要地位的国家，形成了典型的资本主义社会结构。斯密之前，重农学派对社会阶级的划分已经不再适应以工业为主导的资本主义社会发展了，因为作为独立力量的工人阶级已经形成。在斯密看来，资本主义社会包含着工人阶级、资本家阶级和地主阶级三大基本阶级，从而第一次正确揭示了资本主义的阶级结构。在此基础上，斯密又分析了与三大基本阶级相对应的三种基本收入：工资、利润和地租。斯密认为，资本家阶级是资本的所有者，其为了得到利润将资本投入到工人阶级的劳动上，工人阶级的劳动对原材料追加的价值形成支付劳动者的工资和资本所有者获取的利润。除此之外，土地作为土地所有者的私有财产对

① ［法］杜阁.关于财富的形成和分配的考察［M］.北京：商务印书馆，1961：32.

土地经营者还要收取地租。于是，三大基本阶级的总收入就是工资、利润和地租。斯密在三个阶级和三种收入的学说的基础上分析了资本主义社会的资本及其生产方式的内在联系。

1."生产性资本"：作为一种生产关系的资本解读

斯密的经济学理论是在对重商主义和重农主义批判地继承的基础上形成的。重商主义主要考察了商业资本的运动，着眼于流通领域中货币财富如何在商业运动中实现增值。重农学派虽然将财富的源泉由流通领域转向了生产领域，但其把农业生产看作是财富的唯一源泉，并认为工业和商业都不创造财富而只是变更财富的物质形态。在斯密看来，重商主义的财富来源于货币或金银的观点是荒谬的，而重农主义把农业生产看作是财富的唯一源泉的观点是也狭隘的。他认为，货币仅仅是流动资本的一部分，是商业的大工具。一国财富的主要源泉并不是在对外贸易中金银的输入，也不仅仅来源于农业生产，而是土地和劳动的"年产物"。任何生产部门的生产劳动都是财富的源泉。

那么，什么是生产性劳动，什么是非生产性劳动？对于两者的区分，不同学派有不同的划分主张和依据。重商主义更加注重对外贸易中的商业劳动，而重农主义则更注重农业生产中的劳动，认为商业劳动是非生产性的，农业生产劳动才是生产劳动。在斯密看来，生产性劳动和非生产性劳动的根本区别并不在于生产什么，而在于是否生产剩余价值。"有一种劳动，加在物上，能增加物的价值；另一种劳动，却不能够。前者因可生产价值，可称为生产性劳动，后者可称为非生产性劳动。"[1]斯密将生产性劳动的问题放在资本主义生产方式中加以考察，将生产利润且直接同资本相交换的劳动规定为生产劳动，把直接和收入相交换的劳动规定为非生产劳动，从而揭示了资本主义生产的实质是生产剩余价值。但斯密在其后的表述中又背

---

① [英]亚当·斯密.国民财富的性质和原因的研究（上卷）[M].郭大力，王亚南译.北京：商务印书馆，2009：304—305.

离了这样一种认定依据。在《国民财富的性质和原因的研究》中，斯密又把是否生产物质产品作为区分生产性劳动和非生产性劳动的标准，体现了其划分标准的二重性。

斯密认为，增加生产性劳动者的数目和增进受雇劳动者的生产力是一国国民财富增长的关键因素。他指出，"推动社会大部分有用劳动活动的，正是为追求利润而使用的资本。资本使用者的规划和设计，支配指导着劳动者的一切最重要动作"。[①] 斯密看到了资本的作用，而对资本本质的理解，斯密接近于把资本看作是一种生产关系。斯密看到了资本家将资本投入劳动者的劳动中，从而占有雇佣工人的一部分劳动获取利润的实质；指出了利润是资本的收入，利润来源于工人的无偿劳动的事实。在一定程度上揭示了资本主义生产的前提。

2."预储资财"：作为一种生产资料存在的资本形式

斯密对资本的认识接近于将资本看作是一种生产关系的实质。但其对资本本质的认识也体现了他的资本理论的前后背离性。斯密在从社会再生产的角度研究资本时，指出，资本是资本家为了维持生产而积累起来的"预储资财"。如果个人的资财能够在支撑他的生活的同时还有部分余留，他自然会将额外的余留变为资本以获取更多资财。斯密由利润来考察资本，又将资本看作是生产资料，是社会生产的一般条件，是一种"物"的存在。进而又将资本作为一种超历史的永恒概念提出，将资本庸俗化，掩盖了资本的实质和本质，也掩盖了在资本主义生产过程中资本家剥削工人的剩余价值的实质。

斯密对资本起源的理解也体现了他资本理论庸俗的一面。他认为，资本即"预储资财"，是资本家节俭的产物。在他看来，资本原始积累是资本家靠自己的劳动获得的，但他没有看到，"有了工厂，就有了与资本主义相

---

① ［英］亚当·斯密. 国民财富的性质和原因的研究（上卷）［M］. 郭大力，王亚南译. 北京：商务印书馆，2009：243.

适应的生产模式，18 世纪正是资本主义成型的时候。但资本主义的成型建立在财富积累的基础上，且这一积累继续来自两个主要来源：——对农民剩余劳动的传统榨取——以各种形式对殖民地的过度剥削：掠夺、强迫劳动、奴隶制、不等价交换、殖民地征税等"。① 斯密并没有意识到，或者说完全抹杀了资本原始积累是无产阶级同生产资料相分离的过程，是充斥着血和泪，充满了粗野的暴力和野蛮的掠夺的过程。不过值得肯定的是，斯密在资本主义生产过程中对剩余价值的来源问题做了进一步探讨。他认为，当资本积累到一定程度，资本家就运用手中的资本，雇佣同生产资料相分离，进而失去生产资料的工人为其劳动，从而获得利润。尽管利润和剩余价值有很大区别，斯密也没有对此做区分，但他确实已经认识到了剩余价值产生的真正起源。

总之，斯密认识到了劳动与劳动条件的分离是资本主义生产的前提。在生产领域中来寻求剩余价值的来源②，认识到了剩余价值的真正起源。但由于斯密是从"经济人"的本性出发来建构他的理论体系，采取了非历史主义的研究方法，把资本主义生产方式看作是永恒的、自然的、一般的生产方式，没有看到资本主义生产方式的历史过渡性，对资本生产做了超历史范畴的处理。尽管在对资本本质的认识上，也接近于将资本看作是一种生产关系。但在从社会再生产的角度系统分析资本时，又将资本拉到了"物"的范畴之内，把资本看作是一种用于继续生产的"生产资料"，抹杀了资本本质中所体现的人与人的关系，体现了他的经济理论的二重性，也凸显了他的资本理论的局限性。

（三）永恒资本形式极致化：李嘉图的非历史主义视角

大卫·李嘉图继承和发展了亚当·斯密经济学理论的精华。李嘉图在

---

① ［法］米歇尔·波德.资本主义的历史［M］.上海：上海辞书出版社，2012：86—87.
② 正像前面所谈到的，斯密并没有提出"剩余价值"的概念，更没有区分利润与剩余价值。但他是通过剩余价值的特殊形式，利润、地租与利息来分析剩余价值的，客观上认识到了剩余价值的真正起源。

对资本本质的考察上延续了斯密的资本理论，但对资本的数量做了进一步探讨。同斯密一样，李嘉图把资本直接等同于生产资料，并将资本看作是社会生产的一般条件，是一种"物"的存在，是一种超历史的永恒不变的概念，进而将资本庸俗化。在《政治经济学及赋税原理》中，李嘉图考察了早期社会的生产活动，将渔夫和猎人使用的武器看作是一种资本。不过值得肯定的是，李嘉图对资本做了分类分析。他首先将劳动区分为生产商品的劳动和生产劳动工具、机器、建筑物等生产资料的劳动。在二重劳动的基础上，李嘉图又把资本划分为维持劳动的资本和投入劳动工具、机器、建筑物等生产资料上的资本。其实，在这里，李嘉图已经区分了不变资本和可变资本的内涵，但他并没有形成科学的不变资本和可变资本的概念。以至于影响了他的资本再生产理论的科学性。

作为资产阶级的辩护者，李嘉图认为，要通过扩大再生产、积累资本来促进生产发展。李嘉图非常重视资本积累在生产发展中的作用。他认为，资本主义生产发展需要广泛的资本积累。这是生产发展的需要，也是一个国家财富增长的必需。而一国财富的增加就需要将资本投入生产性劳动中，提高劳动效率、增加产品数量。"国家财富的增加可以通过两种方式：一种是用更多的收入来维持生产性的劳动——这不仅可以增加商品的数量，而且可以增加其价值；另一种是不增加任何劳动量，而使等量劳动的生产效率增大——这会增加商品的数量，但不会增加商品的价值。"①在李嘉图的资本积累理论中，他奉行的是"节约收入以增加资本"的原则。他主张节约下来用于增加到资本的收入，应当由生产性劳动者消费，增加更多的可变资本。李嘉图对国民财富增长的思考是决定国民财富增长的是生产性劳动的数量和劳动生产率的提升，而生产性劳动的数量则依存于资本的数量。因此，投入生产性劳动中的资本的数量的多少决定一国国民财富多寡。

李嘉图对资本及其资本主义生产方式的分析是站在工业资产阶级的立

---

① ［英］大卫·李嘉图.政治经济学及赋税原理［M］.北京：商务印书馆，1976：236—237.

场之上。他将资本主义看作是最后的、绝对的自然形式，从而对资本主义做了非历史性的考察。尽管李嘉图在其所生活的时代观察到并承认了资本主义生产过程中的阶级利益对抗①。但由于阶级立场和历史的局限，他并没有从社会经济制度中去寻求对立的根源。而是对资本主义生产方式采取了非历史主义的态度，把人类社会从远古直到未来都看成是资本主义的社会状态，并且认为资本家在生产过程中对利润的追逐是同整个社会利益及生产力发展相一致的。如果说，在斯密那里，资本主义生产关系就已经成为永恒的、自然的生产关系了，那么，李嘉图把资本主义的永恒性发展的更加彻底了。

　　总之，无论是重商主义的商业资本、重农主义的产业资本还是亚当·斯密、大卫·李嘉图等的资本理论都看到了资本在生产方式中的地位和作用，也分析了资本在资本主义生产方式中获取更多利润的目的，进而使一国国民财富不断增长。但他们将资本看作是物质财产和物质资料投入生产过程中从而获取利润的"可感觉到的物"。尽管亚当·斯密隐约看到了资本作为生产关系的一面，但由于阶级利益和历史的局限，并没有把资本的本质真正揭露出来。古典政治经济学家总是从自然秩序或自然状态出发来论证资本主义生产方式的永恒性和合理性，并把资本看作是"一种一般的、永存的自然关系"②，忽视了从历史的维度来对资本主义生产方式和资本本质进行解读。

　　古典政治经济学家将资本看作是资本主义生产方式中的一种生产要素、一种客观部件。这种作为一种生产要素的资本理论在古典政治经济学之后的西方经济学家中得到了进一步的传承和发展。

---

① 李嘉图所生活的时代正是工业革命在英国蓬勃发展之时。机器的发明与应用使工业生产迅速发展，英国成为当时的"世界工厂"。与此同时，英国的社会生产关系也发生了深刻变革。工业从农业中剥离，使得工人在实质上完全隶属于资本。资本主义社会阶级利益的对抗性日益显现。

② 马克思恩格斯全集（第30卷）［M］.北京：人民出版社，1995：27.

　　西方主流经济学从"经济人"假设出发，把资本主义生产仅仅看作是技术上的投入产出关系，认为生产就是要优化组合不同生产要素，实现利润最大化。亚当·斯密在《国民财富的性质和原因的研究》中将生产看作是"每一种物质投入的最大组合所能得到的最大产出"。尽管其在《道德情操论》中试图将"富之路"与"德之路"统一起来，但其关注的并不是道德本身。受其影响，萨缪尔森将其生产理论建立在生产函数的概念上，"所谓生产函数，是指企业或组织甚至整个社会，在既定的工程技术条件下，给定投入与所能得到的最大产出之间的关系"。① 西方主流经济学及其生产函数理论在经济理论的分析和应用中都具有积极作用，从科学性的角度讲，其不失为一种非常有用的分析工具。但在西方经济学技术性思维的主导下，其把劳动、资本和土地都看作是生产要素的客观部件，完全忽视了劳动者的生产主体性和资本的两面性。资本在生产过程中作为一种生产要素是正当的，但仅仅将其看作是生产要素的客观部件就掩盖了资本所具有的社会性质。西方主流经济学恰恰陷入了这样的片面化的理论境地。因为他们只是将资本看作是生产要素的客观部件或物的存在，而彻底忽视或掩盖了资本的社会性质。

　　通过上述内容可以看到，西方主流经济学运用技术手段对资本主义生产方式的分析，只看到了生产方式的自然属性，完全避开了劳资矛盾、资本与环境的矛盾，将生产过程变成了一个"黑箱"。如英国经济学家约翰·穆勒把资本的本质定义为"拔出来运用于再生产的财富"。他把以往劳动产物的积累称为"资本"，并提出了有关资本的四大定理即劳动受资本的限制；资本是节省的结果；资本都是要消费掉的；维持和雇佣生产性劳动的，是其工作所花费的资本。西方经济学家都认识到了资本的本性在于增殖，并从投入与产出的视角，把资本进一步规定为一种创造财富繁荣生

---

① 韩德强.萨缪尔森《经济学》批判：竞争经济学［M］.北京：经济科学出版社，2002：101.

产资料，一种"可感觉的物的"存在，从而遮蔽了资本的"形式规定"。不仅如此，西方经济学家还在这一理论基础上来论证资本主义生产方式的永恒性。

殊不知，在资本主义生产方式中，资本具有作为生产要素而存在的自然性的一面，但资本的本质并不在于此。作为生产要素而存在的资本只是资本的外在的、表面的形式。资本的真正本质在于它的社会属性。西方经济学家一味在生产要素的维度来考察资本及其生产，从而掩盖了资本所内含的生产关系的"形式规定"。而这也正是马克思在《资本论》中对古典政治经济资本理论批判的要点。

第二节 "隐形者的显形"：《资本论》对资本"形式规定"的彰显

马克思在致信路·库格曼时批判古典政治经济学家对资本"形式规定"的遮蔽。他认为，庸俗经济学家的做法没有深入到资本的本质，只是看到了资本的表面，并将其看作永恒的、最终的东西来考量。单纯将资本理解为生产资料等"可感觉的物"的存在，恰恰是只抓住了资本的现象性存在，遮蔽了资本作为生产关系而存在的"形式规定"。资本的"形式规定"隐藏在资本作为"可感觉的物"的现象性存在的深处。马克思科学地阐释了资本之为资本的本质存在。

一、资本一般的形式规定：自行增殖的价值

马克思对资本概念的认识并不仅仅体现在《资本论》中。其在《莱茵报》时期就发现了物质利益的重要性并着手进行政治经济学研究，而资本作为核心概念是在《1844年经济学哲学手稿》时期。资本概念是在劳动的话语中作为"私有财产"而出现的。马克思指出："资本，即对他人劳动产品的

私有权"①,"资本是积蓄的劳动。"② 这种积蓄的劳动实际上就相当于斯密等人的物质财富的积累。由此可见,马克思此时资本概念深受斯密等国民经济学家们的影响,将资本仅仅看作是物质财富的积累,而没能发现其积累的内在机制。但马克思又将资本看作是对他人的劳动产品的私有权,这预示着,马克思赋予了资本拥有对他人劳动及其产品的支配权力。这是一种有价值倾向的描述,暗含着资本剥削的向度。对作为"私有财产"的资本概念,马克思还谈道,"私有财产的关系潜在地包含着作为劳动的私有财产的关系和作为资本的私有财产的关系,以及这两种表现的相互关系"③ 虽然马克思简要论述了"劳动"与"资本"的相互关系,但由于深受经验的历史主义与抽象的人本主义的影响,此时的马克思仍旧将资本停留在"可感觉的物"的现象层面,并没有觉察到资本深层次的生产关系的意蕴。

伴随着对经济学的深入研究及研究方法的改进,马克思对资本概念的理解也逐渐变得深入而又科学。在重点论述政治经济学的《1857—1858 年经济学手稿》中,马克思运用从抽象到具体的分析方法,提出了"资本一般"的概念。这是成熟时期马克思经济思维展开的结果。此时,马克思已经超越了资本作为"对他人劳动产品的私有权"的理解,并从资本的共性来理解,认为资本作为资本所共有的规定,也就是资本的共性。马克思将资本一般与特殊的资本相区别,并指出了作为一种现实的存在的资本一般的形式规定性,即资本生产的价值增殖。

在《资本论》中,马克思对资本一般的"自行增殖的价值"的形式规定做了具体分析。正像国民经济学家把资本看作"可感觉的物"一样,马克思对资本的分析也是从具体的物——"商品"开始的。但马克思并没有像国民经济学家那样仅限于研究商品的物质特性而忽视了商品的价值形式。马克思在研究商品时,正是对商品的价值形式的深刻分析,使其窥到了资

---

① 马克思恩格斯文集(第1卷)[M].北京:人民出版社,2009:129.
② 马克思恩格斯文集(第1卷)[M].北京:人民出版社,2009:130.
③ 马克思恩格斯文集(第1卷)[M].北京:人民出版社,2009:172.

本的形式规定。马克思借助商品进一步分析了商品形式的进一步发展——货币形式、资本形式等的特殊性，进而指出了资本的"自行增殖的价值"形式规定。马克思认为，只有商品交换才能实现商品的价值。货币的出现促进了商品流通，也促进了资本的产生。因为，在资本历史中，资本最初就是以货币的形式而出现的。

在商品流通中，当货币转化为资本时，货币流通也就变成了资本运动，在价值增殖的驱动下，资本运动也变得永无止境了。"作为资本的货币的流通本身就是目的，因为只有在这个不断更新的运动中才有价值的增殖。因此，资本的运动是没有限度的。"① 在这里，马克思通过价值概念指出了资本的"自行增殖的价值"形式规定，并认为资本只有在运动中才能体现它的生命力，也才能不断实现增殖。马克思重点考察了资本一般的"自行增殖的价值"的形式规定，看到了资本自我增殖离不开商品流通。但他也看到了资本的自我增殖并不是在商品流通中产生的。"资本不能从流通中产生，又不能不从流通中产生。它必须既在流通中又不在流通中产生。"② 那么，资本自我增殖到底产生于何处，它又是怎样增殖的？对此，马克思指向了资本主义的生产过程。因为商品流通领域只是表面的、虚假的公平。真正的资本生产、资本的本质和赚钱的秘密都隐藏在了生产过程中。由此，马克思由商品的流通领域开始转向了商品的具体生产过程中，并在生产过程中揭示了资本成为资本的本质特性——作为一种生产关系的"形式规定"。

二、资本的本质：作为一种生产关系的"形式规定"

如果说，马克思对资本一般的"自行增殖的价值"的形式规定的揭示，并没有与国民经济学家把资本看作是"可感觉的物"的理解完全区分开来，那么，马克思对作为一种生产关系的"形式规定"的资本的本质的揭示则

---

① 资本论（第1卷）[M].北京：人民出版社，2004：178.
② 资本论（第1卷）[M].北京：人民出版社，2004：193.

超越了国民经济学家。国民经济学家的困惑在于他们把资本的"形式规定"直接等同于了资本的"可感觉的物"的自然属性，而忽视了资本作为一种生产关系的本质特性。马克思指出，将人们的社会生产关系看作是物的自然属性，恰恰是用资本所表现出的表象遮蔽了资本的本质规定，是现象与本质的颠倒。这是国民经济学家们的致命缺陷。这种缺陷既掩盖了资本的本质规定，也将资本主义的生产关系歪曲为非历史性的永恒范畴。

在《雇佣劳动与资本》中，马克思看到了资本主义生产过程中资本与雇佣劳动之间的关系。马克思认为，只有资本家雇佣工人的劳动力，资本才能成为资本，资本也在能实现增殖。一些商品之所以能够成为资本是由于它的独立的社会力量。马克思将资本与一定的社会阶级联系起来，认为只有依靠出卖自己的劳动能力来赚取生活资料的工人的存在才是资本的必要前提，也是资本增殖的必要环节。只有雇佣劳动被积累的物化劳动所支配，资本才能成为资本。资本只有雇佣工人的劳动，才能使其不断增殖；同时，工人要想维持自己及家庭的生活，换得生活资料，必须将自己的劳动出卖给资本家（资本的化身）。因此，资本和雇佣劳动互为前提，相互制约。资本主义的生产目的是赚取更多的剩余价值。生产资本越多，资本增殖也就越快，同时也就意味着需要雇佣更多的劳动力。因此，资本的增加是同工人阶级的增加成正比的。不过，从另一方面讲，生产资本的增加也就意味着积累起来的劳动对活劳动的支配权力的增加以及劳动者受剥削程度的增加。资本的本质是一种社会生产关系。"资本也是一种社会生产关系。这是资产阶级的生产关系，是资产阶级社会的生产关系。"①在这里，马克思将资本解释为一种"社会生产关系"，体现了马克思已经从生产领域中社会关系来考察资本内涵，并且对资本做了全新的阐释。资本不是仅仅表现为一种"可感觉的"生产资料，更重要的是一种社会关系。当然，马克思早期对资本的分析尚处在经验型的层面。

---

① 马克思恩格斯文集（第1卷）[M].北京：人民出版社，2009：724.

在成熟时期的思想中，马克思对经济问题的分析开始运用历史唯物主义的研究方法。马克思在《1857—1858 年经济学手稿》的资本章中分析了资本的生产过程，并从"交换价值"的视角来阐明资本概念及资本的运动。"要阐明资本的概念，就必须不是从劳动出发，而是从价值出发，并且从已经在流通运动中发展起来的交换价值出发。"① 而"货币主义"者和"现代经济学家"对货币和资本的理解仅仅局限在了自然物的层面上，并没有看到其中所蕴含的社会生产关系。如果忽视以货币形式而存在的资本的社会关系的"形式规定"，就等于把资本简单化和抽象化了。不论资本是采取商品形式还是货币形式，其作为流通的要素都先于流通而存在。流通的直接存在仅仅是一种假象、一种过程的表面现象。价值的生产只有在生产领域中才能实现。马克思认为，资产阶级经济学家将资本简单地看作是新生产的物化劳动，而没有理解为关系。这一点抽象掉了资本的"形式规定"，只看到了资本的自然属性，将资本看作是一切人类生产的必要条件，从而赋予了资本以永恒和自然的生产形式。殊不知，资本概念中已经包含着资本家。资本的生产过程不仅是资本的增殖过程。也是一定生产关系产生的过程。新生产的产品之所以成为商品，进而成为资本，正是得益于资本作为一定的社会关系的"形式规定"，如果剥离了这一"形式规定"，那么，资本只是一种空洞的物的存在。因此，资本的"形式规定"只能从生产关系中去寻觅。而资本的这一"形式规定"是从资本本身的运动中产生的。这一观点马克思在《资本论》中给予了详尽分析。

在《资本论》第一版序言中马克思对以往的经济学家和资产阶级经济学家进行了批判。在他看来，以往经济学家并没有对货币形式的价值做出任何贡献，之所以出现这种情况是因为其对经济形式的分析运用了不合适的研究方法。对于资本主义经济形式的分析必须首先从其最小的细胞形式入手，马克思对资本主义经济形式的分析首先是从"劳动产品的商品形式"

① 　马克思恩格斯全集（第 30 卷）[M].北京：人民出版社，1995：215.

开始的。马克思对商品的分析遵循着从现象到本质的研究路数，并以此揭露出了商品内在的社会关系表征。因为商品是用于交换的劳动产品。表面上看似以物与物的形式进行的商品交换，实际上是生产商品的劳动者的劳动的交换。因此，商品的本质是人的劳动赋予的，也体现着一定的社会关系。在马克思看来，商品表面上看似简单、平凡，但实质上却是一种"超感觉"的社会关系的表征。生产者创造了商品的价值，同时，也将生产者之间的社会关系赋予了商品，使其成为超感觉的社会的物。当作为商品一般等价物的货币转化为资本时，资本的"自行增殖的价值"的形式规定得以呈现。

马克思借助爱·吉·韦克菲尔德的口吻谈到，"资本不是一种物，而是一种以物为中介的人和人之间的社会关系"① 资本所蕴含的社会关系并不是显性的存在。它是以外在的物为依托，并附着在"可感觉的物"内的隐性存在，以物的形式所表现出的一定的社会关系。正像法国学者米歇尔·于松所指出的"资本并不能被简单地归结为大量的资金或一大堆机器和工厂。资本应当被定义为'建立在生产资料所有制基础上的一种社会关系'"。② 也就是说，资本的本质是一种以资本家和雇佣劳动关系为基础的社会关系。

从以上分析可以看出，马克思对作为一种生产关系的"形式规定"的资本的本质的分析是一以贯之的。在《资本论》中，马克思运用由现象到本质的"抽象力"对商品生产进行了批判性分析，揭示出了其隐藏着的人与人的关系。马克思正是在对政治经济学家对资本本质"物化"及将资本非历史性的永恒化的理解进行了批判，并从具体的、历史的维度对资本进行了社会关系层面的考察，并将社会关系内嵌在了资本的本质内涵之中，从而打破了将资本永恒化的"魔咒"。

---

① 资本论（第1卷）[M].北京：人民出版社，2004：877—878.
② [法]米歇尔·于松.资本主义十讲[M].北京：社会科学文献出版社，2013：3.

第三节　资本主义生产方式价值层面的正义批判

国民经济学家将资本看作"可感觉的物"，完全忽视了隐藏在资本背后所蕴含着的生产性关系。殊不知，"资本之所以被称为资本，不只是因为它所固有的作为客体的物质存在，更多的是因为它的主体化本质"。① 马克思正是对资本的"形式规定"的剖析，揭示了资本背后所隐藏着的人与人之间的生产性关系，凸显了资本在生产方式中的主体性维度和支配性权力的体现，也开启了对资本主义生产方式及其生产过程的批判性分析和正义性追问。

一、资本作为资本主义生产过程的主体性存在和支配权力

生产过程作为一种活动或过程，必然要有一定的主体存在。一般而言，劳动者作为其中最活跃的因素，充当着生产过程的主体，发挥着生产过程的主体性作用。无论是物质资料还是一定的生产关系都是在生产过程中生产出来的。不同社会制度和生产方式下的生产过程具有不同的性质和生产目的。简单商品生产条件下，生产过程不存在价值增殖，生产的目的是为了满足生产主体——劳动者的生存和发展的需要。而资本主义生产过程是劳动者的劳动过程和价值增殖过程的统一，其生产的目的是永无止境地实现价值增殖或获取剩余价值。如果说在简单商品生产条件下，物质资料的生产及其生产目的还能彰显劳动者在生产过程中的主体地位，那么，在资本主义生产关系下，劳动者在生产过程中出现了"本性性退化"的怪象。

在资本主义生产过程中，从事劳动的劳动者的"本体性退化"和"主体性存在的遗忘"要归咎于资本的僭越式膨胀及其对生产过程的主宰和控

---

① 李慧娟."资本主体性"批判——马克思现代性批判的本质 [J].社会科学辑刊,2013（5）：16—17.

制。要探究资本在资本主义生产过程中的"怪象"就考察资本主义生产的基本制度及其前提，马克思认为"劳动和劳动条件的分离，是资本主义生产的前提"。① 雇佣劳动的出现及劳动者与劳动条件的分离也就意味着劳动者已经变得除了能够出卖自身的劳动力给资本家以维持生存之外就"自由的一无所有"了。在资本主义生产方式中，劳动者将自身的劳动力作为商品出卖对资本家，使自己表现为自由的雇佣工人，从而形成了资本家对雇佣劳动者的剥削关系。而这一剥削关系从实质上看无非是资本对雇佣劳动的剥削。资本主义生产过程也是资本剥削劳动者的过程，这一过程使生产者失去了对生产过程的主体性支配，而表现为生产过程的主体的对象性存在。此时，资本成为资本主义生产过程的主体性存在形成了对生产过程及生产者的支配权。

在资本本性的决定和驱使下，资本主义生产中资本家对雇佣劳动者的压榨和剥削恰恰表达了深层次中"现实正受抽象的统治"，也即现实的雇佣劳动正受着抽象的资本的统治。资本对雇佣劳动的统治意味着雇佣劳动从属于资本使其获得了"资本是对劳动及其产品的支配权力"②。资本对劳动及其产品的支配预示着劳动者自身价值和生命意义的丧失，而这恰恰也是资本成为资本的前提。对于劳动者主体之丧失，马克思更是具有讽刺性地指出了劳动者在资本主义生产过程中的异化状态。劳动者付出了生命、付出了时间、付出了劳动，但收获的却是牺牲、占有和剥削。在资本主义过程中，作为活劳动的劳动者的独立性和个性被资本所占有，劳动者完全受资本的支配和奴役。这样，在资本主义生产过程中，资本就具有了一定的独立性和个性，从而僭越到了生产过程的主体地位，拥有了控制生产过程的支配权力。马克思在《共产党宣言》中指出："在资产阶级社会里，资本具有独立性和个性，而活动着的个人却没有独立性和个性。"③资本主义社会的

① 马克思恩格斯文集（第8卷）[M].北京：人民出版社，2009：112.
② ［德］马克思.1844年经济学哲学手稿[M].北京：人民出版社，2000：21.
③ 马克思恩格斯文集（第2卷）[M].北京：人民出版社，2009：46.

这一情境造成了劳动者在生产过程中的"本体性退化"和"主体性存在的遗忘"，而资本最终僭越为了资本主义生产过程的主体和支配力量。

资本成为资本主义生产过程的主体性存在标志着主体性原则在经济领域的确立，而这一主体性原则是一种异化的、颠倒的原则的确立。原本作为生产过程主体的劳动者不得不"臣服和跪拜"于抽象的统摄者和支配者——资本。一定的生产资料和生活资料在与工人的关系中所赋予的社会规定性造成了资本对活劳动的占有和支配。在资本主义生产过程中，资本呈现出了两个面向：一是作为"他人的财产"而存在的客体性存在；一是作为"活劳动的支配者"而存在的主体性存在。马克思揭示出了资本的二重化及其中的矛盾与对抗，其深层维度上的资本与劳动之间的矛盾与对抗。在资本主义社会中，资本扮演着"支架"的角色（海德格尔语）。在资本的"生产强制"和"支架"作用下，劳动者主体地位不得不物化或外化为资本。在这一过程中，资本渐渐披上了"统治者"的外衣，拥有了支配一些的社会权力。资本借助这一社会权力吞噬一切能够使自身增殖的力量，使劳动者失去了自身价值和存在意义。

在经济生活中，抽象的资本以物的形式呈现，资本的权力也最终由现实的资本家来执行。资本家作为人格化的资本，作为交换价值或货币的所有者决定了资本权力的执行最终会由资本家来完成。"资本越来越表现为社会权力，这种权力的执行者是资本家，它和单个人的劳动所能创造的东西不再发生任何可能的关系；但是资本表现为异化的、独立化了的社会权力，这种权力作为物，作为资本家通过这种物取得的权力，与社会相对立。"①资本对劳动者的支配与压榨，从本质上看恰恰体现了资本主义生产过程中人与人之间的一种不正义的关系。而这一关系在现实经济生活中被物的社会关系所掩盖、转移和消减了。资本在表面上是以物的形式呈现的，但深层次中隐藏着人与人之间的社会关系。马克思正是从人的社会关系的本体

①　资本论（第3卷）[M].北京：人民出版社，2004：293.

论层面揭示了资本的"内在规定性"。在资本主义生产过程中，资本凭借这一"内在规定性"演绎出了围绕自身增殖而建构的生产逻辑。作为资本主义生产过程的主体性存在和支配权力的资本最终"接管"并主导了生产过程，从而导致现代人及社会难以承受之重。

二、剩余价值生产：资本主义生产的动机和目的

资本主义生产的运行规律是以资本"固执"的积累逻辑和对自利性价值的无限追逐的形式呈现的。当资本成为资本主义生产过程的主体性存在和支配权力时，便开始永无止境地生产剩余价值。"剩余价值以从无生有的全部魅力引诱着资本家。"① 在政治经济学史上，资产阶级古典经济学家总是以利润、利息、地租等特殊形式来考察剩余价值，并没有真正探究到剩余价值的本质。"所有经济学家都犯了一个错误：他们不是纯粹地就剩余价值本身，而是在利润和地租这些特殊形式上来考察剩余价值。"② 马克思通过研究纯粹的剩余价值本身，揭露出了资本对无酬劳动的支配与剥削以及自然的商品化和资本化的问题。

（一）资本对无酬劳动的支配与剥削：剩余价值生产的必要条件

剩余价值的产生与资本对无酬劳动的支配与剥削有着不可分割的关联。也正因为此，马克思在《资本论》中谈到，"资本自行增殖的秘密归结为资本对别人的一定数量的无酬劳动的支配权"③。为了寻求剩余价值的源泉，马克思对资本的具体形态进行了分析。资本在资本主义生产过程中主要以生产资料和劳动力的形态呈现。马克思将以生产资料形态呈现，并在生产过程中不改变自己价值量的资本称为不变资本。将以劳动力形态呈现，并在生产过程中改变自己价值量的资本称为可变资本。剩余价值是由可变资本所雇佣的劳动力所创造的。这一点恰恰反映出了剩余价值产生的源泉既是

---

① 资本论（第1卷）[M].北京：人民出版社，2004：251.
② 马克思恩格斯全集（第33卷）[M].北京：人民出版社，2004：7.
③ 资本论（第1卷）[M].北京：人民出版社，2004：611.

劳动者的剩余劳动。而剩余劳动与必要劳动之比所呈现出来的剩余价值率恰恰揭示了资本家对工人的剥削程度。

作为资本主义生产的主体性存在的资本在自我增殖的运行逻辑中，不断吮吸着雇佣劳动者的剩余劳动，创造着更多的剩余价值，也加剧着对雇佣劳动者的剥削与压榨。在资本主义发展初期，资本家主要是采用延长工作日长度的方式来提高对工人的剥削程度。如14世纪到18世纪，英国就曾颁布劳工法令，强迫劳动者延长工作日长度。在19世纪初期，工人每日工作长度甚至一度超过18个小时以上。资本正是在生产过程中通过"零敲碎打地偷窃""啃吃饭时间"来挤占工人的休息时间，从而实现"平等地剥削劳动力"。在资本主义生产中，资本就像吸血鬼一样，不断吸吮工人的生命力，才能实现自我增殖。也就是说，在资本主义生产中，劳动者的健康和生命根本不是资本家所考虑的，他们仅仅是资本主义生产过程实现价值增殖的"抽象物料"，是以"活劳动"的形式所呈现的死的"质料"。资本及其代言人资本家唯一所关心的就是剩余价值的生产。

（二）自然的商品化和资本化：剩余价值生产的自然基础

众所周知，联系人与自然之间的媒介和枢纽是人的劳动。劳动原本是发生在人与自然之间的活动，是人与自然界进行物质变换的中介。劳动过程原本是一种与具体社会形态无涉的，满足人类生产生活需求的人与自然之间物质变换的过程。但这一过程却在以剩余价值生产为动机和目的资本主义生产过程中失去它的"本真"和"原初"的旨趣。以剩余价值生产为动机和目的资本主义生产具有"贪婪性宰制"和"无休止的掠夺"的特点。资本主义生产过程的结果必然会使自然商品化和资本化，从而造成人与自然之间的物质变换的断裂。

在资本主义生产方式中，人们的生产生活的物质需求并不在资本主义生产的视域之内。我们不能否认，自然物质是任何生产过程的自然要素和前提。单从物质生产的角度来看，自然物质和自然力都可以作为生产要素并入生产过程。在资本逻辑的驱动下发挥着基础性的作用。"只有在资本主义制度下自然界才真正是人的对象，真正是有用物；它不再被认为是自为的力量；而对自然界独立规律的理论认识本身不过表现为狡猾，其目的是使自然界服从于人的需要。资本按照自己的这种趋势……摧毁一切阻碍发展生产力、扩大需要、使生产多样化、利用和交换自然力量和精神力量的限制"①。但是，毋庸置疑的是，资本主义生产方式本身就是一个自我扩张的价值体系，受资本逻辑的驱动，自然物质和自然力无法逃脱其商品化和资本化的现实窠臼。在福斯特看来，"把自然和地球描绘成资本，其目的是为了掩盖实现商品交换而对自然极尽掠夺的现实"②。

马克思在研究资本主义生产方式时，深刻剖析了在资本逻辑驱动下由于自然的商品化和资本化所造成的人与自然之间物质变换的断裂及自然环境的破坏和生态危机的现状。马克思指出，随着工业化和城市化的发展，资本主义的生产直接导致了乡村和城市之间的变迁，割断了迁移到城市中的劳动者与乡村土地的联系。资本的原始积累和资本主义生产使农业和工业相分离，乡村和城市相对立，既破坏了人与自然之间的物质变换，又打破了自然界的物质平衡，最终，自然资源走向枯竭和贫瘠，生态环境遭到破坏和恶化，特别是在机器大工业生产和新科学技术的运用的背景下，资本施展自身的"魔法"过渡地挖掘和利用自然力和自然资源，致使自然进一步贫困化。"资本不断追求短期高额回报和无节制经济扩张的本质，推动人类对自然资源、能源的过度开发与滥用，并对作为人类整体'可持续生存与发展'之基础的生态环境造成了日益严重的破坏与污染"③。

三、资本主义生产方式的价值评估和正义追问

物质生产是人类在一定的生产关系中改造自然、创造社会财富的活动。

---

① 马克思恩格斯全集（第30卷）[M].北京：人民出版社，1995：390.
② [美]约翰·贝拉米·福斯特.生态危机与资本主义[M].耿建新，宋兴无译.上海：上海译文出版社，2006：28.
③ 方锡良.现代性批判视域中的马克思自然观研究[M].上海：上海人民出版社，2014：275.

物质生产始终为人的感性活动和现实生命的发展提供必要的资料。物质生产的主体始终是人，物质生产的目的始终是人的自由而全面的发展。但当人类社会发展到资本主义的时空之时，情况似乎发生变化。物质生产的主导由人变为了资本，物质生产的目的由人的自由而全面发展变为了永无止境地获取剩余价值。剩余价值成为资本主义生产的唯一目的和动机意味着资本主义生产方式抛开了一切道德约束和自然限制，将价值增殖看作是物质生产的终极理念。

在这一理念的侵蚀下，原本作为物质生产主体的劳动者被异化为从属于资本的活的"质料"和"要素"，为物质生产提供自然力和自然资源的自然界也被作为商品和资本纳入资产损益表之中。更甚者，资本主义生产方式也获得了自我运作的内在动力，越来越脱离人的控制。不仅如此，在资本主义生产过程中，生产的目的也不再是为了劳动者的需求，而完全受制于资本追求剩余价值的驱使，劳动者在生产过程中被异化了。这似乎给我们提供了一个理论上的悖论。我们不禁要问，资本主义生产的目的到底是什么？资本主义生产方式的正当性何在？

马克思对物质生产始终是持肯定态度的。他十分注重物质生产实践活动。他指出，"人们为了能够创造历史，必须能够生活。但是为了生活，首先就需要吃喝住穿以及其他一些东西。因此第一个历史活动就是生产满足这些需要的资料"①。马克思也是在辩证思维方式中审视资本主义生产方式的。他在肯定资本主义生产在人类社会发展和文明进程中的积极作用的同时，也看到了资本主义生产方式对剩余价值获取的唯一目的性，及由此所带来的劳动者主体性的丧失和自然环境的破坏、自然资源的枯竭。在《经济学手稿（1857—1858 年）》中，马克思站在历史唯物主义的角度，对生产的目的性做了对比分析："古代的观点和现代世界相比，就显得崇高得多，根据古代的观点，人，不管是处在怎样狭隘的民族的、宗教的、政治的规

---

① 　德意志意识形态（单行本）［M］．北京：人民出版社，2003：23．

定上，总是表现为生产的目的，在现代世界，生产表现为人的目的，而财富则表现为生产的目的。"①正是资产阶级形式的存在，使得生产的目的异化了。无可否认的是马克思对资本主义生产方式的批判和谴责是基于劳动者自我实现和自由的情感的价值诉求。他毫无保留地指出，在资本主义生产方式中，资本"对直接生产者的剥夺，是用最残酷无情的野蛮手段，在最下流、最龌龊、最卑鄙和最可恶的贪欲的驱使下完成的"。②在文本中我们还可以看到，马克思直接用"盗窃""掠夺"等非正义词汇来指责和批判资本主义的剥削。

综上所述，资本主义生产的唯一目的就是为了实现价值增殖。这一目的的实现需要资本在生产过程中支配多种"自然力"。马克思对资本主义生产方式及其生产过程的谴责和批判并不是对物质生产的拒斥，而是站在正义的立场上来对本主义生产方式进行批判和价值评估的。

---

① 马克思恩格斯全集（第 30 卷）[M].北京：人民出版社，1995：479.
② 资本论（第 1 卷）[M].北京：人民出版社，2004：873.

第 二 章

马克思对资本主义生产诸环节的正义伸张

资本主义生产方式是资本主义社会形态中生产力和生产关系的统一。在《资本论》中，马克思首先对一般的劳动过程和资本主义的劳动过程做了分析。他把劳动过程看作是制造使用价值的有目的的活动，为人类的一切社会形式所共有。这似乎给了读者一个只有价值增殖过程才能体现资本主义的生产关系，而劳动过程则与社会关系无涉的印象。但实则未然，劳动过程只有与具体社会形式相结合才能显露本真。资本主义的劳动过程是与资本主义的生产关系紧密结合的，是资本家消费劳动力的过程。在资本主义生产方式中，所凸显出来的资本与劳动之间的矛盾主要是资本对整个生产方式的统摄和控制所造成的。从马克思的文本中，我们可以发现，其中有两个问题是马克思重点揭示和批判的。一是劳动及其产品的所有权归属问题；二是劳动过程的组织形式问题。马克思通过对资本主义劳动过程的深入分析揭露了资本家对工人的剥削和支配现实，从而彰显了其对劳动所有权及劳动者自由权利的正义诉求。

第一节 "交易的正当性"与虚假：
交换领域中的非实质性正义

交换是生产活动中不可或缺的环节。交换往往是生产过程中劳动及劳动产品的交换。伴随着社会生产力的不断发展，社会分工的日益扩大，交换的程度和范围越来越广阔。商品经济的发展使商品交换得以形成并逐渐以契约或法的形式固定下来。商品经济条件下，商品交换讲求商品生产者和消费者之间在交换过程中的自由、平等交易，也就是说商品交换双方必须要有让渡各自商品的自由意志并且要使交易商品的价值相等价。在资本主义生产方式中，工人的劳动力作为一种特殊的商品在交换市场上得以出现。劳动力转化为商品，也使资本家占有的货币成为了可以实现价值增殖的资本。在商品流通或商品交换领域，工人与资本家之间的交换关系成为资本主义生产关系的基本因素。

一、劳动力的买卖与契约：商品交换领域中的"伊甸园"

资本主义生产方式的形成要得益于商品经济的发展，因为商品生产和商品流通为资本的发展提供了历史前提。商品流通不仅是资本的起点，在某种程度上也促进了资本的形成。伴随着资本的产生和资本主义生产方式的形成，雇佣劳动制度得以确立。在商品交易市场上也出现了劳动力商品。也就是工人拿自身的劳动力与资本家进行交易。但工人和资本家进行交易的前提是劳动力必须先要成为商品，资本家要作为货币占有者而存在。按照商品经济的等价交换原则，工人和资本家之间的公平交易必须以契约的形式固定下来，并且以平等的方式进行的。在交换市场上所表现出的工人和资本家之间的交易是在自由、平等的契约或法律规定下进行的。工人作为商品出售者将自身的劳动力转移给资本家，并从资本家手中获取自身所需要的货币。在简单商品流通中，货币是作为货币而存在的，仅仅是作为交换商品的中介而存在。这样的货币并不是资本家所需要的，因为资本家作为货币的占有者，他要用手中的货币购买劳动力以使其在生产过程中实现价值增殖。因此，在资本主义生产方式中，货币不是作为货币而存在，货币是作为资本而存在，货币已经转化为了资本。

在资本主义生产方式中，工人和资本家能够进行交易的一个必要前提是都能够对各自的"商品"拥有所有权，也就是能够自由支配且有意出售。

既然工人可以自由支配自身的劳动力。那么，工人为什么要将自己的劳动力转化为商品进行出卖呢？马克思认为，工人能够且必须出卖自己的劳动力有两个因素，一个是工人是自由的，不同于前资本主义时期，奴隶对奴隶主的人身依附及农民对地主的人身依附，工人对自己的劳动力拥有相对自由支配权。他可以选择将自身的劳动力出卖给不同的资本家。二是工人除了能够将自己的劳动力作为商品进行出卖外，没有任何能够维持自身生存和发展所需的东西。也就是说，工人除了出卖自身劳动力之外，别无选择。从中可以看出，虽然表面上工人是自愿出卖的，但实际上，工人出卖自己的劳动力是一种"被迫性"的自愿，因为在一开始工人就被剥夺了生产资料和生存手段的所有权。①

毋庸置疑的是，劳动力的买与卖是在商品流通或商品交换领域内进行的，按照商品经济所遵循的等价交换原则。劳动力的买者和卖者都是作为法律上平等的人在市场上出现的，他们之间的交易是以缔结契约的形式来保证的，并且他们之间的交易都是在双方自由意志的基础上进行的等价交换。马克思在谈到劳动力的买与卖时，具有讽刺意味地将商品流通或商品交换领域的自由、平等的交易称之为天赋人权的"伊甸园"。"劳动力的买和卖是在流通领域或商品交换领域的界限以内进行的，这个领域确实是天赋人权的真正伊甸园。那里占统治地位的只是自由、平等、所有权和边沁。"② 但这样的"伊甸园"真的存在吗？工人与资本家的交易真的是自由、平等的吗？很显然，马克思并不是赞扬和肯定资本主义生产方式下的劳动力的买与买，而是暗示了其中的虚假性。马克思认为，当我们离开商品的流通领域或商品的交换领域时，就会发现劳动力买卖过程中的形式平等只

①　欧美分析马克思主义学派的胡萨米在《马克思论分配正义》一文中对这一点也提出了自己的看法。他认为工人在一开始就被剥夺了生产资料和生存手段的所有权，使得工人起点上就处于不平等的地位，再加上工人的劳动力在生产中创造的剩余价值被资本家无偿占有，导致工人和资本家表面上的自由、平等交易变为了实质上的不自由、不平等交易。参见：李惠斌，李义天．马克思与正义理论［M］．北京：中国人民大学出版社，2010：65.
②　资本论（第1卷）［M］．北京：人民出版社，2004：204.

是一种假象，是一种"形式上""表面上"的交换。劳动力交易时自由和平等的场景瞬间灰飞烟灭，资本家露出了他们贪婪的、狰狞的本来面目，工人由于在资本家的剥削和支配下，丧失了对自身的劳动产品的所有权以及劳动的支配权而变得战战兢兢，畏缩不前。这些真实场景都隐藏在工人从事劳作的生产场所中。

二、工资交易与虚假平等：隐藏在生产场所中的非实质正义

生产场所是如何体现出劳动力买与卖的不自由、不平等呢？当工人与资本家在市场上完成交易后，资本家便开始使用工人的劳动。工人的报酬也即劳动力价值则是以货币工资的形式来体现的。刚才我们已经谈到，资本家购买劳动力，绝不是仅仅获得劳动力的使用价值，而更重要的是不断消费劳动力使其产生更多的剩余价值。也就是说，资本家以货币工资的形式将劳动力价值付给工人，但在实际使用劳动力的过程中，工人仅仅付出同得到的劳动力价值相等同的劳动量是不够的，他还必须为资本付出超过劳动力价值的一定劳动量，超出的那部分便是工人的剩余劳动，这部分剩余劳动在生产过程中产生出剩余价值。

那么，这种事后性的不平等交易又是如何发生的呢？我们知道，一般的商品交换是商品生产者将商品的使用价值转交给商品消费者，同时从商品消费者那里得到商品的价值（往往以货币的形式体现）。当特定的商品生产出来拿到市场上进行交易时，它内在的价值已经固定于其中，即使在交易完成后也是不会改变的。这样也就确保了等价交换的实现。但作为特殊商品的劳动力商品则具有一种特殊性。那就是它不仅可以生产出劳动力的价值而且还能够实现一定的价值增殖。获取剩余价值也是资本家在市场上买卖劳动力的根本原因。也就是说，资本家看中的正是作为活劳动的劳动力能够创造出超过劳动力价值的增殖的额度。由此来看，当在市场上交易时所呈现的形式平等的假像转移到生产过程时瞬间变成了实质的不平等。这其中也体现了资本家对工人的剥削。因为，在资本家看来，支付给工人

货币工资便拥有了对工人劳动力的支配权和消费权，并且可以任意使用。殊不知，资本家所购买到的只是工人作为劳动力在一定期限内的使用价值—— 一定期限内的劳动的支配，而不是对劳动力所有权的任意支配。并且支付给工人的货币工资的数额只是劳动力价值的等额量，而非全部劳动量的支付额。

因此，工人的劳动付出与其应得收入并不是公平的。一旦进入生产之中，工人便被资本所掌控，不仅劳动不属于工人，连工人劳动所创造的价值增殖部分被资本家无偿占有，其所能得到的也不过是维持劳动力再生产的货币工资收入。但在资本家看来，货币工资所支付的则是全部劳动数额。马克思在《资本论》中将工人在生产过程中的劳动区分为必要劳动和剩余劳动，但是"工资的形式消灭了工作日分为必要劳动和剩余劳动、分为有酬劳动和无酬劳动的一切痕迹。全部劳动都表现为有酬劳动"。① 这便是在商品流通或商品交换领域形式平等的虚假性和生产领域实质不平等的体现。这里可能会产生一些这样的质疑。工人不是自由的吗？工人不是拥有对自身劳动力的所有权吗？既然是不平等的交易，工人可以选择不进行交易的。

诚然，工人拥有对自身劳动力的所有权，并且可以自由选择进行交易或不交易。但是，正如上述我们谈到的，在资本主义生产方式中，工人除了出卖自身的劳动力之外便无法养家糊口，而只能是"被迫性"自愿地接受。工人和资本家表面上都是法律规定的平等的交易者，并且拥有着各自自愿交易的意志。但实则是工人在不自由、不平等的条件下被迫接受资本家的剥削和支配。

资本主义生产的前提似乎是在自由和平等的劳动力买卖中产生的。自由和平等的观念也似乎与资本主义生产体制有着内在关联。但这种流通领域中所表现出的自由和平等，在深入到生产领域时却变得无影无踪了。也就说，在流通领域表面上的劳动和资本的自由平等交换隐藏着强制性、奴

---

① 　资本论（第 1 卷）[M].北京：人民出版社，2004：619.

役性的异化劳动。劳动者的自由权利表现为生产过程中的强制与奴役。因此，在资本主义生产场所暴露出的非实质正义产生的根源在资本主义的生产方式。马克思正是对资本对劳动者无酬劳动及其产品的支配与剥削所造成工人劳动所有权的丧失的事实的揭露控诉了资本主义生产方式的不正义性。

第二节　劳动所有权与剥削：
分配领域中劳动者"应得"权利的丧失

所有权是最基本的经济范畴之一，反映着人与人、人与社会的特定关系。一般来讲，所有权首先是一种财产权，也就是个人对自己财产的拥有权利和使用权利。劳动所有权是劳动所有者对生产劳动的目的、过程和结果等的支配，是劳动所有者最基本的权利。自正义概念在古希腊时期产生以来，伴随着其理论内涵的不断丰富与充实，权利，特别是劳动财产权的"应得"诉求逐渐与正义概念相耦合。

一、劳动财产权与"应得"正义观念的耦合

正义观念肇始于古希腊的自然权利，寓意宇宙秩序的本性。这是正义的自然权利的最初显现。古罗马的查士丁尼就指出："正义乃是使每个人获得其应得的东西的永恒不变的意志"①，将正义与每个人的"其所应得"相关联。"普遍正义"和"特殊正义"是亚里士多德对正义的划分。在亚里士多德看来，"普遍正义"被看作是"一种完全的德性"，遵从"普遍正义"也即"合法"意义上的正义。亚里士多德指出："要使事物合于正义（公平），须有

---

① ［美］博登海默.法理学、法律哲学与法律方法［M］.邓正来译.北京：中国政法大学出版社，2004：277.

毫无偏私的权衡；法律恰恰正是这样一个中道的权衡。"①这里的法律不仅包括城邦颁布的成文法，也包括不成文的道德法典。"特殊正义"更加关注城邦之中个体成员之间的"平等"关系，指涉部分的美德。分配正义就是亚里士多德的"特殊正义"的一种正义，分配正义被看作是根据美德比例在共同体成员之间分配社会公有的财富、荣誉和政治职位等可分之物，从而开启了分配正义研究的先河，为后世研究分配正义奠定了基础。尽管亚里士多德偶尔将分配正义与物质财富联系在一起，但是，亚里士多德视域中的分配正义更多的是指涉政治权利的分配，而不是物质财富的分配。关于物质财富的分配问题，也即财产所有权的合理性问题，只是到了十八世纪，在诸如亚当·斯密等哲学家的著作才得以提及，由此，也开启了正义与权利之间相互关联的维度。

亚当·斯密将正义看作是"唯一明确和准确的道德准则"，并将"放弃属于他人的东西"作为正义的核心准则，"没有给旁人任何实际伤害，不直接伤害他的人身、财产或名誉时，就说对他采取的态度是正义的"②内蕴着对他人私有权利的认可和维护。斯密的以"放弃属于他人的东西"为核心准则的正义理论与休谟的"自私是建立正义的原始动机"的思想有着千丝万缕的关联。在休谟看来，正义法则要根源于利己心。正是每个人的利己心的存在才形成了人与人之间的正义原则。根据利己心和正义的关联，休谟规制了三条基本自然法则。之后，斯密在对休谟正义思想继承的基础上对正义做了私有财产权的确认和辩护的阐发。斯密遵循自然法传统，在继承前人正义理论的基础上对正义进行了内涵式扩展。他一方面在社会美德的维度阐释正义理念，另一方面又把正义与"应得"权利紧密关联起来，对现代正义理论，特别是现代分配正义理论的开启和发展提供了必要资源。

① ［古希腊］亚里士多德. 政治学［M］. 北京：商务印书馆，1965：169.
② ［英］亚当·斯密. 道德情操论［M］. 北京：商务印书馆，1997：355.

　　自格劳秀斯开启近代自然法传统以来，对人类的自利本性和自然权利的研究便成为一个重要领域。英国哲学家约翰·洛克最早开启了对人的劳动财产权问题的研究。在《政府论》中，洛克认为，根据理性法则，人运用自身劳动从自然共有状态中获取财产权，因为土地等都是人们的共有物，每个人对他自己的人身享有所有权，人的劳动可以使原本属于自然共有状态的东西"增益"，从而排除了与他人的共有，"只要他使任何东西脱离了自然存在的状态，并加入了自己的劳动，即附加了他自己的东西，那么它们就变成了他的所有物。他使自然状态下的东西脱离这种状态，这些东西便通过这种劳动附着了一些东西，从而就排除了他人的共有权。"① 因而，人们的劳动最终确定了对私有财产的合法占有问题。在后来的理论发展中，卢梭对洛克的劳动产权理论给予了肯定和发展。在《社会契约论》中，卢梭对土地的占有权进行了分析，他认为一个人对土地的占有权和所有权是靠劳动和辛勤的耕耘来实现的。没有劳动赋予土地之上一切都是空洞的仪式，只有劳动赋予土地之上才能获得对土地的占有权和人们的尊重。由此可见，无论是洛克还是卢梭，都将人们的劳动看作是私有财产权获取的自然的合法性依据。这一理论也被后世的理论家奉为"常识性理论"，也就说劳动作为劳动者的私有财产权是一种"自然权利"，这是我们应该遵循的常识理论。

　　在劳动产权理论上，卢梭继承了洛克的基于劳动的财产权思想。他指出，"财产权的确是所有公民权中最神圣的权利，它在某些方面，甚至比自由还要重要"。② 但在对私有观念和私有制的态度上卢梭实现了对洛克的超越。如果说洛克是在为新兴资产阶级的私有财产制度进行辩护的话，那么，卢梭对私有观念和私有制进行了严厉地批判。卢梭认为，长期的占有很容易形成私有，私有制是家族、民族和国家争执和战斗的起因，正是私有观

---

① ［英］约翰·洛克. 政府论（下篇）［M］. 北京：北京大学出版社，2014：36.
② ［法］卢梭. 论政治经济学［M］. 王运成译. 北京：商务印书馆，1962：35.

念和私有制才导致了不平等的产生。卢梭一方面将劳动财产权看作是比自由还重要的权利；另一方面又将建立在劳动财产权上的私有制看作是不平等的起源和基础，显现出了他的理论的悖论性逻辑。

无论如何，洛克、卢梭等人的劳动产权理论为以权利为中心的现代分配正义提供了一个新的理论视角，那就是将人们的劳动看作是美德的主要源泉，并且劳动也被赋予了获取物质财富权利的合法性基础。这些思想在其后的发展中越来越充实。可以说，马克思的异化劳动理论也是延续了这一理论传统。

二、异化劳动与私有财产批判：《手稿》对劳动者劳动财产权的正义诉求

马克思在《1844 年经济学哲学手稿》中运用异化劳动理论对资本主义社的私有财产制度进行了揭示和批判。人的劳动在本质上是对象性的活动。在马克思看来，劳动也是人的"自由自觉的活动"的本质活动。劳动产品是固定在特定对象中的物化劳动。因此，没有外在对象，也就没有人的劳动的呈现。正是外在劳动对象的出现也才显现出人的劳动的具体形态和内涵。马克思认为，人的劳动与外在劳动对象的关系在资本主义社会中异化了。在资本主义生产方式中，工人恰恰与外在的劳动对象、劳动资料出现了分离和异化，从而也丧失了对自身劳动成果的所有权。那么，丧失的劳动成果又被谁占有了呢？毫无疑问是资本的所有者——资本家。资本家之所以能够占有工人劳动的成果源于其自身的支配权和统治权，但这种权力并不是资本家自身所特有的，而是资本所赋予的，也就是说，在资本主义生产方式中，资本的支配权力和统治权力不仅钳制了工人的自由劳动，而且还无偿占有了工人的劳动成果，造成了异化劳动现象的出现。"资本是对劳动及其产品的支配权力。资本家拥有这种权力并不是由于他的个人的或人的特性，而只是由于他是资本的所有者。他的权力就是他的资本的那种

不可抗拒的购买的权力。"①资本对劳动过程的支配权和统治权使其占有了本属于工人的劳动成果，造成了工人劳动财产权的丧失和生活的持续贫困。

马克思从四个方面对异化劳动问题展开了分析。首先是劳动者与劳动产品相异化。这一层面的异化使劳动者失去了对劳动成果的所有权，其所得到的是仅仅能够维持其基本生活的微不足道的工资收入。由于资本与劳动的分离，工人及其劳动作为一种商品要素参与生产过程，工人所生产出来的劳动对象已经作为一种异己的力量与其对立，并受到劳动对象的奴役。工人生命力的现实化，成为他的非现实化，占有表现为异化和外化，其所造成的结果是工人赋予了资本家，而自己却变成了畸形和赤贫，生成了愚钝和痴呆的自我。第二，劳动者与劳动本身相异化。马克思认为，异化现象首先是发生在生产过程之中的。"异化不仅表现在结果上，而且表现在生产行为中，表现在生产活动本身中。"② 也就是说，在资本主义生产方式中，连劳动本身也已经不属于工人了。工人不仅失去了劳动财产权，也失去了劳动本身的所有权。如果说失去劳动财产权是"物的异化"，那么，对劳动本身所有权的丧失就是"自我异化"。劳动已经由人的"自由自觉的活动"变成了一种异化的强制性的活动。在资本主义生产方式中，"人同自己的劳动产品、自己的生命活动、自己的类本质相异化的直接结果就是人同人相异化"。③ 这种异化反映在资本主义生产过程中就是资本家与工人之间的异化关系。

资本主义异化劳动问题使得工人失去了对自身劳动的支配权和所有权，工人生产的劳动产品成为一种异己力量的存在。异化劳动的结果必然是阶级关系的产生和私有财产的出现。但是，从资本主义生产的表面来看，私有财产并不是表现为异化劳动的结果，却表现为异化劳动过程实现的根据和原因。而这一点恰恰被国民经济学家所忽视，因为它们满足于分析经济

---

① 马克思恩格斯全集（第 3 卷）北京：人民出版社，2002：238—239.

② 马克思恩格斯全集（第 3 卷）北京：人民出版社，2002：270.

③ 马克思恩格斯全集（第 3 卷）北京：人民出版社，2002：274.

现象而不去关注私有财产的本质从而掩盖了劳动本质的异化。由此，他们更不懂得解决好劳动异化及资本与劳动相分离的问题是消除私有财产制度的前提。那么，如何解决这一根本性的问题呢？马克思最终指向了共产主义的实现。因为，在他看来，共产主义是人道主义和自然主义的统一。

综上所述，从马克思的分析中可以看出，马克思的阶级立场和正义诉求。但公正地来看，此时马克思对异化劳动的分析带有明显的人本主义色彩，仍旧没有逾越费尔巴哈式的旧唯物主义的理论框架。马克思对消除异化劳动和私有财产制度的共产主义的描述也带有明显的哲学思辨色彩。但这并不能"断裂"与马克思在成熟时期关于劳动异化及劳动财产权丧失理论的关联。① 因为，马克思在《手稿》中对人的本质的探讨已经深入到经济生活、深入到私有财产起源之中，并且是基于现实存在的资本主义异化劳动来批判资本家对工人劳动财产权侵占的不正义现实的，也就说，马克思在《手稿》中就已经认识到了生产过程中资本对劳动的统治和支配。而这些都为后来的《资本论》从历史唯物主义的立场出发对工人在资本主义生产方式中所遭受的劳动财产权的丧失问题的揭示和批判提供了理论资源。

三、资本对无酬劳动的支配与剥削：《资本论》对劳动者所有权的正义诉求

《资本论》时期的思想是马克思成熟思想的彰显。在这一时期，马克思

---

① 学术界对于马克思早期思想（特别是《1844 年经济学哲学手稿》）和后期思想（特别是《资本论》）之间关系的认识有不同看法。一种观点褒前贬后，认为《手稿》时期的人道主义马克思是真正的马克思，而马克思后期展现出了思想的衰退，以郎兹胡特、迈耶尔等为代表；另一种观点认为马克思早期著作和后期著作存在着"认识论断裂"，后期著作抛弃了"异化"概念，以阿尔都塞、奥伊则尔曼等为代表。但笔者赞同我国学者孙熙国教授的观点，认为马克思前后期思想是兼容的，《手稿》中的异化劳动理论虽然带有人本主义色彩，但异化劳动并不是基于"人本主义的价值悬设"，而是现实的具体的劳动。其与《资本论》中资本批判所揭示的劳动异化与工人劳动所有权的丧失具有一脉相承的关系。参见：孙熙国，尉浩.论马克思异化劳动理论与资本批判理论的统一［J］.中国高校社会科学，2014（4）.

对资本主义内在的经济结构的分析则建立在了历史唯物主义的科学世界观和方法论的基础之上。他主要研究资本主义的生产方式。"我要在本书研究的，是资本主义生产方式以及和它相适应的生产关系和交换关系。"① 马克思对资本主义生产方式的研究遵循的是从抽象到具体的研究方法。他从物质资料的生产出发，以商品为理论基点从资本主义这一特定的社会经济关系中来探究。他认为，由于资本归属资本家，劳动归属劳动者，在实际生产过程中就需要资本与劳动相交换，资本家获得利润、劳动者获得工资，如果按照资本主义的等价交换原则来执行，那么，就不会存在剩余价值的问题。但在资本主义生产方式中，剩余价值的产生是确实存在的。那么剩余价值是怎样产生，又体现了资本家与工人的何种关系呢？马克思通过对劳动力商品的分析得出了剩余价值源泉实际上是劳动者的生产的剩余价值，是资本家对劳动者无酬劳动的支配与剥削。

在分析资本家对劳动者无酬劳动的支配与剥削问题之前，马克思主要对前资本主义的土地所有权进行了分析。他指出，为了使劳动生产顺利进行，生产资料和劳动得到了有效结合。劳动者不仅获取了必要的劳动条件，而且也可以合理占有自己的劳动成果。但随着资本主义的形成，劳动渐渐被迫远离了本属于自己的所有权。"这个历史过程曾促使劳动者是所有者，或者说所有者本身从事劳动的各种不同形式发生了解体。"② 其原因在于，在资本主义社会中，生产遭遇了"狭隘的资产阶级形式"，受到资本主义所有权规律也即资本对雇佣劳动的占有规律的支配。

那么，资本主义所有权规律为什么是不正义的？资本对雇佣劳动的占有又是如何侵犯了劳动者权利的？为了寻根问底，马克思对资本主义的劳动过程进行了深入研究，马克思首先对劳动和劳动力做了区分。他指出，劳动力可以"理解为一个人的身体即活的人体中存在的、每当他生产某种

---

① 资本论（第 1 卷）[M].北京：人民出版社，2004：8.
② 马克思恩格斯全集（第 30 卷）[M].北京：人民出版社，1995：490.

使用价值时就运用的体力和智力的总和"①，而劳动则是劳动力的使用。资本主义生产以雇佣劳动制为前提。也就是说，在资本主义生产中，劳动与劳动要素处于分离状态，劳动者除了出卖自己能够支配的劳动力以维持自己的生活外别无他路，劳动者无奈地将自己的劳动能力作为一种商品出售给资本所有者，由此造成货币演变为资本，资本与雇佣劳动之间的对立关系。这也直接导致了劳动者在资本主义生产过程通过出卖劳动力来获取微薄的工资收入的境遇。

众所周知，剩余价值是在劳动者的具体劳动中创造出来的，马克思将资本主义的劳动分为两种：必要劳动和剩余劳动。不同的劳动形式创造出不同的价值形式。他认为，工人所得到的仅能维持自身及家庭生活的工资收入来自他所付出的必要劳动，而剩余劳动则用于无偿地为资本家生产剩余价值。剩余价值是劳动者在剩余劳动时间内创造，但却被资本家无偿占有了。因此，可以说，剩余价值就是资本家对工人无偿劳动的不正义占有和剥削。

但这一论断遭到了英美分析马克思主义学派的质疑和辩论。众所周知，剥削是马克思谴责和批判资本主义的核心概念范畴。资本主义生产的剥削过程也就是资本家对劳动者无酬劳动的无偿占有及劳动者劳动所有权的丧失的过程。但我们能不能以资本主义生产的剥削及资本家对劳动者无酬劳动的无偿占有来判定资本主义是不正义的呢？其中，塔克和伍德等人对此提出了质疑，他们认为以这种方式认定资本主义的不正义性是我们强加给马克思的，马克思并没有认为资本主义是不正义的，对剩余价值的占有符合交易的正当性，非但不是不正义的而且是正义的体现。"在资本主义条件下，对剩余价值的占有不仅是正义的，而且，任何阻止资本占有剩余价值的尝试都是绝对不正义的。"②罗默、柯亨、布坎南等人持有与塔克、伍德命

---

① 资本论（第 1 卷）[M].北京：人民出版社，2004：195.
② 李惠斌，李义天.马克思与正义理论 [M].北京：中国人民大学出版社，2010：23.

题不同的观点，但他们具有资本主义具有非正义性的共识观点，尽管他们各自的论证思路迥异。但对于马克思的剥削概念能够论证资本主义的不正义性也提出了质疑。罗默认为，马克思的剥削概念具有解释剩余价值量多少的技术性特征，而并不具有说明资本家占有剩余价值为何是不正义的规范性特征。柯亨也认为，马克思所提出的资本主义的剥削概念"并不必然表明，资本主义关系是不公正的"①。那么，分析马克思主义学派的"赞成者"又是如何论证资本主义的不正义性的呢？在"赞成者"看来，分配上的不公正和资本家与工人在劳动力交易过程中所呈现出来的强制性造成了资本主义生产方式的不正义性。比如罗默就是从资本主义的剥削所造成的初始分配的不公正的视角来分析资本主义的不正义的。布坎南也指出，由于资本家和工人在生产资料初始分配上的不公正，造成工人被迫出卖自身劳动力以维持生命的延续。自由主义对资本家和工人平等交易的描述是建立在虚假事实基础上的，其本身是一种强制性的交易。柯亨也认为资本家对工人劳动时间和剩余价值的剥削是一种强制性行为，违背了"自我所有权"。

分析马克思主义学派的争论是否具有合理性？马克思的剥削概念能不能揭示资本主义生产方式的不正义性呢？要厘清这一问题，我们需要探清资本主义所标榜的正义标准与马克思通过剥削所揭示的资本主义生产过程不正义现实之间的张力。当代自由主义者诺齐克以"持有正义"来标榜资产阶级的正义标准和正义原则。诺齐克通过"获取的正义原则""转让的正义原则"以及"不正义的矫正原则"来概括"持有正义"。他指出，"1.一个人依据获取的正义原则获取了一个持有物，这个人对这个持有物是有资格的。2.一个人依据转让的正义原则从另外一个有资格拥有该持有物的人那里获取了一个持有物，这个人对这个持有物是有资格的。3.除非通过1与2的（重复）运用，否则任何人对一个持有物都是没有资格的。"② 诺齐

---

① ［英］柯亨.自我所有、自由和平等［M］.李朝晖译.上海：东方出版社，2008：166.
② ［美］诺齐克.无政府、国家与乌托邦［M］.北京：中国社会科学出版社，2008：181.

克指出，不是全部的实际状态是由这两个原则产生出来的，也存在着一些人对持有物的获取并不为获取的正义原则所获取，因此，需要"持有的不正义之矫正"的补充，也即第三个原则来加以完善。诺奇克以"获取的正义原则"来论证劳动与所有权相同一的正当性，以"转让的正义原则"来论证自由等价交换的正当性。在他们看来，只有劳动与所有权的同一才是正义的，反之，则是不正义的。劳动所有权和按劳分配是"自我所有权"的表现，任何时候都不能侵害。总之，资产阶级学者以劳动与所有权的同一、自愿的等价交换等正义原则来标榜资本主义制度。

通过上述分析，我们可以发现资产阶级学者所标榜的正义原则与马克思通过剥削概念对资本主义生产方式不正义的批判之间存在着不可调节的张力，而这一张力也显现出了资产阶级学者所标榜的正义原则在资本主义现实社会中只是一种虚幻的假象。以私有制为基础的资本主义的正义只是一种形式上的正义。因为在现实资本主义生产过程中"劳动与所有权相同一"转化为"劳动与所有权相分离"，"自由的等价交换"转化为"交换的强制性与剥削"。马克思在对资本主义占有规律的描述中也体现了这一点。在《资本论》中，马克思指出以商品生产和商品流通为基础的占有规律或私有权规律发生了转化，转变为自己的直接对立物。"劳动和所有的同一性"即劳动者所有自己的劳动成果转化为了"劳动和所有的完全分离"，即劳动者不所有自己的劳动成果，甚至会出现所有支配他人劳动的状况。因为，资本家与工人的交换是一种不等价的交换，资本家总是无偿占有工人已经对象化的劳动。

资本主义占有规律的形成，内蕴着资本主义所标榜和承诺的正义原则的"破产"，也在客观上证明了马克思所揭露的资本家对工人劳动所有权的占有和剥削的现实性及其所折射出的资本主义生产方式的不正义性，在一定程度上驳斥了分析马克思主义者将资本主义的不正义性归结为资本主义生产之前的分配的不公平，而引向了资本主义的生产方式之中。

第三节　劳动主体性与支配：
生产领域中劳动者自由权利的逆反

资本主义的生产过程是资本主导的生产过程。因此，探究资本主义生产方式的非正义性问题必须深入分析资本主义的生产过程。在这一过程中，资本及其代言人资本家不仅实现了对劳动者所有权的剥削，而且也实现了对劳动者独立性和个性的遮蔽。"如果说马克思批判了资本生产的非正义性，那么其非正义性不仅在于侵犯了'个人所有权'，更在于资本和物质财富遮蔽了生活，遮蔽了人的独立性和个性。"①这一观点也充分体现了资本主义生产过程对人的独立性和个性的钳制。因此，如果说对资本主义生产过程中资本占有规律的转化所造成的资本家对工人劳动所有权的剥削的揭露和谴责体现了马克思对劳动者"应得"权利的正义诉求，那么，其对资本主义生产过程中劳动者主体性和个性之遮蔽的批判，则体现了对劳动者自由权利的正义诉求。

一、劳动者主体性的退化和"自由"与"权利"的分裂

在西方政治哲学的发展历程中，启蒙主义将自由与自然权利等同起来，在权利的视域内来解读自由。霍布斯向来重视人的自然权利，并把自然权利作为他理论体系的基点。在他看来，人的自由本身就是一个具有普遍意义的权利。"就是每一个人按照自己所愿意的方式运用自己的力量保全自己的天性——也就是保全自己的生命——的自由"②。在这里，霍布斯将人的自由权利看作是人的自然欲望的满足。与其同时的斯宾诺莎则对人的自由做了"积极自由"式的解读。他认为没有纯粹式的个人自由，任何人的自由

---

① 李佃来 . 马克思正义思想的三重意蕴［J］. 中国社会科学，2014（3）：15.
② ［英］霍布斯 . 利维坦［M］. 黎思复，黎廷弼译 . 北京：商务印书馆，1985：97.

都会受到必然性的制约，要获得自由就必须顺应外在的强制或必然，突破内在的非理性欲望的限制。由此来看，斯宾诺莎不仅把人的自由看作是一种权利，而且也是一种能力的表现。如果说霍布斯和斯宾诺莎对"自由和权利相同一"的论述是比较抽象的。那么，在洛克那里，"自由和权利相同一"的论断获得了具体而又现实的内容。同霍布斯一样，洛克同样从自然状态出发，认为自由的个人先于社会而存在，个人的自由权利的维护要通过社会契约和政府来保证。而政府所得以运行的权力则来源于人们所让渡出来的部分自然权利。随着让渡的完成，个人的部分自然权利便赋予了社会性意义，转变为了社会权利。但在洛克看来，有些基本权利则是不可让渡、转让和剥夺的，那便是"财产权、自由权和生命权"。在这里，洛克其实是对自由权利做了具体化规定，也即财产权的解读。遵循这一逻辑理路，亚当·斯密又将个人的自由具体化为市场经济中人的"经济自由"。人的这一自由权利的实现要靠"看不见的手"来指导，也就是说等价交换的市场经济是实现人的自由权利的现实表达。尔后，黑格尔将"自由与权利的同一"发展为"抽象法权"和"主观自由"。他将权利把握为客观精神的"抽象法权"，这一"抽象法权"外化为所有权。在以所有权为基础的市民社会中存在着主观自由与客观自由的分裂，也即"经济自由"与国家的伦理性整体的分裂。为了实现这一分裂的和解，黑格尔将抽象法权的主观自由提升为了伦理总体中的真实自由。

马克思并没有在抽象的意义上论述自由权利，而是对自由权利做了社会历史性的分析。马克思跟随黑格尔对自由与权利的审视思路将自由问题从一个法权问题提升为了特定社会关系变革的问题，又在历史唯物主义的分析视角中，对自由权利的分析从传统政治哲学的视野提升到了政治经济学批判的视野。这些主要体现在马克思在《资本论》中对伴随着劳动者主体性的丧失所带来的自由与权利分裂的具体分析中。在上述第一章中谈到，在资本主义生产过程中，劳动者出现了"本体性退化"和"主体性存在的遗忘"的境遇。这一境遇的形成要归咎于资本的僭越式膨胀及其对生产方式的主宰和控制，也就是说，在资本主义生产方式中，资本将原本属于劳动者的独立性和个性收入囊中。资本主体性的确立意味着劳动者的自由个性与权利的割裂。

马克思对劳动者的自由权利的正义诉求与其对资本主义生产机制的内在规律的剖析和批判是分不开的。他将劳动者自由权利的丧失与资本统治、自由异化现象相关联。在马克思看来，自由与权利的分裂不仅表现在资本原始积累也即资本的形成过程中，而且也充斥在资本扩大再生产过程中。在资本原始积累过程中，资本所有者通过暴力掠夺的方式使直接生产者与生产资料相分离，自由劳动与劳动的客观条件及劳动成果的所有权相分离。在资本积累即资本扩大再生产过程中，资本不断地占有和支配劳动者的剩余劳动产品。资本的生产过程也是购买和剥削雇佣劳动，创造自由的一无所有的劳动者参与生产的过程。

由此可见，劳动者的自由权利在资本主义生产过程中受制于资本的统治，劳动者的独立性和个性只不过是物的依赖性基础上的独立性和个性，是受到压制和异化的自由。马克思对此也感慨，劳动者在进入生产过程前和走进生产过程后的状态绝然是不同的，在资本家同劳动者之间进行交易时，双方都是在契约的约定下自由而公平的交易。一旦交易达成，劳动者进入生产过程中，双方地位和自由度方面就发生了根本性转变。资本像吸血鬼一样不断吸吮着劳动者的劳动，直到吸干为止。这实际是在深层次上表现出来的流通领域与生产领域之间的悖谬性所在，一面是流通领域表面上的形式自由，一面是生产领域受剥削和强制的实质不自由，构成了现代雇佣奴隶制的真实再现。马克思更看重自我实现的积极自由，也即实在的自由，"外在目的失掉了单纯外在必然性的外观，被看作个人自己提出的目的，因而被看作自我实现，主体的对象化，也就是实在的自由" [①]。流通领域的形式自由制造出了一种劳动者有选择权的意识形态的幻觉，而在生产过

---

① 马克思恩格斯全集（第30卷）[M].北京：人民出版社，1995：615.

程中资本却限制了劳动者的自由，以至于劳动者的人身自由、独立性和个性在资本主导生产的强制和奴役下渐渐消失，也就是说资本主义生产过程侵犯了劳动者的自我实现，也即积极自由的实现。这具体体现在资本主义生产过程中劳动者劳动时间的延长及自由时间的被剥夺。

二、工人自由时间的强制剥夺：劳动对资本的形式隶属

当资本取代劳动者成为生产过程的主体时，生产剩余价值便拥有了合理的保障机制。剩余价值是劳动者在劳动中所创造。在劳动过程中，资本家对工人的剥削也体现在对剩余劳动的强制占有。这也就意味着马克思将资本家对工人的剥削也同时指向了资本对劳动的强制占有，而强制本身就是剥削不正义的表现。

资本对劳动的强制占有源于工人对资本的依附关系。我们知道，资本主义生产的前提条件是劳动者与劳动条件及劳动资料的分离，也就是说，没有了劳动条件和劳动资料，劳动者便成为"巧妇难为无米之炊"。只有当劳动者将自身的劳动以商品的形式卖给资本家时，劳动者才能在生产过程中与一定的劳动条件和劳动资料相结合，此时也便具有了"用武之地"。但与此同时，当劳动者的劳动卖给资本家时，他们在生产过程中也便失去了自由和独立的个性，只是作为资本的财产一样发挥着应有的作用，作为资本的"附属物"发挥着自然的作用。在这样不对称的关系中，工人完全受制于资本家的奴役、剥削和强制。而强制主要体现在工人剩余劳动时间的强制剥夺。这种强制剥夺转化为了剩余价值。在资本主义发展早期，由于生产技术条件的限制，资本家为获取更多的剩余价值只能延长工人的剩余劳动时间，提高劳动强度。但工人的劳动时间本身具有不可逾越的界限，而资本对剩余价值的无限欲求，却逾越了这些界限，造成了资本家与工人之间的紧张关系，也彰显了资本主义生产方式的不正义一面。

在《资本论》中，马克思考察资本主义生产方式中资本对劳动者的支配和剥削问题的路径是对劳动者的劳动时间或工作日的分析。劳动时间是

劳动者在工作场所中从事劳动的时间。马克思依据劳动时间所创造出的价值类型的不同来做区分。马克思认为，资本家对劳动者的支配和剥削也主要是在剩余劳动时间内来进行的，剩余价值也便产生于此。工作日是劳动者在一天内所工作的时长。工作日会随着剩余劳动时间的延长而变动。但工作日的变动是存在一定界限的，有其最低界限和最高界限。界限主要是根据劳动者的劳动力价值以及劳动者作为一个生命体的可承受能力来划分的。工作日的最低界限是必要劳动时间，这个时间作为劳动者工资报酬的汇报，是劳动者必须要付出的。工作日的最高界限是由工人的身体界限和社会界限来决定的。因为劳动者作为一个生命体而存在的活劳动，他每天出了付出劳动之外还必须要有休息和补充能量的时间；除此之外，劳动者作为一个社会人的存在，还受到一定的社会文化的制约和影响，他们必须在休息和工作之余来满足社会需要和精神需要。因此，在理论上讲，资本家无论如何都不能超出这个界限，因为这是工人作为生命体和社会人所必须要满足的界限。但在资本主义生产过程中，工作日的身体界限和社会界限都有极大的弹性。资本家为了获取更多的剩余价值不断突破这两个界限。因为，"资本只有一种生活本能，这就是增殖自身，创造剩余价值，用自己的不变部分即生产资料吮吸尽可能多的剩余价值。资本是死劳动，它像吸血鬼一样，只有吮吸活劳动才有生命，吮吸的活劳动越多，它的生命就越旺盛。"① 资本家之所以能够无限期地延长工作日主要是因为资本家和工人在进行劳动力商品买卖的过程中并没有对剩余劳动规定任何界限。当资本家购买到工人的劳动力时，买者和卖者也即资本家和工人的权利出现了对抗局面。这一对抗局面逐渐演化为资本家阶级和工人阶级在工作日限度问题上的争取权利的斗争。

其实，剩余劳动并不是资本的特有物，它是生产资料私有制发展到一定阶段的产物。无论是奴隶主义社会、封建主义社会还是资本主义社会，

---

① 资本论（第1卷）[M].北京：人民出版社，2004：269.

只要是存在对生产资料垄断占有的地方。占有者决不会允许劳动者仅仅生产维持自身需要的劳动产品，也就是说，在此之余，占有者还必须追加超额的剩余劳动产品。马克思将占有者对劳动者的剩余劳动的剥削和占有称之为"对剩余劳动的贪欲"。但前资本主义时期与资本主导的资本主义时期生产资料垄断权对剩余劳动的剥削有着根本性的区别。前资本主义时期主要以占有使用价值为目的，尽管也存在一定的产品交换，但交换的最终目的是占有使用价值而不是交换价值。当社会历史发展到资本主义社会时，这一境况发生了根本性的转变。在以获取永无止境的剩余价值为目的的资本主义社会中，资本对剩余劳动的贪欲则表现为无限度地延长工作日。

在《资本论》中，马克思借助大量事实材料，揭露了资本主义生产过程中资本家如何无限制地延长工人劳动时间，如何剥削和占有工人剩余劳动的表现：如通过占有工人的吃饭和休息时间来让工人更多地从事劳动等等①。马克思对资本主义生产过程场景的真实描述只是一小部分，也就是说，在资本主义生产过程中，资本家延长工人的剩余劳动时间以获取更多的剩余价值是十分普遍的现象。工人因为受制于资本的压制，毫无反抗可言。资本家也正是"零敲碎打地偷窃"工人的非工作时间，来实现对工人的剥削和占有的。工人的身体和生命在这一过程中受到摧残和压榨。

资本主义生产的内在要求就是在一昼夜 24 小时内都占有劳动，把工作日延长到自然日的界限之外。但限于工人作为生命体的可承受能力，资本家在资本主义生产过程中采取了换班制度。换班制度作为一种隐性的剥削制度实现了生产过程的不间断性。工人轮番上岗以保证生产更多的剩余价值。这种制度实际上是对工人更大的剥削和压榨。因为换班制度抹杀了白天和黑夜的差距，打破了名义上工作日的界限，也打破了对工人的性别和年龄的限制，工人往往承担着"骇人听闻和令人难以置信"的过度劳动。

---

① 通过工厂视察员报告，马克思揭露了一系列资本家对工人剩余劳动贪欲的具体表现。参见：资本论（第 1 卷）［M］．北京：人民出版社，2004：278—281.

在资本家看来，工作日就是一昼夜 24 小时除去几小时的休息时间。① 工人作为劳动力，他的全部可供支配的时间都应该是应当用于资本增殖的劳动时间。在资本主义生产过程中，工人的休息和生活时间不断缩短，工人没有充足的时间来吃饭、休息和娱乐，更没有充足的时间来培训和提高自我，因为他们的大部分时间都是在工作场所中度过的，他们是在用自己的生命来为资本家生产剩余价值。这种状况也是资本家所要的，因为"资本是不管劳动力的寿命长短的，它唯一关心的是在一个工作日内最大限度地使用劳动力。它靠缩短劳动力的寿命来达到这一目的，正像贪得无厌的农场主靠掠夺土地肥力来提高收获量一样。"② 生产过程所呈现出的对劳动者的支配和剥削的过程也就是资本通过占有工人的剩余劳动时间，无限制地延长工作日长度，从而造成劳动力未老先衰和过早死亡，缩短工人寿命的过程。尽管资本为了能够持久地占有和剥削劳动力，也需要将工作日控制在一种正常的范围内。但这种做法完全是自身利益的考虑，因为资本毫不关心工人的健康和寿命，除非社会迫使它去关心。

总之。工人在生产过程之内和生产过程之外所遭受的待遇是迥然不同的。在商品市场交易过程中，他以劳动力商品占有者的角色能够自由支配自己，以契约的形式将自己的劳动力卖给资本家。但一旦交易成功，工人进入到生产过程中，却发现已经不是"自由的当事人"了。在资本主义生产过程中，资本拥有对劳动力的指挥权，逐渐形成了雇佣劳动制度的强制关系。"作为他人辛勤劳动的制造者，作为剩余劳动的榨取者和劳动力的剥削者，资本在精力、贪婪和效率方面，远远超过了以往一切以直接强制劳动为基础的生产制度。"③ 劳动力丧失了生产过程的主体地位，任由资本所摆

---

① 马克思在《资本论》中讲到，所谓休息时间也就是使工人能够重新投入工作的缓冲时间，并不包含工人的受教育时间、发展智力的时间、履行社会职能的时间、进行社交活动的时间、自由运用体力和智力的时间，以及工作日的休息时间。

② 资本论（第 1 卷）[M].北京：人民出版社，2004：307.

③ 资本论（第 1 卷）[M].北京：人民出版社，2004：359.

布，毫无自由权利可言。

三、技术异化对劳动者自由的钳制：劳动对资本的实质隶属

在资本逻辑的驱动下，资本主义生产体现为永无休止地追寻剩余价值。在资本主义发展初期，资本家主要是通过"绝对剩余价值生产"的方式，也即占有和延长工人的工作日长度来实现剥削。但伴随着工人对自身权益的维护以及机器等技术因素在资本主义生产过程中的广泛应用，资本家开始改变了策略，主要是采取"相对剩余价值生产"的方式进行，也即采用先进技术，相对延长剩余劳动时间的方式来实现剥削。在《资本论》中，马克思从微观层面进行了详细分析。马克思认为，绝对剩余价值生产实现了劳动对资本的形式隶属。相对剩余价值生产则是通过技术因素渗透，提升全社会劳动生产率，缩短社会必要劳动时间，实现了劳动对资本的实质隶属。在这一生产过程中，资本家进一步提升了对工人的剥削程度和自由钳制。在对相对剩余价值生产的分析中，马克思主要讨论了协作、分工与机器。协作是资本主义生产的起点，分工是提升劳动生产率的重要因素，而机器作为一种技术要素则是大工业时期相对剩余价值生产的重要手段。

（一）从生产逻辑到资本逻辑：机器技术的异化及其批判

在社会生产力发展的进程中，劳动资料的改进对经济时代及生产方式的变革起着至关重要的作用。马克思首先从社会经济发展史的维度对机器所推动的劳动资料的革命做了考察。在他看来，劳动资料不仅是划分经济时代的主要依据，也是大工业时代生产方式变革的起点。在资本主义工业化进程中，机器一旦运用于生产过程便会变革原有的劳动组织形式和生产工序，形成新的生产工艺流程。以机器和机器体系为代表的先进生产工具打破了传统的以手工劳作为基础的方式，形成了以机器为主导的现代劳作方式，开创了现代工业和生产方式，对资本主义的发展和世界历史的形成发挥了至关重要的作用。

机器是作为大工业时代的技术基础而出现的。如果从生产逻辑的维度

来讲，机器仅仅作为一种技术形态的工具而出现，与资本等因素无涉。有组织的机器系统为资本主义大工业生产提供了必要的技术条件，获得了最发达的形态，是工业文明的重要标志。"大工业必须掌握它特有的生产资料，即机器本身，必须用机器来生产机器。这样，大工业才建立起与自己相适应的技术基础，才得以自立。"①，马克思在《哲学的贫困》中分析了由简单的劳动工具到机器的演进过程。他认为，机器是复杂的工具，在动力和工艺上都要优于简单的工具，代表了更高级的生产力发展水平。但机器与工具的本质区别并不在于此。马克思在对磨的改进历史进行考察后，认为，作为一种传统工具，磨的历史演变虽然由传统工艺发展到科技因素的注入，也促进了社会生产力的发展，但其并没有引起工业革命。原因在于其并没有引起社会变革的因素。而机器之所以成为工业革命的起点，在于它改变的不仅是作为物的生产工具的改进，更重要的是机器的广泛应用也使得劳动形式和劳动关系在生产过程中发生了变革。伴随着科学、技术在生产过程中的渗透，更加固化了机器在生产过程中的地位和作用。可以说，机器体系的广泛应用，是资本主义走向成熟的标志。

在生产逻辑的架构中，机器主要是作为工具而出现的，代表一种生产力。机器作为资本主义社会生产技术的现实形态，其在生产过程中的应用提高了生产力，能够使人类从繁重的劳动中解放出来，降低了工人的体力消耗。但在资本主义生产过程中机器的广泛应用真的实现了对工人的劳动解放吗？这一切是值得怀疑的。因为机器的资本主义应用背离了其作为一种生产工具的原初功效，异化为一种置于资本逻辑统治下的破坏性力量。马克思认为机器技术的这种异化不在于机器本身，机器本身就是一种中性的技术工具，而在于机器的资本主义应用。"机器——一旦被资本主义使用，已经不再处于其原始阶段，大部分已经不再只是比较有力的手工业工具。"②

---

① 马克思恩格斯全集（第44卷）[M].北京：人民出版社，2001：441.
② 马克思恩格斯全集（第32卷）[M].北京：人民出版社，1998：365.

机器的资本主义生产过程中的广泛应用主要是在资本逻辑的统摄下成为资本自我增值的帮凶。通过资本、机器、劳动者三者在资本主义生产过程中的地位和相互关系。我们可以认定机器体系和资本主义劳动过程之间始终是一个"充满斗争的领域"，因为三者的地位和作用发生了根本性的变化。

正如生产资料只有在一定的社会关系下才能成为资本一样。在前资本主义时期，机器作为一种生产工具不仅可以促进社会生产力的发展，而且也可以提高生产率，缩短劳动者的工作时间。而当发展到资本主义时期时，机器被广泛应用到生产过程中，它仍旧可以提高生产率，促进社会生产力的发展，但此时的机器并不是作为单纯的生产工具而存在的，而是作为资本参与到价值增殖过程的。资本实现了对机器的操控，并实现了运用机器获取更多的价值增殖的生产目的。在资本主义生产过程中，机器与劳动力发生了异化，并且帮助资本实现了对工人的支配和剥削，造成了机器在资本主义生产过程中的悖论性矛盾。一方面机器为整个资本主义生产过程提供了新的生产条件；与此同时，机器在资本主义生产过程中的广泛应用也助长了资本的贪婪的本性，使资本对工人剩余劳动的支配和剥削更加严重了。从某种意义上讲，这一悖论性问题的出现不在于机器本身，因为机器作为一种生产工具，具有中性的特征。而机器的资本主义应用是产生这一悖论性矛盾的缘由，因为一旦机器被应用到资本主义生产过程中，它就形成了资本的帮凶，并被资本所宰制，机器技术的所有功效都开始为资本支配和剥削劳动力，进而获取剩余价值而服务了。在某种意义上说，是机器的资本主义应用使劳动者变成了奴隶和贫民。在资本的宰制和操控下机器担负着资本自我增殖的使命，它会不顾一切地将工作日延长到超出一切自然界限。因此，在资本主义生产过程中，机器作为机器的"本身"是不存在的，工人不可能将机器看作是脱离资本主义生产方式以外的工具，机器的真面貌变成了助纣资本榨取工人更多剩余劳动力的"婢女"。

从上述论述来分析，马克思对机器的考察是在辩证的视角下展开的。他一方面对作为一种生产工具的机器进行了分析，指出了机器在生产过程中所产生的积极作用，并对机器对提高生产效率，促进社会生产力发展方面的贡献给予了肯定；另一方面又从资本逻辑的维度对机器的资本主义应用所造成的资本权力的固化及机器在资本的宰制和操控下对工人的支配和剥削的不正义问题进行了批判。机器的资本主义应用呈现出了从生产逻辑向资本逻辑转化的路数。"在生产逻辑层面，机器是生产力发展水平的表现；在资本逻辑层面，机器推动着资本主义社会存在的建构，形成了资本主义生产过程的自组织系统。当机器以及科学、技术与资本逻辑结合为一体时，它们成为资本权力建构的重要因素。"①机器的资本主义应用激化了资本与劳动者之间的对抗，伴随着机器对生产过程的技术掌控，工人的技能和自由逐渐丧失并沦为机器的附属物，实现了劳动对资本的实质隶属。

（二）劳动对资本的实质隶属：工人技能的丧失与自由压制

伴随着资本主义社会的兴起，在生产层面逐渐实现了由传统工场向现代工厂的转变。在传统工场中，生产的每一个特殊局部过程必须要有工人亲自来完成，而在机器大工业中，整个生产过程是客观地由机器的自动化系统来完成的。因此，如果说，在手工工场中工人还可以依靠技能占据社会生产的主体性位置，那么，到以机器大工业为主的现代工厂中，这一位置被机器自动化生产系统所取代，工人随之沦为自动化装置上的一个附件。因为大工业从技术操作层面上将一个完整的人分化为了局部的操作工。这也就意味着在资本主义生产过程中积累起来的死劳动即机器开始实质性地支配活劳动。这一异化状态从根源上要源于资本逻辑的驱使。劳动时间一定时，提高劳动生产效率便成为资本实现相对剩余价值的生产的手段。劳动生产率的提高要依靠机器及科学技术在生产过程中的应用。当机器的资本主义应用实现了对生产过程的全面掌控时，其结果必然会导致工人数量的减少、自由的丧失，降低甚至摆脱对工人技能的依赖，从而加剧劳动与

---

① 仰海峰.机器与资本逻辑的结构化——基于《资本论》的哲学探讨［J］.学习与探索，2016（8）：22.

资本之间的对立及工人的反抗。

机器的资本主义应用使整个生产简易化。当机器的自动化生产装置掌控整个生产过程时，就不再需要大批从事手工劳动的工人。于是"机器不仅在采用它的生产部门，而且还在没有采用它的生产部门把工人抛向街头。"① 大大降低了资本所要付出的劳动力价值，但为了使机器的自动化生产体系正常运转，资本家还需要一些在体力和技能方面相对低下的劳动力，于是妇女和儿童便作为机器的附属物参与到了生产过程，这也是机器的资本主义应用所需要的。机器在资本主义生产中的广泛应用大大降低了工人的"就业率"，因为资本家要尽可能地降低劳动力价值。于是，妇女和儿童便成了资本主义生产的关注对象，甚至连妇女和儿童用于家庭和游戏的自由时间都被占有和剥夺。

机器自动化生产装置的广泛应用意味着资本家需要的机器会越来越多，活劳动越来越少。在机器大工业时期，工人在生产过程中不仅数量不断减少，其主体性、智力发挥和自由时间也逐渐让位于资本以及机器并被其所剥夺。机器的资本主义应用，使得机器在生产过程中控制劳动者，劳动者需要按照机器所提供的效率和速度来从事劳动。这种物对人的异化是对劳动者身体的极度摧残，机器不仅没有使劳动者感受到劳动的轻松，反而使劳动者更加不自由了。因为在机器的"帮助"下，资本开始了对劳动者更强有力的支配和吮吸。工人却无法摆脱这种受资本摆布的"吸收过程"，因为他们只不过是资本的一个部件、机器的附庸，是一个不需要精神参与的简单的生产力量。机器不仅消减和吸收了工人的技能和力量，而且也迫使工人超常规的劳动时间，机器消灭了工作日的一切道德界限和自然界限，使工人身心受到限制和摧残。杜娜叶夫斯卡娅在《马克思主义与自由》一书中谈到，"当机器被组织成一个系统时，当它变成了工人的躯体时，它的精神就融入了工厂的时钟里。资本家的功能就是，在确定的工作日中榨取

---

① 资本论（第1卷）［M］.北京：人民出版社，2004：507.

他以前在不断拉长的工作日中榨取的同样多甚至更多的剩余价值。他不断地延长工作日中用于生产剩余部分的时间，也就是超出维持工人生命和再生产其同类所必需的那部分时间，从而降低机器的生产成本。"①

资本主义生产的目的只有一个，那就是永无休止地榨取更多的剩余价值。在以机器大工业为主的现代工厂中，资本家已经不再需要大批的技能工人用手工工具来工作，而仅仅需要工人用一个会自动操作、自我运转的机器去做即可。机器大工业运用巨大的科学技术和自然力，必然会促进劳动生产率的提高。但在资本主义生产中，科学、自然力等都以技术要素的形式整合到机器之中，而机器又以资本婢女的姿态成为剥削和压迫劳动者的帮凶。这就更加加剧了劳资之间的对立与矛盾，也加剧了工人的技能丧失和畸形发展。而当机器狭隘的技术成为生产的限制，再需要充分发挥人的智能和技能的时候，人却变成了一个片段、一个被支配的工具。在资本逻辑的驱使下机器对工人的奴役问题，不仅仅是在机器奴役过程中工人技能的丧失和自由的钳制问题，可能更深层次上会改变工人的生活方式，影响工人的心理结构、思想观念和行为习惯。

总之，在资本主义生产过程中，由于科学、技术和机器已经依附于资本逻辑，成为榨取更多剩余价值的有力手段，也已经异化为剥削、奴役和压迫工人的重要工具。机器在资本主义生产过程中不仅仅是一种工具和中介，更是变革生产关系，建构社会生活和交往关系的重要因素，以至于引发了后来对科学、技术与意识形态的批判问题。

第四节　批判与建构：一种实现劳动解放的可能性分析

在马克思的思想体系中，特别是在《资本论》中，马克思对资本主义

---

① ［俄］杜娜叶夫斯卡娅.马克思主义与自由［M］.沈阳:辽宁教育出版社，1998：97.

生产过程中的劳动及其产品的所有权归属问题和劳动过程的组织形式问题进行了深入分析，并从劳动异化、权利剥夺、自由钳制、技术异化等层面揭露并批判了资本逻辑视域下资本家对工人的剥削和压迫现实，彰显了其对劳动所有权及劳动者自由权利的正义诉求。与此同时，马克思也从所有制形式的转化和劳动组织管理形式的民主化等层面对消解资本主义生产方式中的不正义性问题从而为实现劳动解放进行了建构。

一、废除资本主义私有制与重建个人所有制

对于所有制问题，马克思是从生劳动者和生产资料的结合方式来考察的。他认为，劳动者和生产资料的结合在生产力发展过程中有其自然的方式，但从生产的社会形式来看，二者的结合还存在着一定的社会方式，包含着劳动者在生产过程中对生产条件的占有关系。因此，对生产资料所有制性质的分析无法逾越劳动力与生产资料相结合的社会方式。"生产资料所有制作为生产过程的前提、出发点，是通过生产过程本身，作为生产的历史结果产生出来的，并且随着与劳动力结合的社会方式的改变而改变。"①也就是说，一定的生产资料所有制与特定的生产过程有着不可割裂的关系。生产过程中的劳动力的结合方式往往就能体现一定的生产资料所有制形式。

马克思在《资本论》中很重视生产资料所有制的实现和转化的问题。他对生产资料的所有制形式做了历史的考察。他指出，资本主义及前资本主义的所有制形式都是私有制，但二者却有着本质的区别。前资本主义是以劳动者自身劳动为基础的私有制的生产方式。前资本主义的这种所有制方式是以劳动者私有生产手段为基础的，对劳动者自身自由个性的发展提供了必要条件。与此同时，由于它是同狭隘的生产和社会条件相适应的，它排斥劳动分工与协作，排斥生产力的自由发展，最终也慢慢地被历史所

---

① 洪银兴，葛扬.《资本论》的现代解析（修订版）［M］.北京：经济科学出版社，2011：520.

淘汰。

前资本主义的以自己劳动为基础的私有制形式的解体，游离出资本的发展史。资本积累历史的呈现预示着直接生产者的被剥夺。对生产者的剥削也促进了以私有制为基础的资本主义私有制的产生。以剥削劳动者为基础的资本主义私有制的确立意味着劳动者转化为雇佣工人，直接生产者也即劳动者开始无休止地的被资本所剥夺。但马克思也指出，随着社会生产力的发展，所有制形式也会随着发生变化。马克思预设了取代资本主义生产资料私有制的生产资料公有制的社会状态，他认为，随着公有制的出现，资本主义私有制便要被新的形式所取代了，剥削的对象就不再是劳动者而是资本家了。那么，取代资本主义私有制的新形式又是什么呢？马克思给出的答案是"自由人联合体"。他在《共产党宣言》中指出，"设想有一个自由人联合体，他们用公共的生产资料进行劳动，并且自觉地把他们许多个人劳动力当作一个社会劳动力来使用"①，这也为后来的重新建立个人所有制埋下了伏笔。从前资本主义的小私有制的所有制形式到资本主义私有制再到重新建立个人所有制。在这里，马克思采取了"否定之否定"的哲学表达。

在所有制形式的转化过程中，劳动者与生产资料的结合方式始终作为逻辑主线穿插于其中。在前资本主义，劳动者自己私有以自身劳动为基础的私有财产和生产手段，不存在直接生产者的剥削问题。但这一所有制形式是建立在分散、无序的自然状态之下，伴随着社会生产力的发展，这种形式的所有制形式逐渐被否定和取代。在资本主义私有制条件下，货币转化为资本，劳动力成为商品参与市场交换，作为资本拥有者的资本家拥有生产资料的所有权，劳动者只能出卖自身劳动来维持生计，劳动者与生产资料相分离，失去了对劳动及劳动产品的所有权，形成了劳动异化和所有权剥夺的不正义问题。这一所有制形式势必会被否定和取代。那么，新的

---

① 资本论（第1卷）[M].北京：人民出版社，2004：96.

所有制形式是怎样的呢？马克思指向了"在协作和对土地及靠劳动本身生产的生产资料的共同占有的基础上，重新建立个人所有制"。

重新建立个人所有制是对资本主义私有制的否定，但不是重新回到分散、无序的前资本主义的小私有制为主的所有制形式。它所达到的是一个新的、更高级的所有制形式的存在，在这里，生产资料实现了以社会所有形式存在的共同占有，克服了与劳动者的分离状态。生产资料的社会所有形式并不是要剥夺个人财产为社会财产，它与个人所有制并不矛盾，所改变的只是财产的社会性质。马克思讲求在"自由人联合体"状态下社会对生产资料的共同占有。他也指出，"自由人联合体"状态下的个人所有制消除了对直接生产者的剥削，不存在劳动者自己的劳动对他人榨取剩余价值的异化状态。在这样的生产过程中，每一个劳动者完全可以按照自身和社会的需要进行生产和劳动，所产生出来的劳动产品和物质财富也主要为社会全面发展和个人自由发展提供物质基础，不再为资本增殖而不情愿地进行劳作。因为在这样的社会状态中，"生产资料既为全社会所有，也归每一个人使用，消费资料既来源于社会，也归每一个人所有"。①

总而言之，马克思的"自由人的联合体"状态下重建个人所有制是实现劳动者解放的一种理论尝试和努力。"自由人的联合体"状态下重建个人所有制实现了个人与社会的有机结合，改变了生产过程中的具体的人与人的关系。在那里，每一个劳动者都拥有从社会中获取支配生产资料和生活资料的权力和自由，实现了社会劳动者对生产资料的共同占有，为每一个劳动者实现自由发展创造了物质条件。因此，"代替那存在着阶级和阶级对立的资产阶级旧社会的，将是这样一个联合体，在那里，每个人的自由发展是一切人的自由发展的条件"。②

---

①　马嘉鸿.如何理解《资本论》重建个人所有制问题［J］.哲学研究，2017（5）：24.

②　马克思恩格斯文集（第2卷）［M］.北京：人民出版社，2009：53.

共同富裕的正义伦理价值研究 —— 基于马克思正义论研究的理论视角

二、实现劳动组织管理形式和工作场所的民主化

如果说在"自由人的联合体"状态下重建个人所有制是马克思的宏观建构，那么，实现劳动组织管理形式和工作场所的民主化则是对资本主义生产过程中劳动者工作场所和劳动方式的微观考量。当然，毋庸置疑的是马克思并没有对如何实现劳动组织管理形式和工作场所的民主化做出具体分析和建构。但不论是早期的劳动异化理论，还是《资本论》中对资本生产过程中剩余价值产生的分析，特别是对 19 世纪英国工厂中工人工作的真实的工作场所和工作条件的细节描述，都显现了马克思对这一问题的批判性关注。

资本主义生产的动机和目的就是尽可能多的生产剩余价值。工人生产剩余价值的劳动过程即是他受剥削的过程，这一过程是在资本家的监督下进行的，其目的是使得生产劳动正常进行并实现效益最大化。在劳动过程中，工人已不再是"自由的当事人"，而成为资本统治下的毫无自由的被迫性的劳动者。"在生产过程中，资本发展成为对劳动，即对发挥作用的劳动力或工人本身的指挥权。人格化的资本即资本家，监督工人有规则地并以应有的强度工作。"①绝对剩余价值生产是资本家通过延长工人的工作日长度从而占有自然时间的方式实现的，而相对剩余价值的生产则是需要通过提高劳动生产率的方式实现。为了有效地管理和控制工人的劳动过程，资本家则采取了空间压缩的方式提高劳动生产率。在《资本论》中，马克思通过"协作""分工与工场手工业"及"机器大工业"等内容谈到了这一点。时空压缩的方式使劳动者能够聚拢起来，共同受制资本家的指挥和支配。毫无疑问这极大地促进了生产效率。也可以说是现代工厂制形成的必要前提。资本主义生产正是通过这样的空间压缩的方式实现了劳动组织方式和管理方式的变化。

---

① 资本论（第 1 卷）［M］.北京：人民出版社，2004：359.

-100-

需要指出的是，在资本家指挥下的劳动是工人为资本家而劳动的劳动。资本家对工人的管理不仅承担着社会劳动过程的特殊职能，而且也是剥削社会劳动过程的职能。这一管理方式必须服从于资本的意志和权威。也就是说，劳动是在资本的掌控下进行了，当这一劳动形成演变为协作劳动时，资本家管理和调节工人劳动的方式便附带了资本的特殊职能。"一旦从属于资本的劳动成为协作劳动，这种管理、监督和调节的职能就成为资本的职能。这种管理的职能作为资本的特殊职能取得了特殊的性质。"①从管理的具体效果来看，资本主义的这种管理方式在形式上来说是专制的。因为，在资本主义生产过程中，资本家的管理拥有着资本权力所赋予的绝对权威。他们对生产过程和工人劳作方式的指挥权是说一不二的"绝对法令"。

相比于资本家，工人在生产过程中毫无主体性、自由和民主可言。因为他们永远是受制于资本并从事机械劳动的"工具"。主宰资本主义生产只能是资本，而不是其他。在劳动过程中，工人对工作场所中生产什么、怎么生产以及他们的工作条件和工作环境毫无发言权和控制权，甚至他们的体力和技能也被剥夺。在工场手工业时期，工人被异化为资本的财产和附属物从事生产，而没有能力做一件独立的工作，因为他们的生产兴趣被压制、技能被片面化的肢解了。作为完整的生命体的工人在资本主义生产过程中被等级化、片面化和分割化了。他们只是作为一种自动的工具而存在。在机器大工业时期，科学技术在生产过程中的应用使得机器对生产的统治力进一步加大，工人的技能进一步分解、弱化或丧失，逐渐沦为局部机器的有自我意识的附件。因此，在资本逻辑的统摄下，资本家在生产过程中的劳动组织方式和管理方式越发呈现出它的专制性，而工人在劳动过程中毫无主体性、自由和民主可言。

正像上述所谈到的，马克思并没有对如何实现劳动组织管理形式和工作场所的民主化做出具体分析和建构。他所做的主要工作是对资本主义生

---

① 资本论（第 1 卷）[M].北京：人民出版社，2004：384.

产方式的批判。但是通过马克思的分析和描述，我们可以窥探出马克思对实现生产过程中劳动组织管理形式和工作场所民主化的隐性意向。正像美国学者大卫·施韦卡特在《超越资本主义》一书中所谈到的，马克思是基于工作场所的民主化来开展批判的，生产过程中，工人的主体性和所有权的丧失使工人并不能民主地控制劳动条件，也不能共同地控制那些剩余产品的配置。施韦卡特认为，马克思批判资本主义生产方式的直接答案就是实现工作场所的民主化。其实，马克思在《资本论》中也谈到了劳动者恢复了劳动主体性和劳动产品所有权的地位，并且整个社会可以有计划的控制、调节和配置各种劳动资源及其产品的问题。"劳动时间的社会的有计划的分配，调节着各种劳动职能同各种需要的适当的比例"①。这或许也是马克思超越资本主义生产方式而在未来社会形态下想要实现的理想状态吧。

① 资本论（第 1 卷）[M]．北京：人民出版社，2004：96.

第 三 章

马克思对资本主义生产生态正义问题的考量

抽象层面的正义内涵并不能由其抽象概念而解释，更需要现实层面不同领域的正义性问题和相关联的价值理念来加以说明和阐释。一般意义上的正义概念总是关涉权利与资源的分配问题，讲求"各得其所应得"的基本原则。但作为人类普遍必然性的价值理念，正义蕴含着对人类生命价值的关怀、自由本质的追溯、人与自然的和谐共处及社会现实的批判与反思。生态正义是将正义理念与社会生态问题相关联，并对人类社会所持有的关于人与自然之间关系的价值观念的反思与诊断。因此，生态正义所关注的核心问题就是自然资源的分配与生态责任的分摊问题，它所牵扯到的是人的有关自然资源和生态中的利益问题。"生态正义问题的凸现则直接关涉的是人的生态利益，一方面表现为人们是否享有平等地利用自然资源的权利，另一方面则体现为是否公平地分担保护环境的责任和生态危机所造成的灾难。"① 在资本主义生产方式中，价值增殖过程是在资本逻辑的驱动下，资本家榨取工人剩余劳动中所创造的价值的过程。由于受到资本的宰制与奴役，在这一过程中，劳动者渐渐失去了对劳动资料和劳动条件的控制与配置，产生了劳动异化，劳动异化必然带来人与自然关系的扭曲与异化，造成自然资源的分配的不均与浪费，生态环境的危机与灾难。马克思在《资本论》中运用大量事实和数据充分分析了物质变换的断裂和劳动者工作场所环境恶化等问题的出现，揭露出资本主义生产方式中生态维度的不正义性问题，

---

① 李培超. 论生态正义［N］. 光明日报，2005-03-15.

并提出了消解这一异化问题的可能性路径。

第一节　马克思劳动过程理论的生态学逻辑

在人类社会的发展中，物质资料生产的过程在本质上来看是人改造自然的过程，这一过程涉及人与人、人与自然的相关关系。马克思在《1844年经济学哲学手稿》等早期著作中对人与自然的关系进行了探讨。人与自然的关系是人通过人的劳动改造自然的过程，包含着人化自然和自然化人的过程。在《1844年经济学哲学手稿》中马克思更是将人与自然密切关联，将人看作是自然界的一部分，并把自然比喻为人的无机身体。这彰显了人类对自然的生命依附性及马克思对自然界是人类社会的前提和"根源性自然"的主张，奠定了人与自然关系的生态学理论基础。在人类社会生产过程中，人的劳动起了至关重要的作用，劳动是联结人与自然的纽带和中介。但人的劳动也必须依附于外在自然界的存在。因为外在世界是作为人的劳动的对象物而存在的，没有了外在世界，人的劳动便什么也不能创造。在成熟时期的《资本论》及其手稿中，马克思更是从劳动过程的维度把自然界看作是先于人的存在，是人类进行物质活动的自然基础。马克思指出："劳动首先是人和自然之间的过程，是人以自身的活动来中介、调整和控制人和自然之间的物质变换的过程。"[①] 这一阐释显现了其劳动过程理论的双重逻辑：一是人的劳动"是人以自身的活动来中介、调整和控制"所表明的是人的劳动过程的合目的性特征；二是"物质变换"所体现的是生态平衡和生

---

① 资本论（第1卷）[M].北京：人民出版社，2004：207—208.

态循环的正生态意蕴。① 马克思关于劳动过程理论的双重逻辑反映了在资本主义生产方式中人对自然的态度以及人与自然之间的关系，在深层次上显现了劳动过程理论的生态学问题的可能性。

一、绝对抑或温和：作为目的实现的对象化活动的劳动过程

自然概念是马克思思想中的一个重要范畴之一。人的劳动以辩证的方式将人与自然相互关联。人们不断地对自然进行着以人的目的实现为目标的对象化活动，从而向自然汲取所需的生产和生活资料。这就是上述所谈到的人总是以自身的活动来"中介""调整"和"控制"人和自然的关系，这一过程具有合目的性的特征。而劳动过程的这一层面往往被理解为是"对自然的支配"。那么，应该如何理解马克思的"对自然的支配"概念呢？它是一种绝对的"主人—奴隶关系"式的支配和控制，还是一种温和的"托管员"式的有责任的支配和控制呢？② 如果是前者，那么马克思的"对自然的支配"必然会同人类中心主义相勾连，成为生态环境恶化和危机的理论元凶；如果是后者，则马克思的"对自然的支配"不仅不会造成生态环境恶化和危机，而且还会是促进人与自然和谐共生的理论支撑。

在这一问题上，不同的学者持有不同的立场和看法。应该说，法兰克福学派第二代的代表阿尔弗雷德·施密特（Alfred Schmidt）较早地对马克

---

① 日本学者岛崎隆将劳动过程的两个方面规定为"目的实现的对象化活动"和"作为质料转换的自然过程"。韩立新教授沿承了这一理路在《马克思主义生态学与马克思的劳动过程理论》一文中对劳动过程的双重逻辑做了详细分析，本文也将在这一理路的启发下展开分析。参见：郇庆治.重建现代文明的根基——生态社会主义研究［M］.北京：北京大学出版社，2010.

② 澳大利亚哲学家约翰·帕斯摩尔（John Passmore）在《人对大自然的义务：生态问题和西方传统》（*Man'sResponsibility for Nature：Ecological Problems and WesternTraditions*）一书中以"作为暴君的人"和"托管人精神和与自然的合作"为题讨论了西方人应该对待自然的恰当态度。他认为西方除了有"暴君式"的支配自然传统外，还存在着"温和"的"托管人式"的传统，即"托管人精神和与自然的合作"（stewardship and co-operation with nature）。

思的"对自然的支配"进行了讨论。20 世纪 60 年代，施密特在《马克思的自然概念》一书中强调了自然的先在性和不依赖于人的自在存在性。他指出，自然界对马克思（特别是成熟时期的马克思）来说不是什么形而上学原理。人与自然之间有着密不可分的关联，人总是和自然界相纠缠在一起，作为一个自然物而存在的人，在整个地球的大的生态循环圈内，人是作为一个"肢体"而存在的。这就是说，人总是与自然相"纠缠"，人的生命依附于自然，人为了生产和再生产自己的生命必须和自然相对垒。因此，人对自然的支配有其合目的性的特征。但施密特在谈到成熟时期的马克思的观点与早期的马克思的观点的关系时又指出，"成熟时期的马克思的观点比他早期著作中的观点稍有退缩，晚年的马克思已经不讲整个自然的'复活'。新社会只是更好地为人民服务，而这无疑地使外部自然界成为牺牲品。自然界拥有庞大的工艺学的资料，应该受到使劳动与时间的支出缩减到最小程度的支配，自然作为一切可以思及的消费品的物质基质，完全应该为一切人服务。"① 这段论述似乎表达了人对自然的绝对支配。为了更好地为人们所服务，自然界必然会成为牺牲品。但他随后对恩格斯在《自然辩证法》中话语的引用，又表达了一种人温和地支配自然的隐形意向。其中，施密特承认了人对自然的支配关系，但也提出应该在把握长期效果的合理化范围内进行对自然的干涉，这样可以消解自然界对人的报复行为。从中可以看出，施密特对马克思的"对自然的支配"的讨论不同于一般意义上理解的"对自然的绝对支配"。他更加关注的是人在未来社会中对自然的合理的有组织的支配问题。"自然被人的目的降低为单纯物质而对人进行报复，结果，人只有通过不断增大对自身本性的压制，才能取得对自然的支配，而这在本质上隶属于文明的发展，隶属于对自然的有组织的支配不断增大。"② 而马克思的"对自然的支配"思想是始终与人的全面发展相关联的，也就

---

① ［德］A. 施密特 . 马克思的自然概念［M］. 北京：商务印书馆，1988：168.
② ［德］A. 施密特 . 马克思的自然概念［M］. 北京：商务印书馆，1988：149.

是说，支配并不是掠夺，是在尊重自然规律的基础上的温和支配，它所要实现的目的是如何实现人的幸福和自然的和谐。也可以说，马克思的"对自然的支配"是一种承认自然的先在性和"人是自然的一部分"的温和的支配。

随后，在20世纪80、90年代，英国学者泰德·本顿（Ted Benton）和瑞尼·格伦德曼（Reiner Grundmann）又对这一问题展开激烈争辩。

英国生态学马克思主义代表人物泰德·本顿在《马克思主义与自然极限》一文中对马克思与生态学的问题进行了探讨。他指出马克思的历史唯物主义理论与生态学之间存在着一个裂缝（hiatus）。他认为，在马克思"普罗米修斯式"的历史观下，人成了一种不可超越的超自然的存在物，所有的外在自然和内在自然都为人的需求服务，并绝对地控制在人的自我实现的要求之下。在对马克思的劳动过程理论进行分析时，本顿首先对劳动的具体形式做了考察并进行了直接占有、农业、手工业和工业的四种具体形式划分。在此基础上，他又根据劳动过程的"意图结构"，将上述四种具体形式划归为生产改造型劳动过程（productive transformative labor process）和生态管理型劳动过程（eco-regulatory labor process）。生产改造型劳动过程是指按照人的意图和目的对自然物进行加工改造；生态管理型劳动过程是指主要依赖自然物的自然条件和各种性质，不对其进行变形改造而直接占有的过程。前者属于"支配自然"，后者属于"适应自然"。本顿立足于生态中心主义的哲学基础和生态价值立场认为，在马克思思维中，人是优越于自然界而存在的，人们的劳动在技术的帮助下可以"超越"自然的界限对其进行改造，将过分强调生产改造型劳动过程而无视生态管理型劳动过程。因此，本顿认为应该以"适应自然"来代替"支配自然"。

其后，瑞尼·格伦德曼对本顿的生态学观点进行了积极回应。格伦德曼认为，本顿所区分的"生产改造型劳动过程"和"生态管理型劳动过程"在内涵上并没有什么异同。根据马克思的观点，人通过劳动改造自然。人不仅在自然中依赖自然生存，而且也在与自然的对抗中生存。人在和自然进行对抗时是运用工具和技术的方式进行的。格伦德曼把以劳动为中介的人与自然之间的对抗看作是"对自然的支配",并且认为生态问题思想的根源并不是"对自然的支配"造成的,而是"对自然的支配"观念的缺失和不充分造成的。他认为,马克思的"对自然的支配"采取的是理性的态度,是在承认自然优先性和掌握自然规律的前提下对自然的有意识的控制。他将"支配"与"控制"等同,认为"对自然的支配"并不是像"主人—奴隶关系式"的绝对的支配与控制,而是在认识和掌握自然的基础上的合理的控制。他以演奏者熟练地拉小提琴做比喻,认为,演奏者在熟练地拉小提琴的过程是演奏者支配小提琴的过程,在这一过程中,演奏者并不会以粗暴的方式对待小提琴,而是以温和的、合理的方式对待小提琴。因此,"对自然的支配"和服从自然在本质上是一致的。马克思在沿承笛卡尔以来的启蒙思想的"对自然的支配"思想的同时也秉持了"只有服从自然,才能征服自然"(培根语)的信念。这也就是说,在格伦德曼看来,马克思的"对自然的支配"是对自然的合理控制,是属于温和的"托管员"式的有责任的支配和控制,因为他意识到了人与自然界的不可分割性以及自然界的优先存在性。格伦德曼的上述观点也得到了英国学者戴维·佩珀的支持。佩珀认为,马克思的"对自然的支配"是人类对自然有意识的控制的表达,他不是要引起生态破坏,而是要在理性和人本主义的意识中对自然界进行合理的管理。

本顿和格伦德曼的上述争论使我们深化了对马克思"对自然的支配"思想的认识,对"对自然的支配"有了更为宽泛和本真的理解。那么,应该如何理解马克思的"对自然的支配"思想呢?诚然,马克思在其著作中多次表达了"对自然的支配"思想,如,他提出,不同于动物的生存方式,人是根据人类自身的需求和目的来支配自然;生产和财富的积累在本质上不是人的劳动来完成的,而是在人对自然的了解、占有和支配的基础上来完成的。① 等等。也就是说,在马克思思想中确实存在"对自然的支配"问题,

---

① 马克思恩格斯全集(第31卷)[M].北京:人民出版社,1998:100—101.

这也是施密特、本顿、格伦德曼等人所认可的。但马克思的"对自然的支配"的表达是有一系列前提条件的。其一，马克思是在承认自然的先在性及人对自然的生命的依附性的基础上表达的。他也曾经把自然界看作是人的无机身体。并认为自然界为人类的劳动提供了必要的生活资料，没有自然界的存在，人及人的劳动都无法得以存在和延续。马克思的这些思想论断都彰显了自然界是人类社会的前提和"根源性自然"及人类对自然的生命依附性的前提条件；其二，马克思恩格斯是在尊重自然规律的前提下对自然的温和的支配和控制。他们认为人类对自然界的支配不应该采用野蛮、粗鲁的征服式的方式进行，而应该在尊重自然规律的前提下以一种温和的、管理式的方式来支配，因为人类和自然界之间是"血浓于水"的无法割裂的关系，人类本身就产生于自然界，并不断地需要从自然界中汲取生存和发展的养分。

总而言之，马克思的"对自然支配"思想绝不是"主人—奴隶式"的粗暴地对自然的绝对支配和统治，而是在承认自然存在优先性和遵循自然内在规律的前提下对自然的有意识的合理控制，是属于温和的"托管员"式的有责任的支配和控制。它不仅扬弃了征服、统治和主宰自然的一面，还将"对自然的支配"与人类的利益、需要和幸福相互关联。它强调了人对自然所具有的保护义务，是一种"有责任的支配"。在某种意义上讲，它不是造成生态危机的理论元凶，而具有正生态的意蕴。

二、"同化"与"异化"循环：作为物质变换的自然活动的劳动过程

马克思劳动过程理论的另一重逻辑便是从"物质变换"的维度来诠释的。"物质变换"是人与自然之间互动关系的生物学意义上的解释。马克思用调整、控制来人对自然的劳动改造。应该说，这一重逻辑较之"对自然的支配"更为基础。马克思在著作中多次使用了物质变换的概念。在这里，我们需要对"物质变换"的渊源与内涵做下分析。"物质变换"概念最早是由德国化学家希格瓦特（G. C. Sigwart）于 1815 年提出，是由德语"Stoffwechsel"

翻译而来,"Stoff"的意思表示"物质""质料""素材","wechsel"表示"变化""交换"。这一概念的原初含义是生物学意义上的,主要流行于生理学、化学、农学等领域,用来阐述自然界中无机物质与有机物质乃至整个无机界和有机界之间的物质、质料的变换或代谢行为。目前在国内还有"新陈代谢""物质代谢"等译法,笔者认为,"新陈代谢"侧重于从生物学意义上诠释"劳动过程"的自然生态学意味,而"物质变换"或"物质代谢"则侧重于社会学或人类学意义上诠释"劳动过程"的社会经济意味。马克思在其著作中没有仅仅在生物学意义上诠释"物质变换",而是将其创造性地应用于社会领域并赋予了其新的内涵。同时,这也使马克思的劳动概念具有了生态学的可能性。但无论何种译法都反映了学界基于不同价值趋向对马克思生态学意蕴的阐发。

马克思的"物质变换"是一个自然科学概念,这是一个不争的事实,但在马克思"物质变换"概念缘由问题上学界存在着很大的争议和分歧。施密特对马克思的"物质变换"概念的渊源进行了考察,他认为,马克思的"物质变换"概念来源于荷兰生理学家摩莱肖特(Moleschott)。摩莱肖特在《生命的循环》中较早地使用了"物质变换"概念,他谈到,人—植物—动物,包括肉食动物和草食动物,整个生物界的生命的延续都是在物质循环和物质交换的过程中实现的。他将这种物质交换的过程称之为"物质变换"。摩莱肖特还指出,"把人的生理学作为模式,把自然描绘成一个大的转换过程和物质变换过程,处处都留下了思辨的痕迹"[1]。这一表述很显然是在生物学意义上讲的,但摩莱肖特随后又将物质变换看作是哲学研究的核心话语。由此将物质变换概念从生物学领域扩展到了哲学社会学领域。摩莱肖特虽是庸俗唯物主义者,但他在自然科学领域的唯物主义观点在当时的德国影响深远。

因此,施密特认为,摩莱肖特的物质变换概念给予了马克思很大启发。

---

① [德] A. 施密特. 马克思的自然概念 [M]. 北京:商务印书馆,1988:88.

也正是在追随摩莱肖特物质变换思想的基础上发展了马克思的唯物主义生态学思想。但施密特的这一观点随后遭到了美国学者福斯特、日本学者椎名重明、吉田文和的批判与质疑。质疑者对马克思"物质变换"概念的渊源做了修正。他们认为，"物质变换"概念不可能传承摩莱肖特而是渊源于李比希。德国农业化学家李比希（Justus von Liebig）与马克思是同时代人，他运用农学上的"归还定律"理论对物质循环的断裂所造成的对农业的破坏进行了批判。应该说李比希的"物质变换"概念除了生理学、农学的意义外，还具有社会批判的意义。椎名重明对施密特的论断进行了严厉地批判。认为，马克思在文本中体现出了对李比希的夸奖和对摩莱肖特的贬低。如"德国的新农业化学，特别是李比希和申拜因，对这件事情比所有经济学家加起来还更重要。"①等等。日本经济学家吉田文和认为，从马克思恩格斯在信中的表述来看，马克思的物质代谢概念的源头应该就是李比希的物质变换思想。福斯特也认为，马克思的"物质变换"概念来源于摩莱肖特的观点是缺少现实基础的。他在《马克思的生态学》一书中十分肯定地指出，李比希的思想深深地影响了马克思在《资本论》中的生态学思想，并认为"施密特关于摩莱肖特直接影响马克思的推论在逻辑上和证据上都缺少现实的基础"②。而我国学者蔡陈聪在充分对比分析上述两种论断的基础上，提出了马克思的"物质变换"概念是对摩莱肖特和李比希思想的扬弃和超越的观点。

　　通过以上对"物质变换"理论的渊源考察，我们可以发现，对于马克思"物质变换"的来源，不管是摩莱肖特还是李比希，或者是摩莱肖特和李比希思想的扬弃和超越，都存在一个共识。那就是马克思的"人和自然之间的物质变换的过程"的劳动过程蕴含着丰富的生态思想。马克思并没有仅仅在生理学、生物学等自然科学的意义上运用"物质变换"，而是创造性地将其运用到了社会经济领域，进一步扩充了"物质变换"的理论内涵。

① 　马克思恩格斯文集（第10卷）[M].北京：人民出版社，2009：234.
② 　[美]约翰·贝拉米·福斯特.马克思的生态学：唯物主义与自然[M].刘仁胜，肖峰译.
　　北京：高等教育出版社，2006：179.

在《资本论》中，马克思将物质生产、商品交换等经济领域中的问题与物质变换理论相契合来分析一些社会经济现象。马克思对物质变换思想的丰富和发展同时也赋予了"物质变换"三层内涵①：其一，生物学意义上的"物质变换"，指自然生态系统内部物质、能量的变换与代谢；其二，自然科学领域与社会经济领域的合一的"物质变换"，指通过人的劳动来完成的人类社会和自然界之间能量和信息的代谢。其三，社会经济领域内部的"物质变换"，指在人类社会内部所进行的物质、能量和信息的交换或变换。

马克思对劳动过程的定义恰恰是"物质变换"概念的人类学意义和价值论意义所在。这一规定也使马克思的劳动过程不仅仅是人按照自身的目的对自然进行改造的"形式转换"的活动，更重要的是人与自然之间的"质料转换"。"劳动过程，就我们在上面把它描述为它的简单的、抽象的要素来说，是制造使用价值的有目的的活动，是为了人类的需要而对自然物的占有，是人和自然之间的物质变换的一般条件"②。从马克思对劳动过程的描述可以看出，马克思所关心的并不仅仅是对自然的"形式转换"——商品的使用价值的占有与支配，更重要的是在劳动过程中所显现的人与自然的"质料转换"——人与自然之间物质变换的永恒的一般形式。正如施密特所言，"马克思虽然承认人与自然的物质变换之形式规定性有历史的变化，但更注意它的与此无关的质料方面。"③ 马克思在《资本论》中还以生产桌子作说明，他指出，人通过劳动将自然界中的木材生产成桌子，木材变为桌子，虽然形式发生了变化，但质料并没有发生变化，在桌子的身上我们仍可以看到木材的质料，并且随着时间的转移和自然力的侵蚀，木料会腐朽，最终还是要回归大自然。也就是说，人的劳动只会使木材的形式发生变化，

---

① 对于马克思"物质变换"内涵的认识，国内外大部分学者认同三层次内涵说，如施密特、岩佐茂、吉田文和、福斯特及大部分国内学者，当然也有从两层次内涵来进行解读的。如我国学者韩立新认为马克思是从生理学意义和更广泛的自然界生命循环的意义上来使用"物质变换"的。

② 资本论（第 1 卷）[M]．北京：人民出版社，2004：215.

③ ［德］A. 施密特．马克思的自然概念［M］．北京：商务印书馆，1988：92.

而不会改变木材的质料。

在上述分析中，我们可以看到，人与自然之间的"物质变换"所反映出的是"人化自然"和"自然化人"的双重过程，也即"同化"与"异化"的循环过程。这一过程恰恰是在人的劳动过程中实现的。人的劳动将自然界、人与社会三者有机统一起来。一方面，人为了维持自身的生命活动经由劳动有目的地从自然界获取所需的生产、生活资料，将自然界赋予人的形式，这是"人化自然"的"同化"过程，另一方面，人的生命体连同自己的劳动产品还要被生产、消费和废弃，最终还要回归大自然，这是"自然化人"的"异化"过程。劳动过程作为人与自然之间的"物质变换"过程就是不断地实现着"同化"与"异化"的循环过程。日本学者岩佐茂在其《环境的思想》中，对这一思想也进行了分析。他认为，人与自然界之间的物质代谢是人通过自身的劳动向自然界获取生产生活资料，并将生产生活废弃物排泄给自然界的双向过程来实现的。他称之为社会的同化过程和社会的异化过程。作为"人与自然之间的物质变换"的劳动过程实现了"同化"与"异化"的循环过程，也使自然—人—社会之间能够共处生态循环系统之中。这种向自然界索取和向自然界反馈的双向活动正是马克思劳动过程理论所呈现的，也就是说，在这里，马克思劳动过程理论的生态性质得以显现。

总之，马克思的劳动过程是以"根源性自然"为基础的"目的实现的对象化活动"和"物质变换的自然过程"的有机统一。它既讲求人对自然的利益获取的目的和能力，也注重人对自然的生态责任与义务。它的价值旨趣是将人与自然和谐共处一个生命共同体中。

第二节　马克思对资本主义生产方式的生态学批判

批判是《资本论》生态思想的总基调。马克思对劳动过程理论的生态学定义不单纯是如何遵循自然规律合理地实现人的目的的对象化活动和物质变换的自然过程，更重要的是揭露、批判和克服资本主义生产方式中的不正义性问题。马克思不仅揭示了资本剥削劳动者权利和自由的不正义性问题，而且也揭示了资本主义生产方式中资本与生态之间的必然矛盾。如果抽离掉具体的社会形态限制，劳动过程是以"根源性自然"为基础的"目的实现的对象化活动"和"物质变换的自然过程"的有机统一，是为一切社会形式所共有的活动形式。马克思在谈到资本主义的劳动过程时，指出了其中所包含着的两重逻辑，一是上述所讲到的在劳动过程中所蕴含的生态学逻辑，是"物质变换的自然过程"和"目的实现的对象化活动"的有机统一。二是在价值增殖过程中所蕴含的资本逻辑。也就是说，资本主义的劳动过程作为一种特定的劳动过程形态，除了具有一般劳动过程的所共有的特征之外，还具有自身特殊的维度，那就是，资本主义生产的唯一目的就是永无休止地生产剩余价值，实现价值增殖。在这一过程中必然会产生资本逻辑与生态逻辑的悖论与矛盾。因为，资本逻辑讲求不断地从自然界攫取人类所需的自然资源以实现价值增殖，而生态逻辑注重人对自然的"合理调整"和"和谐共生"。就资本主义社会形态来看，资本逻辑是资本主义生产方式中的主逻辑。在资本逻辑的驱使下，劳动过程的生态逻辑被资本逻辑所压制和支配，使人的劳动背离了以"根源性自然"为基础的"目的实现的对象化活动"和"物质变换的自然过程"的有机统一的本性。当连接人、自然和社会之间的纽带——劳动异化后，便出现了自然资源分配不均、物质变换断裂、生态环境恶化及其所造成的生态责任等一系列不正义性问题。

一、物质变换的断裂：资本主义生产过程中生态环境的恶化

"物质变换"是《资本论》生态思想的重要概念。它通过人的劳动实现着人与自然之间"人化自然"和"自然化人"的双重过程，也即"同化"与"异化"的循环过程，维持着人与自然之间有机循环、和谐共生的生态系统。

马克思通过研究发现在资本主义生产过程中资本逻辑的驱动造成人与自然之间的物质变换在空间和时间上都是处于彼此异化和相互断裂状态的。

马克思在其文本中指出了资本原始积累过程和资本集聚过程所引起的空间革命。他指出，资本主义生产方式用一种新的更高级的形式撕裂开农业与工场手工业的传统纽带，再在新的形式上加以综合。在资本逻辑的驱使下，这一过程聚集着社会的历史动力，促进社会的发展。同时，这种方式又同时使城市和乡村、工业与农业之间相对立和分离，造成了"物质变换"的断裂。物质变换的断裂使得土地失去了养分而变贫瘠，同时也造成了从事劳动的工人的身体和精神出现问题。因此，资本主义"破坏土地持久肥力的永恒的自然条件。这样，它同时就破坏城市工人的身体健康和农村工人的精神生活。"①物质变换的断裂堵塞了人与自然之间的有效流通，使其成为城市中的废弃物而不能得到有效转化和合理利用，既打破了乡村原有的生态平衡，造成土地资源的浪费和贫瘠化，又挤占了城市的生存空间，造成了生态环境的恶化。而这和资本逻辑对资本主义农业的进步有很大关联。马克思认为，"资本主义农业的任何进步，都不仅使掠夺劳动者的技巧的进步，而且使掠夺土地的技巧的进步，……资本主义生产发展了社会生产过程的技术和结合，只是由于它同时破坏了一切财富的源泉——土地和工人"，②同时，马克思还深刻揭露了资本主义大工业和农业对土地的滥用和破坏。工业的发展将大部分的农业人口排挤到大城市，不仅造成了农业土地的浪费和贫瘠，而且也使得城市变得拥挤不堪。工业和农业的分离也造成了人与土地、工业与农业之间在物质变换过程中不可弥补的裂缝。

资本主义生产方式对自然环境的破坏不是仅仅体现在某一个层面，而是各个层面都有所体现，如，在资本积累、资本集聚、资本周转和循环中。除此之外，文明与产业的发展对森林等自然资源的破坏作用也是很明显的。

---

① 资本论（第1卷）[M].北京：人民出版社，2004：579.
② 资本论（第1卷）[M].北京：人民出版社，2004：579—580.

马克思谈到，在资本周转时间和生产时间的影响下，"文明和产业的整个发展，对森林的破坏从来就起很大的作用，它所起的相反的作用，即对森林的护养和生产所起的作用微乎其微。"① 在资本逻辑的驱使下，资本周转和循环的时间周期与自然生态循环的时间周期之间出现了错位和失衡，并且在资本主义私人经营下，森林等自然资源得不到有效和及时的护养和弥补，从而造成了自然生态循环链条的断裂和失位。与此同时，马克思认为伴随着资本主义生产方式的发展，工农业中的生产排泄物和人的自然的消费排泄物的利用率越来越高。在消费完自然界的生产资料和生活资料之后还要使其重新回归自然界，实现"同化"与"异化"的有机循环。但资本主义经济在利用这些排泄物方面浪费很大，这些排泄物不但没有得到合理的利用，反而对环境造成了严重污染。就这一点来看，马克思列举出了实例，如，英国的资本主义工业发展对生产生活废弃物的浪费以及这种浪费所造成的环境污染，特别是泰晤士河污染的现实问题。如"在利用这种排泄物方面，资本主义经济浪费很大；例如，在伦敦，450万人的粪便，就没有什么好的处理方法，只好花很多钱用来污染泰晤士河"。②

马克思将产生生态环境破坏的缘由诉诸资本主义生产过程中出现的人与自然之间物质变换的断裂。当然物质变换断裂并不是最深层次的，从本源来看，资本逻辑驱使下的生产方式则是造成物质断裂的根本原因。马克思指出，资本在本质上是体现在物上的人与人的关系。这种关系是体现在资本主义生产方式中的一种颠倒的人与人的社会关系，是资本家（人格化的资本）对生产拥有绝对权力的关系。

资本主义不断生产和再生产着资本的这种颠倒的异化关系。从资本增殖的逻辑来看，资本生产的唯一目的就是获取剩余价值，作为自然资源产生地的自然界只不过是资本生产的工具和手段。"自然蜕变为工厂一样的社

---

① 马克思恩格斯文集（第6卷）[M].北京：人民出版社，2009：272.
② 资本论（第3卷）[M].北京：人民出版社，2004：115.

会组织"（福斯特语）资本实现着对自然的绝对支配与统治。在资本主义生产过程中，自然不停地被资本所攫取、掠夺和摧毁。因为资本总是要在尽量节约生产条件的基础上获取更多产出，而对自然力的攫取确实是"不费资本分文"的。"由协作和分工产生的生产力，不费资本分文。它是社会劳动的自然力。用于生产过程的自然力"①，资本也不会去补救过分掠夺所造成的自然环境破坏和生态系统失衡。正如日本学者岩佐茂在《环境的思想》中所指出的，资本逻辑为了追求利润，将人的需要和人格都看作是一种手段，更不用说对环境的破坏和污染问题了。资本逻辑可以不费分文地从自然界中获取资源并毫无限制地将生产生活废弃物排泄到自然界。如果法律没有限制，环境的破坏是和资本逻辑毫无关系的。因此，可以说，在资本逻辑的驱使下，在大量生产、大量消费的过程中，自然界不断地被攫取、掠夺和摧毁，并产生了大量难以处理的废弃物，这些废弃物并没有得到有效和合理的护养和弥补，为物质变换断裂和生态环境的危机和灾难埋下了隐患。进一步的问题是，进行大量生产的资本家对产生大量废弃物这一污染生态环境的事情没有负起相应的责任，出现了自然资源的分配不均与生态责任的分摊问题等不正义的难题。

二、"温和的监狱"：资本主义生产过程中生产生活环境的恶化

资本主义生产对剩余价值毫无顾忌地"执着"追求，同样也造成了工人生产环境和生活环境的恶化。为了获取更多的剩余价值，资本家开始节约生产条件。资本家将生产资料加以集中，节省工场、仓库等的各种建筑物。可以说，使不变资本使用上的节约是资本家对剩余价值的疯狂追求的具体表现，也是资本主义生产方式的特点。但对劳动条件的节约也产生了一个致命的问题，那就是这种节约是靠牺牲工人而实现的，这种节约是建立在工人生存条件的压低和生命健康的浪费之上的。"资本主义生产方式按

---

① 马克思恩格斯文集（第 5 卷）［M］.北京：人民出版社，2009：443—444.

照它的矛盾的、对立的性质，还把浪费工人的生命和健康、压低工人的生存条件本身，看作不变资本使用上的节约，从而看作提高利润率的手段。"①资本家为了降低生产成本，获取更多地利润，便将大批工人集中于同一时间、同一地点从事繁重的劳动。工人每天不仅工作时间在工作场所，而且大部分的休息时间也被挤压到工作场所。资本主义工作场所所提供的恶劣条件既是工人从事劳动的工作条件，也是工人的生活条件。毫无疑问，这种节约可以降低成本增加利润，但这种节约也为工人提供了一个肮脏、恶劣的生产和生活环境。资本家为了节约建筑物便将工人安排在一个狭隘、阴暗而又有害健康的地方从事生产，和工人一起还有那些缺乏安全设备的机器；为了降低成本，资本家并不对工人劳动过程添加任何安全措施，特别是具有危险性的生产活动，比如采矿等等。因为资本家眼中只有一样东西，那便是利润。在利润的视域中，生产过程中的一切安全设备都是毫无意义的浪费。

马克思在《资本论》中运用大量篇幅分析了资本主义生产过程中工人生产和生活环境的恶化现状。他借用傅立叶的"温和的监狱"来比喻工人所从事工作的场所的环境问题。他谈到，在资本主义生产的场所中，工人遭受着震耳的喧嚣、人为的高温和污浊的空气的永无休止的侵扰，它不仅破坏了工人的身体健康、损害了工人的感官，更有甚者，危险的而又毫无保障措施的工作也会夺去工人的生命。这样的境遇都是拜资本家对生产条件和生产资料的节约所赐。马克思认为在工人的身体健康和生命安全都无法得到保障的情况下，更谈不上工人会享受到资本家的福利设施了。在《资本论》第三卷讲到"不变资本使用上的节约"这一内容时，马克思详细列举了工人工作场所的恶劣程度及其对工人身体健康的伤害问题。他谈到，工人拥挤在一个狭小而又恶劣的空间，呼吸疾病大量增加。比如，排字工人和裁缝工人就遭遇了这样的困境。他们在恶劣的生产环境中进行着长时

---

① 资本论（第3卷）［M］．北京：人民出版社，2004：101．

间的劳动，这样的困境加重了工人生产环境的恶化。在这里，马克思引用了约翰·西蒙医生对这一恶劣环境的描述："煤气灯点着后，室内非常闷热……此外，往往还有铸字房的烟雾、机器或下水道的恶臭，从楼下侵入，使楼上的空气更加污浊。下面房间的热气使天花板发热，增加了楼上房间的温度。如果房间矮，煤气消耗量大，那就是很大的祸害。而在楼下装有蒸汽锅炉、整个房屋闷热得难受的地方，情形就更坏……"① 工人工作和生活环境的恶化直接导致了卫生状况的堪忧，特别是生产消费资料的部门。在这一生产环境下所生产出来的食物的质量和卫生状况大多也是不合格的。由此可见，生产条件的节约、生产场所环境的恶化直接影响了人们的衣食住行，导致了人们特别是工人健康问题的恶化。

恩格斯在《英国工人阶级的状况》中，根据亲身观察和可靠材料，以大量具体的事实和数据描述了资本主义社会工人阶级生活环境的恶劣一面。他深入当时英国最大的工业城市曼彻斯特的各个工人居住区进行实地调查，目睹了当时工人生活状况的悲惨和生活环境的恶劣。恩格斯谈到，"在曼彻斯特一个工厂区，四周都是很高的工厂、很高的河堤和盖着房子的河岸。在这片凹地里，密集着两片小宅子，共有 200 所左右，大部分都是两所共用一堵后墙，一共约有 4000 人住在这里。这些小宅子很破旧、肮脏，小得不能再小；街道坑坑洼洼，高低不平，大部分没有铺砌，也没有排水沟。放眼一看，到处是死水洼，高高地堆积在这些死水洼之间的一堆堆垃圾废弃物和令人作呕的脏东西不断地发散出臭味，结果污染了四周的空气。而这里的空气由于成片的工厂烟囱冒着熏烟，本来就够污浊沉闷的了。妇女与孩子，到处走来走去，穿得破破烂烂，就像在这里的垃圾和烂泥坑里打滚的猪一样地肮脏"② 资本主义工业的发展并没有给工人阶级带来福利，恰恰相反，资本主义大工业将他们排挤在一个狭小而又肮脏，聚集着所有能

---

① 资本论（第 1 卷）[M]. 北京：人民出版社，2004：109—110.

② 马克思恩格斯全集（第 2 卷）[M]. 北京：人民出版社，1957：342.

污染空气的垃圾的小宅子里，给他们带来的是恶劣的工作和生活环境。无怪乎，恩格斯将曼彻斯特称为"人间地狱"和"穷人的巴士底狱"。

第三节　制度、观念与循环经济：
对生态系统的可能性建构

马克思深刻批判了资本主义生产方式中资本逻辑对生态逻辑的压制。他认为这一压制性的境遇造成人与自然之间物质变换断裂、工人生产生活环境恶化及生态责任、自然生态系统的失衡等一系列不正义性问题，并指出要消除这种异化状态，就要消除以私有制为基础的资本主义生产方式和社会制度。

一、"合理调节"与"共同控制"：制度变革的根本解决之道

资本主义生产是建立在人对自然的征服和绝对统治基础之上的。在资本主义生产方式中，资本家依靠科学不断征服自然，自然异化为有用的生产资料而"不费分文"地任由资本家肆意掠夺和破坏，最终造成生态环境恶化和工人健康的损害。在《资本论》中，马克思分析了资本逻辑在生产过程中的反生态问题，并认为，资本逻辑在生产过程中之所以会产生反生态问题从根源上来看是资本主义生产方式与资本主义制度的不正义性。恩格斯对马克思的这一认识也是赞同的。因为他也曾谈到，控制和调节生产活动的社会影响，不应仅仅局限于认识的层面，还必须要对一定的生产方式和社会制度进行合理的变革。[①] 对资本主义生产方式及其社会制度实现完全的变革的目的就是消除资本逻辑对生产过程的统治、对生态逻辑的压制，实现人对自然的合理调节。

---

① 　马克思恩格斯选集（第 4 卷）［M］.北京：人民出版社，1995：385.

马克思指出，实现人对自然的合理调节就要消解资本主义生产方式及其社会制度，并使其建立在自由王国实现的基础上。马克思指出，为了维持自身需要和生命的延续，我们必须和自然界打交道。但同自然界打交道不应是人类对自然的完全支配和剥夺，而应该是一种文明的、自由的方式合理调节同自然界之间的物质变换。这种境遇需要一种社会环境，那就是自由王国的实现。因为"这个领域的自由只能是：社会化的人，联合起来的生产者，将合理地调节他们和自然之间的物质变换，把它置于他们的共同控制之下，而不让它作为一种盲目的力量来统治自己；靠消耗最小的力量，在最无愧于和最适合于他们的人类本性的条件下来进行这种物质变换。"① 只有消除了个人私有制，才能实现生产者联合起来的生产资料共同占有。那么，这样的自由王国如何才能实现呢？马克思指向了消除私有制的共产主义。因为，共产主义社会真正实现了人性的复归。"社会是人同自然界的完成了的本质的统一，是自然界的真正复活，是人的实现了的自然主义和自然界的实现了的人道主义。"② 在那里，人与自然之间的物质变换才能得到合理的调节。除了制度和生产方式的根本变革外，马克思认为，我们还必须改变对自然界所持有的"人类中心主义"的思维，由"征服"自然转变为"善待"自然。

二、从"征服"到"善待"：对待自然的应有态度

人与自然之间的关系包含着人"对自然支配"的面向。在马克思的视域中，"对自然支配"绝不是"主人—奴隶式"的粗暴地对自然的绝对支配和统治，而是在承认自然存在优先性和遵循自然内在规律的前提下对自然的有意识的合理控制，是属于温和的"托管员"式的有责任的支配和控制。马克思认为，变革生产方式和社会制度是达到人与自然的"合理调节"和"共

① 资本论（第3卷）［M］.北京：人民出版社，2004：929.
② ［德］马克思.1844年经济学哲学手稿［M］.北京：人民出版社，2000：83.

同控制"的根本举措,如果这一举措无法实现,那么其他一切方法都将是徒劳。因此首先到变革生产方式和社会制度。但马克思又指出,除此之外,尊重自然和善待自然也是人类对待自然的应有态度。因为自然规律是客观的,自然的存在是先在的,人类的生存和发展更不可能脱离自然界。恩格斯就曾告诫我们,人类对待自然界的方式不能像是野蛮民族征服异族的方式一样粗暴。因为,从本质上看人类和自然界是一体的,自然界是人类社会生存和发展的"母亲",我们身体的每一部分都是属于自然界的。因此人类支配自然的方式必须要在尊重自然规律的前提下进行,必须要采用善待自然的温和态度进行。自然界有其自身的规律,这一规律不以人类的意识为转移。人类如果无视自然界的规律,必将遭到自然界的惩罚。因为,正确认识和运用自然规律是"对自然自配"的必要前提。资本主义生产过程中所出现的一系列生态环境的问题和人们对待自然界的傲慢的征服态度不无关系。事实证明,在资本主义生产过程中,由于人们对自然界的肆意掠夺和破坏及人与自然物质变换断裂所造成的生态环境问题,也遭到了自然界的惩罚。

马克思在《资本论》中也表达了善待自然的态度。在分析地租理论时,他以土地为例,谈到了人们应该如何对待土地的问题。马克思指出,从人类社会发展的经济形态来看,每个人对土地的私有都是不合理和十分荒谬的。土地是客观的独立性存在,它不属于任何一个人。土地为人类的生存和发展提供了必要的财富。从这一点来看,人类必须应该像好家长善待孩子一样来善待土地,使土地中的资源可以不断延续下去。马克思的这种善待土地、善待自然的态度延续了他支配自然所持有的以温和的"托管员"式的有责任的支配和控制的方式和理念。这一理念不仅扬弃了征服、统治和主宰自然的一面,还将"对自然的支配"与人类的利益、需要和幸福相互关联。它强调了人对自然所具有的保护义务,是一种"有责任的支配",也蕴含了一种为子孙后代负责的可持续发展的理念。

三、排泄物的循环再利用：循环经济的模式建构

虽然严格意义上马克思没有提出循环经济的概念，但《资本论》中出现了大量与现代循环经济思想有关的论述。马克思在循环经济的模式建构方面的努力就是要消除资本主义生产方式的生态问题，还原一个本原的自然，给人类一个和谐的环境。这些思想主要体现在马克思在《资本论》中对生产过程所产生的排泄物的循环再利用的描述中。

"生产排泄物的利用"问题是马克思《资本论》中的一个问题域。在《资本论》第3卷中，马克思指出，资本主义生产方式所形成的大量生产、大量废弃的生产模式使自然界不断地被攫取、掠夺和摧毁，并产生了大量难以处理的废弃物，包括从工业和农业中产生的大量生产废弃物和人的自然的新陈代谢所产生的消费废弃物。这些废弃物如果能够加以回收和循环处理，既能够为工农业生产提供必要的生产资料和养料，同时又能够减少生态环境污染。但是，很显然资本主义经济在利用这些排泄物方面浪费很大。在马克思看来，资本主义生产方式仅仅通过对自然界"不费资本分文"的掠夺和破坏以及压缩和降低工人的生产生活环境来节约生产条件，而完全无视对这些废弃物的循环再利用。人的自然排泄物和破衣碎布等完全可以作为农业生产的肥料加以合理利用，生产排泄物完全可以作为新的生产要素运用于另一个产业部门重新回到生产过程中。马克思认为，资本主义大规模的生产劳动创造了大量的工业废弃物，这些工业废弃物的循环再利用也必须回到大规模生产中。"由于大规模社会劳动所产生的废料数量很大，这些废料本身才重新成为贸易的对象，从而成为新的生产要素。这种废料，只有作为共同生产的废料，因而只有作为大规模生产的废料，才对生产过程有这样重要的意义，才仍然是交换价值的承担者。"①

总而言之，合理利用排泄物是存在一个必要前提的，那就是资本主义

---

① 资本论（第3卷）[M].北京：人民出版社，2004：94.

的生产劳动必须扩大到一定规模，所产生的废弃物的数量也必须达到再利用的规模，否则就不足以对排泄物再利用。也就是说，废弃物的规模和数量足够大时才能成为新的贸易对象。马克思也指出，这些排泄物的循环再利用必须要保证排泄物的数量，因为只有大量的排泄物才能满足大规模的生产需要，在大规模的生产条件下也才成为可能。除此之外，马克思认为，科学的发展，机器在生产过程中的应用，都为排泄物的循环再利用提供了必要条件。机器的改良可以将排泄物等"无用之物"变成"有用之物"，科学的发展，尤其是化学的发展，进一步分析出了排泄物中的有用成分和有用性质，进而可以对其加工和提炼，贡献于生产之中。

这里，马克思又引入了大量排泄物再利用的另一个条件，那就是科学技术在生产过程中的运用。科学技术在生产过程中的广泛应用、机器和生产工具质量的不断提升不仅可以使生产排泄物重新成为生产要素回到生产过程中，而且还可以减少生产过程中原料变废料的产出率，进而实现成本节约。不变资本使用上的节约要依靠两种对排泄物不同的利用方式来实现。一种是通过生产排泄物的再利用所形成的节约，另一种是最低限度地减少生产排泄物的排放所形成的节约。这两种节约都是要靠科学技术在生产过程中的广泛应用来实现，也就是说，排泄物的循环再利用与科学技术的广泛应用是分不开的。马克思在《资本论》中通过大量真实资料的描述来展现排泄物再利用的理念。比如他在谈到化学工业的废弃物循环再利用时指出，科学技术可以运用新的方法来使工业生产中的废弃物变废为宝。马克思具体谈到，"把以前几乎毫无用处的煤焦油转化为苯胺染料，茜红染料（茜素），近来甚至把它转化为药品"。① 这样的方法可以有效减少工业废弃物的浪费，减少工业废弃物对环境的破坏，减少工业废弃物对人的身体健康的影响。除此之外，还可以降低不变资本的生产成本，提高生产效率。

总之，马克思在《资本论》中对生产废弃物再循环利用的描述充分体

---

① 资本论（第3卷）［M］.北京：人民出版社，2004：115.

现了其对循环经济模式构建的努力，虽然马克思没有提出具体的方案和设计，但他的这些思想为克服资本主义生产方式中所形成的"大量生产—大量消费—大量废弃"的生产和生活方式提供了一种可行的循环模式。

第四节　生态学马克思主义
对资本主义生产方式生态问题的正义考量

在马克思之后，出现了一批沿承着马克思的分析路数对资本主义生产方式进行生态学批判的学派，也即生态学马克思主义。生态学马克思主义是20世纪70年代兴起的新的马克思主义流派。加拿大学者本·阿格尔（Ben Agger）最早提出"生态学马克思主义"概念。在《西方马克思主义概论》中，阿格尔对生态学马克思主义的理论旨趣和基本内涵做了论证和分析，开启了西方马克思主义发展的一种的新的趋向。此后，20世纪90年代，美国学者詹姆斯·奥康纳（James O'Connor）、约翰·贝拉米·福斯特（John Bellamy Foster）等人分别从不同的路向对生态学马克思主义进行了丰富和发展。生态学马克思主义学派所遵循的一个共识是，在资本主义社会中资本主义生产方式将劳动者和自然界都看作是获取最大化利润的条件和源泉，并且是通过对劳动者的剥削和自然的掠夺来实现和完成的。资本对劳动者的剥削过程和对自然的掠夺过程也使得劳动者与自然出现了双重的异化问题。生态学马克思主义学派在消除生态危机的理论诉求下对资本主义生产方式进行系统批判。他们寄期望于变革资本主义制度、消解资本逻辑所造成的唯"生产主义"思维来实现人与自然的双重解放。

一、阿格尔：资本主义过度生产、"异化消费"与"生态危机"

在《西方马克思主义概论》的开篇，阿格尔就探讨了马克思的辩证法思想。他将马克思主义的本质界定为辩证法的方法，并把这种蕴含着人与自然之间解放意蕴的辩证法作为生态学马克思主义的起点。阿格尔通过研读马克思早期和成熟时期的文本对其辩证法思想进行了划分。通过研读《1844 年经济学哲学手稿》，阿格尔指出，"异化是指人类在资本主义条件下不能支配其劳动，反而被其劳动和追逐利润的制度的需要所支配的一种状态"。① 毋庸置疑，异化理论也是马克思批判资本主义的理论武器，这主要体现在《1844 年经济学哲学手稿》之中。同时，通过对《资本论》的研读，阿格尔批判了资本主义社会中的"内在矛盾"，认为，资本主义的"内在矛盾"是结构性的，其存在必然会导致资本主义的灭亡。马克思正是通过内在矛盾的自我推进逻辑认定资本主义的组织生产方式是不可靠的，资本主义生产方式中的劳资矛盾使劳动异化不断加深，导致生产领域的经济危机，并可能创造条件迫使工人阶级反抗资本主义制度和创建社会主义。但马克思并没有认为资本主义的内在矛盾必然会导致社会主义的变革，除非这些内在矛盾表现为工人阶级可以施加影响的经济和社会的各种经验的危机。阿格尔认为马克思辩证法的上述两个组成部分即异化的理论和"内在矛盾"的理论是其世界观中最系统的部分，可以看作是马克思辩证法的支柱，并且指出当今大多数西方马克思主义者都保留并依托这两个理论对资本主义社会进行评析。与此同时，阿格尔也指出，马克思的危机理论只是在《资本论》和《共产党宣言》中作了简要的概述，并没有得到充分和明确的表述。更重要的是，在西方工业社会内部，人们对自由经营的资本主义越发不满，许多西方马克思主义者由于对马克思辩证法的不理解也开始怀疑马克思的危机理论在当时的合法性问题。因此，阿格尔主张对马克思的危机理论进行修正和完善。

阿格尔认为，当今资本主义的危机已经不再是经济危机，已经转化为了生态危机的论断。在阿格尔的理论视域中，资本主义生产所导致的人的

---

① ［加］本·阿格尔. 西方马克思主义概论［M］. 慎之等译. 北京：中国人民大学出版社，1991：1.

异化和环境污染危机，已经为资本主义的灭亡埋下了伏笔。但是究竟什么原因会导致资本主义灭亡？阿格尔指出，之所以要对马克思的危机理论进行修正和补充是因为它对资本主义制度为什么灭亡并没有给出清晰和明确的解答，只是指出了有助于形成危机和转变的方式。为了使马克思的危机理论适应当代资本主义社会的新变化，哈贝马斯采用"合法性危机理论"来加以完善，奥康纳则提出了"财政危机理论"来加以解决，等等，这些学者将资本主义危机由经济领域转向政治的、意识形态的和文化的领域。但阿格尔认为，上述学者的理论无法完全表达当代资本主义所产生的危机。因为资本主义的矛盾是根深蒂固的。"不仅资本主义生产过程中存在着根深蒂固的矛盾，而且生产过程据以同整个生态系统相互作用的方式也存在着根深蒂固的矛盾。"① 阿格尔认为，只有采用生态危机理论才能真正加以完善，也就是说，只有运用生态危机理论才能真正解决资本主义生产过程中所固有的矛盾。这也就是生态学马克思主义的问题域。

资本主义生产方式的生态问题主要体现在资本主义的生产扩张中。阿格尔认为，"生态学马克思主义是从不同的、更深一层的发达资本主义的角度来理解矛盾的。它把矛盾置于资本主义生产与整个生态系统之间的基本矛盾这一高度，认为资本主义生产的扩张主义动力由于环境对增长有着不可避免的、难以消除的制约而不得不最终受到抑制"。② 为消解这一矛盾，更好地修改和补充马克思的危机理论，阿格尔指向了"异化消费"。他认为，"异化消费"是造成资本主义生态危机的最根本原因。生态危机的出现并不是生产领域的问题，而是人们对商品的异化消费。由于资本主义并没有为人们足够提供消除异化问题的商品，最终导致了危机的发生。因此消除生态危机的最有效方法就是解决好人们的"异化消费"问题。

---

① ［加］本·阿格尔．西方马克思主义概论［M］．慎之等译．北京：中国人民大学出版社，1991：20．
② ［加］本·阿格尔．西方马克思主义概论［M］．慎之等译．北京：中国人民大学出版社，1991：421．

上述阿格尔的"异化消费"理论无疑是受到了北美生态学马克思主义者威廉·莱斯的启发。莱斯在《满足的极限》中曾经对消费与人们的满足和幸福之间的关系做了深入分析。他认为，当代资本主义社会中，人们的生活方式和消费方式发生着极大变化。在人们的消费观念中，不断增长的消费可以治疗生活中的一切"弊病"，如劳动领域的挫折和情绪的不满等。只有在不断的消费中，人们才能感受到满足与幸福，并且往往呈现出消费的数量与人们的满足和幸福指数成正比的趋势。莱斯对消费和人们满足和幸福之间关系的论述，指出了人们只注重需求的具体形式，而忽视需求的社会意义及自然的承载能力的问题。人们对消费的过度追捧必然导致异化消费和生态危机。

阿格尔在莱斯的启发下将异化消费与生态危机相关联，认为人们寻求刺激性消费所造成的异化消费与异化劳动是分不开的。在异化劳动的刺激下，异化消费导致了对生态系统的破坏。阿格尔认为，劳动者为了得到满足和幸福迫不得已地进行过度的高消费，过度高消费必然会带动工业经济的增长速度，这种异化的经济增长必然又会带来生态系统的压力。总之，生态危机的出现是，人们过度依赖消费而没有自主选择性所导致的。过度的高消费必然会促进资本主义的过度生产。阿格尔认为，资本主义的过度生产也是造成生态危机产生的原因之一。因为资本主义的过度生产必然造成对自然资源的过度开采和使用，同时也会产生大量的工业废弃物排入自然界中，最终会造成自然资源的浪费和枯竭以及生态环境的恶化等问题。阿格尔指出，浪费性的过度生产对生态系统的破坏是马克思所忽视的。他认为，正像马克思所言，资本主义生产方式是在资本逻辑的驱使下以追逐利润为基础的，不断扩大的商品生产是资本主义所需要的。但马克思并没有看到资本主义浪费性的过度生产所产生的生态环境问题。就这一论断来看，阿格尔是对马克思思想的误读。在马克思对资本主义生产，特别是扩大再生产的具体分析中，也谈到了对自然资源和生态环境的破坏问题，也即马克思思想中蕴含着生态正义的意蕴。

　　阿格尔运用"期望破灭了的辩证法"的社会主义变革模式来作为消解生态危机的根本机制。阿格尔在这一变革模式中提出了消解过度生产和过度消费问题的具体措施。他认为，社会主义的变革模式主要是通过将工业分散开来，以小规模的生产代替大规模生产来克服过度生产的问题；过度消费的问题是由异化劳动造成的，因此，消除过度消费要采用小规模的民主管理劳动的方式来克服。资本主义的生态危机最终会迫使人们通过"期望破灭了的辩证法"来调整自己的价值观、消费观，让人们从异化劳动、异化消费解脱出来，走向健康的、有创造力的劳动之中。从上述论述中，我们可以发现，阿格尔寄希望于"期望破灭了的辩证法"的社会主义变革模式来改变资本主义社会的异化问题。他认为，这一模式可以消解异化、实现工人在工作中的自由个性，阿格尔称之为"稳态经济"的模式。

　　阿格尔的生态危机理论坚信通过将工业分散开来，以小规模的生产代替大规模生产来克服过度生产的问题；采用小规模的民主管理劳动的方式来克服过度消费的问题。"生态危机理论强烈主张分散权力、分散经营、主张由工人对生产过程进行直接管理，以便既避免由于非理性的过度生产而造成的生态灾难，又使工人关心自己管理自己的劳动和闲暇生活的基本能力。"① 与此同时，阿格尔还把经济零增长的"稳态经济"模式作为消解生态危机和实现人的解放的最佳途径，体现他对美好生态环境的向往，但他的带有主观性的"期望破灭了的辩证法"，以及分散的、小规模的"稳态经济"的生产方式违背了科学技术的规律性，必然会阻碍生产力的发展。他期望靠遏制消费来达到消解生态危机的目的也只能是一种乌托邦主义想象。

二、奥康纳："资本主义的第二重矛盾"与"生产性正义"

　　詹姆斯·奥康纳在代表作《自然的理由——生态学马克思主义研究》

---

① ［加］本·阿格尔.西方马克思主义概论［M］.慎之等译.北京：中国人民大学出版社，1991：421.

中通过"历史与自然""资本主义与自然""社会主义与自然"三部分内容充分阐释了他对资本主义生产的批判及其生态学思想。

在奥康纳的理论视域中，解决好马克思主义与生态学之间的"联姻"问题是建构生态学马克思主义理论的关键。但他认为，时至今日，仍存在对马克思主义与生态学之间的联姻持怀疑态度的观点。这种观点将马克思主义与生态学看作是两个相对、拒斥的概念，并认为生态学的意蕴在马克思主义理论中是缺失的。因为马克思并没有将理论重点诉诸生态问题，更没有对全球的生态环境问题做出关注和认真对待。对于人与自然的关系而言，马克思只是强调了自然的人化问题。因此，马克思主义理论和生态学是并没有交叉的重合点。奥康纳并不认同上述观点，并对其进行了批判。在奥康纳看来，马克思主义理论本身是内含有生态学基因的，只不过是被遗忘或遮蔽了。奥康纳认为，他的工作使命便是要实现马克思主义与生态学的"联姻"，因为马克思主义理论本身就存在着生态学的基因。

在《自然的理由：生态马克思主义研究》中，奥康纳开启了历史唯物主义的生态学视阈。他通过论述"自然"概念的历史变迁，指出了马克思主义在论述人类与自然界之间的关系上始终是在辩证的，也即历史唯物主义的方法的基础上开展的，社会系统和自然系统是互为前提的。但他也承认，传统历史唯物主义中缺少"丰富的生态感受性"，并没有给自然系统保留多少理论空间。因为，在传统历史唯物主义中缺少一种生态的自然系统的理论。而马克思本人也是把自然界看作是人的劳动的外在对象性存在，很少涉及就自然而讨论自然的问题。"历史唯物主义的确没有一种（或只在很弱的意义上具有）研究劳动过程中的生态和自然界之自主过程（或'自然系统'）的自然理论。"[①] 那么，应该如何解决这一理论难题，实现马克思主义与生态学之间的"联姻"问题呢？奥康纳认为，传统历史唯物主

---

① ［美］詹姆斯·奥康纳. 自然的理由——生态学马克思主义研究［M］. 唐正东，臧佩洪译. 南京：南京大学出版社，2003：63.

义理论是存在局限性的，因为它缺乏自然和文化的维度，而自然和文化的维度恰恰是解决生态问题的关键。由此，奥康纳将物质生产与文化、自然概念相联结，生成了一种解决马克思主义与生态学之间"联姻"问题的方法论。

奥康纳指出，传统历史唯物主义受技术思维的影响片面强调和研究生产力和生产关系，把人类社会看作是由两者双向运动的历史积累过程，而文化和自然的维度被弱化进而消失了。他指出，物质生产与自然、文化本身是不可分割的。历史唯物主义不应该仅仅研究物质生产中的技术、财产关系和劳动分工等问题，还应该研究历史的自然、文化形式。历史唯物主义"不仅要立足于对工业技术、劳动分工、财产关系以及权力关系的研究，而且还要立足于对具体的、历史的文化和自然形式的研究"①。总之，历史唯物主义不应仅仅拘泥于技术维度来研究生产力和生产关系，还应该扩充文化维度和自然维度。历史唯物主义除了面对自然和文化的历史性积累形式之间的关系之外，还应就文化和自然的方式问题进行研究。上述分析可以看出，奥康纳将文化和自然的维度纳入历史唯物主义的理论范围，实现了马克思主义与生态学之间的"联姻"，开启了历史唯物主义生态学视阈，为进一步揭露和批判资本主义生产中的生态危机奠定了理论根基。

在《自然的理由》中，奥康纳还认真研究了资本主义生产和自然之间的矛盾。他认为，资本生产和资本扩张需要不断开发和利用自然界的不可再生资源。与此同时，生产的废弃物和排泄物源源不断地输送到自然界造成了自然界整个生态系统和空气、土地、水等自然资源的污染和破坏。资本生产对自然界的破坏也使其成为了不可持续性的生产，因为自然资源（特别是不可再生资源）的枯竭会限制资本的积累。奥康纳认为，在资本主义生产过程中，自然界不仅是资本获取资源的"水龙头"，而且也是排泄废弃

---

① ［美］詹姆斯·奥康纳.自然的理由——生态学马克思主义研究［M］.唐正东，臧佩洪译.
　　南京：南京大学出版社，2003：61.

物的"污水池"。基于自然是资本的出发点的视角，马克思、恩格斯指出了生态危机产生原因在于资本主义生产的自我扩张性与自然界之间具有不对等性。在马克思、恩格斯看来，自然界是有限的，不可能自我扩张，而资本主义生产在资本逻辑的驱使下不断地进行着自我扩张。因此，在资本主义生产和自然界之间就产生了一种悖论性的矛盾。在奥康纳看来，上述分析"只是一种生态经济学或政治经济学的朴素遗产"。马克思、恩格斯对生态问题的分析和其历史唯物主义理论之间是不融通的。但奥康纳认为，有一种荣誉便是马克思、恩格斯对资本所造成的自然界的破坏进行了界定和分析。奥康纳指出，一般而言，对当今社会并没有从总体上对生态环境破坏的原因进行系统的理论分析，而只是将"共同的贪婪、对利润的追逐、对资源及市场的不加限制的竞争、建立在把成本向自然系统及生活资料的生产部门的转移之基础上的经济发展模式"① 等因素看作是生态恶化的原因。在奥康纳看来，要对生态危机的根源进行系统的理论分析必须依托于社会—科学性阐释的方法，而他则诉诸对"资本主义的第二重矛盾"的考察。

"资本主义的第二重矛盾"是奥康纳通过对资本主义的生产条件的考察总结出来的。奥康纳首先分析了资本主义生产力与生产关系的矛盾。他认为，这一矛盾造成了资本对劳动的剥削和压榨，也造成了资本扩张形成的"资本的生产过剩"的经济危机。资本利润的实现需要依托于商品的交换价值，因此，对于资本家来说，相比较于使用价值，他们更看重于商品的交换价值，使用价值被资本家安置在服从于交换价值的"第二号角色"，由此，也引发了"资本的生产过剩"的经济危机。在奥康纳看来，生产方式之外的生产条件和商品的使用价值等并不是这一矛盾所考虑的范围，因此，这一矛盾是存在局限的。为了消除这一局限，奥康纳重点考察了"资本主

---

① ［美］詹姆斯·奥康纳. 自然的理由——生态学马克思主义研究［M］. 唐正东，臧佩洪译. 南京：南京大学出版社，2003：200.

义的第二重矛盾"。奥康纳认为，资本主义的第二重矛盾内在于资本本性之中，资本主义生产的自我扩张系统以永无止境地剥夺和损害自然界来获取利润为目的，其结果是加速了资源枯竭、环境污染和生态失衡等现实问题的严重性。奥康纳揭示出了资本主义生产过程中资本追求利润的本性与生态环境恶化之间的悖论性矛盾，并将其看作是造成生态危机的根源。与此同时，奥康纳将解决路径诉诸生态学社会主义。

奥康纳认为，资本主义生产所造成的生态危机不可能在资本主义制度内部消解，而只能诉诸取代资本主义的新的社会形态。奥康纳在实现了历史唯物主义与生态的"联姻"问题后，又将社会主义与生态学相联结。他认为，传统社会主义造成了自然界整个生态系统和空气、土地、水等自然资源的污染和破坏。因此，这种社会主义模式是不可取的。而超越传统社会主义的生态学社会主义模式则与生态学具有内在一致性。奥康纳认为，传统社会主义模式忽视了"生产性正义"的定性理论批判。只是祈求通过"争取高工资、充分就业、控制租金、资助小农场主"等基于"分配性正义"的定量分析的方式来解决资本主义的生态危机问题。它并没有看到"分配性正义"的理论局限性和非根本性。因此，也不可能抓住问题的根本。奥康纳认为，诉诸"分配性正义"不可能从根本上消除生态危机，这是传统社会主义模式探究解决生态危机路径的局限。在他看来，只有诉诸"生产性正义"的定性理论变革资本主义的生产方式才能从根本上消除生态危机的。

"生产性正义"理念是奥康纳生态学社会主义理论中的核心命题，是他对解决资本主义生态危机问题的根本性举措，也是他对未来正义社会的价值诉求。在奥康纳看来，当今社会，诉诸分配领域定量性改革的"分配性正义"是不可能实现的。而"生产性正义"越来越有可能和必要了。"分配性正义在一个社会化生产已达到高度发展的世界中是根本不可能实现的。因此，正义之唯一可行的形式就是生产性正义；而生产性正义的唯一可行的途径就是生态学社会主义。"① 生产性正义具有超越于分配性正义的价值诉求，是更根本地解决资本主义生态危机的关键。也可以说，"生产性正义"的社会模式只能是生态学社会主义模式。在他看来，在生态学社会主义模式中，"生产性正义"完全替代了"分配性正义"使得正义的概念由商品的分配领域转向了商品的生产领域。在生产领域（特别是劳动过程）而非分配和消费领域中寻求自我价值实现。这是解决生态危机的根本举措。

奥康纳的生态学社会主义模式的构建蕴含着生态学马克思主义的运思逻辑。他并没有局限于分配领域来寻求解决资本主义生态危机的现实路径，摆脱并超越了传统社会主义模式的思维定式，主张用"生产性正义"取代"分配性正义"，用生态社会主义模式取代传统社会主义模式，与此同时，奥康纳还深入到资本主义生产过程中揭示和批判其反生态的不正义性，不仅开拓了对正义问题的理论视域，也具有很强的启发意义。但奥康纳在阐释"生产性正义"及生态社会主义模式时也暴露了其理论局限性。一是"生产性正义"并没有在实质上触及资本主义私有制，而是仅仅对组织形式和管理模式进行了改良；二是生态学社会主义模式的建构仅仅是宏观层面的构思，没有具体层面的设计。与此同时，它对分配性正义的绝对否定也体现了其理论的局限性。

三、福斯特："物质变换断裂"与资本主义生产方式的不正义性

美国学者福斯特在著作《马克思的生态学——唯物主义与自然》中通过资本主义生产"物质变换断裂"问题的分析，对马克思的生态学进行了重构。福斯特认为，"物质变换断裂"与资本主义生产方式之间存在着必然联系。他对资本主义生产所造成的"物质变换断裂"问题进行了批判。福斯特通过列举和分析资本主义社会生态环境破坏问题的具体案例，详细地

---

① ［美］詹姆斯·奥康纳.自然的理由——生态学马克思主义研究［M］.唐正东，臧佩洪译.
南京：南京大学出版社，2003：538.

阐述了资本主义生态危机爆发的缘由问题。

福斯特首先对西方学者产生的对马克思思想的偏见进行了批判。他认为，西方很多学者并没有完全理解马克思的唯物主义理论的实质，将马克思理论中的生产和技术进步思想片面夸大，并把生态危机问题归结于科学技术的发展与进步，从而将马克思视为反生态论者。福斯特认为，这一论断是陷入了机械唯物主义的理论泥潭。因为"马克思的世界观是一种深刻的、真正系统的生态（指今天所使用的这个词中所有积极含义）世界观，而且这种世界观是来源于他的唯物主义的"①。在他看来，马克思的实践唯物主义实现着人与自然之间的双向运行。它既强调物质生产和物质生产条件，也强调物质生产条件与外在自然之间的必然关联。这种唯物主义更看重外在自然存在的优先性。就这一点来看，马克思的实践唯物主义蕴含着深厚的生态学意蕴。除此之外，福斯特还认为马克思的生态学思想与近代科学的发展也存在着一定关联。由此，他从唯物主义思想的形成与近代科学的发展的维度进行了考察。

实践唯物主义是马克思生态学思想的理论核心和根基。马克思的生态学思想的形成深受伊壁鸠鲁的自然哲学、费尔巴哈的唯物主义以及黑格尔的辩证法的影响。福斯特指出，在马克思看来，伊壁鸠鲁的自然哲学是一种代表了非还原论和非宿命论的人类自由的哲学。它强调任何东西都不是由虚无的神力所创造，而是源于地球的进化，神学目的论在自然中是不存在的。它还强调"自然……决不会将任何东西归于无。"② 凸显了生态世界观的倾向。这一生态世界观的倾向促成了近代唯物主义自然观的形成。而真正对马克思的思想转变产生重要影响的是费尔巴哈的唯物主义理论。它使马克思脱离了黑格尔唯心主义的虚幻外壳。费尔巴哈在《基督教的本质》

---

① ［美］约翰·贝拉米·福斯特.马克思的生态学：唯物主义与自然［M］.刘仁胜，肖峰译.
　北京：高等教育出版社，2006：3.

② ［美］约翰·贝拉米·福斯特.马克思的生态学：唯物主义与自然［M］.刘仁胜，肖峰译.
　北京：高等教育出版社，2006：40.

和《关于哲学改造的临时纲要》中论证了神学的秘密就是人学，上帝实际上就是现实的、真正的人类感觉的倒置的思想以及黑格尔思辨哲学的本末倒置的特性。为了消除这一特性，费尔巴哈构建了以自然为基础的人本学唯物主义。费尔巴哈所构建的唯物主义打破了神学和思辨哲学的神奇魔性，使自我意识和物质存在的颠倒关系扭转了过来，使人的自由和自我意识从抽象的精神祭坛上重新回到以自然为根基的现实中。费尔巴哈的唯物主义为马克思的思想转变产生了重要影响。

与此同时，马克思也看到了伊壁鸠鲁和费尔巴哈"直观的"唯物主义的理论局限性，并借助于黑格尔辩证法思想，实现了辩证法与唯物主义的结合。与此同时，也赋予了唯物主义新的形态，那便是在实践的基础上构建了实践唯物主义，从而实现了对伊壁鸠鲁和费尔巴哈"直观的"唯物主义的批判性超越，最终使唯物主义理论融贯于自然领域和社会领域之中。在此之后，在马克思便以实践唯物主义为理论根据和方法论展开了对人与自然之间关系的考量，如马克思在文本中所论述的劳动过程中物质变换思想、人类创造历史的自然前提及自然界的优先性思想等蕴含着生态唯物主义世界观的思想。

在对实践唯物主义分析之后，福斯特还重点分析了近代自然科学的发展。他认为，马克思的生态学思想还深受进化论（达尔文）、农业化学（李比希）和人类学（摩尔根）等近代科学的发展的影响。福斯特指出，达尔文的进化论强调自然选择是物种进化的根源，所有物种都是可变的，而不是神根据某种目的所制造出来的。这种思想对本质主义和目的论的传统思想的基本信条给予了沉重打击。"生态学"（ecology）就是德国思想家恩斯特·海克尔在达尔文进化论的影响和启发下提出来的。海克尔最初是在生物学的意义上来定义"生态学"的，将其概括为不同的有机物之间的关系。无论如，何海克尔对"生态学"的定义和阐释都为生态学思想的发展奠定了基础。与此同时，达尔文的进化论也深深影响到了马克思、恩格斯的思想，两人对进化论给予了高度评价，认为达尔文的进化论不仅沉重打击了神学目的论，而且也为历史唯物主义提供了"自然—历史"的坚实基础。马克思还通过研读摩尔根的《古代社会》，意识到了生产方式的转变所呈现出的生态学意蕴，并根据《古代社会》中生态学思想的阐发，分析了资本主义生产方式的生态学问题。这也促成了马克思对人与自然生态问题的研究。

此外，福斯特还指出，现代生态学的发展除了达尔文在生物历史学领域的成就外，德国伟大的农业化学家尤·冯·李比希在生物物理学领域的发现也起到基础性作用。1840 年李比希在《农业化学》一书中通过物质变换概念阐释了自然界无机物与有机物之间的物质交换关系并对资本主义的生产进行了生态学批判。在李比希的影响下，马克思通指出了资本主义生产与生态之间的矛盾性问题，开始系统地对资本主义生产过程中的反生态本质进行批判。福斯特指出，在马克思的理论视域中，资本主义生产方式对自然界以及土地等自然资源掠夺式的开采和使用是具有不可持续性的，资本对土地等自然资源过度掠夺不仅导致了对土地的破坏，而且也损害了后代人的需要和利益。也正像马克思所指出的，这种破坏和掠夺造成了人与自然之间无法弥补和不可挽回的裂痕。马克思分析了资本主义生产方式与生态学逻辑之间的矛盾，进而对其展开了批判。他认为，资本主义生产中的不正义性主要体现在其生产的目的上，资本主义生产的目的是获得利润而不是人的需求和幸福。为了财富的增长和利润的获取，资本主义生产不仅造成了两极分化，也产生了异化、剥削以及环境恶化等不正义问题。工人在生产过程中毫无尊严和幸福可言。也可以说，这种生产矛盾性是在牺牲大多数人的尊严和幸福生活的基础上对少数人的成全。福斯特认为，在马克思的视阈中，资本主义制度是无法解决这一矛盾的，因为资本主义社会是不正义的，由于资本的剥削本性，它不可能解决环境污染、生态破坏等一系列不公正问题，而只能在消灭了城乡分工、实现了工农业有机结合、人与自然之间的物质变换得到合理地调节和控制的未来社会中实现。

福斯特在生态学历史唯物主义方法论的指导下"重新构造马克思的生

态理论"，并借助马克思的"物质变换断裂"理论揭示出了生态与资本主义之间的相互对立性。与此同时，也对当代资本主义生态危机进行了系统的分析与批判。福斯特并不认同将产生生态危机的根源归结为西方文化中的"支配大自然"。他认为，生态危机应该从资本主义制度的扩张主义逻辑中来寻求根源，因为这种制度总是把资本财务视为社会目的。奥康纳指出，在有限环境中实现资本的无限扩张本身就是一种矛盾。资本主义生产的目的就是不惜一切代价追求利润的增长，这种不正义的生产目的会更加注重投资的短期回报而缺乏对经济发展过程中的长远的总体规划。这种冷酷的资本短期回报的本质与涉及的环境条件和因素的可持续性问题之间是格格不入的。福斯特通过列举《京都议定书》失败的事实案例进一步证实了资本与生态之间冲突的不可调和性。

在论证了资本主义生产方式的反生态本质和不正义性后，福斯特还对一些站在资产阶级立场上的学者所提出的解决生态危机的可能性途径进行了批判。他首先批判的是将自然资本化的观点。这种观点主张将自然环境作为一种商品纳入市场当中，并赋予自然环境以经济价值。福斯特认为，自然环境不能够完全被纳入商品经济的循环之中。因为市场经济规律讲求以利润优先，而不是以生态优先，如果以牺牲自然环境来获取利润会造成自然环境的破坏，而且也无益于生态问题的解决。福斯特还指出，资本主义生产扩张的本性不变就不可能按照生态原则对待自然。上述主张将自然资本化的观点，无非是将自然和地球作为资本来看待，并尽可能地对自然资源进行掠夺来实现商品交换和价值增殖。在批判了自然资本化的观点之后，福斯特还对资本主义经济体中，通过"引导技术向较良性的方向发展"的解决环境问题的标准方法进行了批判。他认为，在经济扩张的同时采用新技术或新应用的技术是无法防止环境恶化的，因为资本主义生产追求利润的目的和关注短期效益的竞技性并没有得到根本性改变。"引导技术向较良性的方向发展"只是在资本主义生产体系的框架内对生产工具和生产条件的改进，在一定程度上来讲，它的目的仍然是追逐利润。只要生产的目的不变，生产过程中的压制、剥削和对自然环境的宰制就不会发生改变。因此，解决环境问题的根本途径不在于技术层面的改进，而应该是社会经济制度的根本变革。

　　总而言之，福斯特马克思生态学思想的分析及其对资本主义生产方式中生态问题的考量可以表明，资本主义生态危机问题并不能依靠将环境完全纳入商品经济的循环之中的自然的资本化的观念，也不能通过"生产的能源效率更高，汽车的单位里程油耗更低，用太阳能替代矿物燃料以及资源的循环利用"① 等等技术改进路径来解决。资本主义产生生态危机的根源在于以利润获取为首要目的的资本主义生产的扩张本性以及资本主义生产方式的不正义性，而要解决这一问题必须改变社会制度本身。

---

① ［美］约翰·贝拉米·福斯特. 生态危机与资本主义［M］. 耿建新，宋兴无译. 上海：上海译文出版社，2006：86.

第 四 章

从专制控制到霸权控制：
垄断资本主义生产的正义性问题

马克思的异化劳动问题以及马克思对资本主义劳动过程中工人主体性和劳动权利的正义诉求在垄断资本主义时期成了一个重要的问题域。毋庸置疑的是劳动过程理论在马克思的思想中占据着重要地位。马克思通过对劳动过程理论的分析即揭示了资本主义生产"物质变换"断裂的生态问题，又揭示了劳动过程中资本对劳动者的剥削和奴役的问题。而通过后面问题的揭示，马克思主要论述了资本主义生产方式中资本是如何支配劳动力生产剩余价值的。美国学者丹尼尔·贝尔在《意识形态的终结》中指出，马克思早期的异化劳动中存在着工人失去劳动条件和劳动产品的双重的失落，这个观念在晚期马克思的思想中得到了体现。"作为异化劳动，存在着双重的失落：人失去了对劳动条件的控制，也失去了对劳动产品的控制。这个包含双重含义的观念在晚期马克思那里多少得到了表现：对劳动控制的丧失被看作不人道的，它由劳动分工所促成，并被技术所强化；作为剥削，产品的丧失是因为人的劳动的一部分（剩余价值）被雇主所攫取。"[①] 他接着指出，尽管马克思在《资本论》中对资本主义生产方式中劳动的非人性以及工作的零碎性做了创造性论述，但其更关注的是第一个方面的问题。这样，所有制理论作为《资本论》的核心问题一直得以延续，而劳动过程理论则湮没在了所有制理论的光环之下，被搁置起来了。受其影响，北美新批判理论学者安德鲁·芬伯格也提出了类似的论断。芬伯格在《技术批判理论》

---

① ［美］丹尼尔·贝尔．意识形态的终结［M］．南京：江苏人民出版社，2001：421．

中通过"劳动过程理论"和"所有制理论"概括出了马克思思想中包含的对资本主义生产方式批判的双重路径。他认为，马克思是在社会学的基础上通过资本主义劳动组织形式的考察形成了他的"劳动过程理论"，而在对资本主义生产和经济分析中形成了"所有制理论"。随后，芬伯格又指出，在后马克思时代，在对马克思思想的研究中仅仅抓住了他的"所有制理论"，对劳动过程和劳动技术为主要批判对象的"劳动过程理论"则渐渐地被忽视或搁置起来了。美国著名学者马克·布劳格对此也分析道，马克思的"劳动过程理论"也许被认为是其经济学中不重要的成分，但被忽视的所谓的不重要的思想往往是马克思思想中的核心。对马克思的"劳动过程理论"的重视，直到 20 世纪 70 年代才得以改观。1974 年美国学者哈里·布雷弗曼出版《劳动与垄断资本》一书，标志着劳动过程理论的复兴。受布雷弗曼的影响，迈克尔·布若威和安德鲁·芬伯格等人也从微观层面通过工厂体制与生产过程领域中的管理与技术等问题对资本主义生产方式中劳资矛盾进行了分析论述，揭露出了垄断资本主义时期资本权力运作的具体形态及其所造成的资本主义生产方式的不正义性问题。本章将详细分析。

第一节　垄断资本主义时期资本主义生产对劳动的规制策略

自 20 世纪中期以来，垄断资本主义时期的劳动过程和工厂体制发生了重大变化。西方劳工问题学者的研究视阈开始偏离"劳动过程"和马克思的工人情怀转向寻求消解劳工对立的途径。"劳动过程理论"逐渐偏离研究重心而被搁置和遗忘。1974 年，布雷弗曼着眼于垄断资本主义劳动过程的变革和 20 世纪美国工人阶级结构的变化，重拾"劳动过程理论"，出版了《劳动与垄断资本》一书。布雷弗曼的《劳动与垄断资本》复兴和延续了马克思的劳动过程理论，也可以说，是马克思的劳动过程理论在垄断资本主义时期的"复活"。布雷弗曼关注劳动过程理论要得益于他的七年的劳动生活体验和对马克思劳动过程理论的精通。七年的劳动生活体验不仅使布雷弗曼获得了行业技能和知识，而且也深刻地认识到了垄断资本主义时期劳动过程从以传统为根据转变到以科学为根据的重要性以及对马克思劳动过程理论的肯定和赞许。他曾直言，《劳动与垄断资本》是"在马克思的精神影响下写成的"①。斯威齐在《劳动与垄断资本》序言中也说到，"科学地研究垄断资本主义条件下的劳动过程，不仅需要直接经验，精通马克思在这方面的先驱著作和他的辩证法，也是同样重要的。哈里·布雷弗曼也有这个特长。实际经验和理论才能的结合，才使他能对于了解我们生活于其中的这个社会作出无比重要的贡献"。② 布雷弗曼在整本书中的基本观点和理论旨趣在于通过分析 20 世纪垄断资本主义劳动过程中工人劳动的退化揭露出资本家是如何通过"科学管理"来控制劳动过程及实现资本对劳动的规制策略的。在他看来，随着垄断资本主义劳动组织形式从"技能控制"转变为"科学管理"，工人逐渐被去技能化。

一、从"技能控制"到"科学管理"：垄断资本主义劳动组织形式的转变

从生产关系的角度来讲，马克思的"劳动过程理论"主要是对资本主义劳动过程中劳资矛盾问题的批判。马克思在《资本论》中所论述的资本主义生产方式中的劳动过程是在资本控制下的劳动过程。只要资本主义生产方式不变，资本对劳动过程的控制和主导作用也不会改变。但随着资本主义的发展，生产过程中的具体劳动组织形式会随着生产力和科技的发展而发生变革。布雷弗曼认为，从自由资本主义到垄断资本主义，尽管资本主义生产过程中的具体劳动组织形式以及劳动者的职业结构发生了很大变化，但在马克思之后的学者们似乎忽视了这一领域，并没有对这一问题开

---

① ［美］哈里·布雷弗曼. 劳动与垄断资本［M］. 北京：商务印书馆，1979：11.
② ［美］哈里·布雷弗曼. 劳动与垄断资本［M］. 北京：商务印书馆，1979：2—3.

展全面的马克思主义分析。他认为，其中的缘由或许与马克思对其工作的非凡的透彻性和预见性不无关联。马克思对劳动过程及其在工厂制度中的演进进行了分析。马克思对劳动过程的每一个特殊问题的分析都是正确的和富有预见性的。同时，在实践层面上，伴随着二十世纪中，科学技术、劳动生产率发展，工人阶级对资本主义生产方式的态度和批判方式也发生了重大变化。资本主义具体劳动组织形式的变化也慢慢削弱了劳动者的革命斗志。以至于"他们越来越丧失从资本家手中夺取对生产的控制权的意志和抱负，越来越把注意力放到劳动在产品中应占的份额的讨价还价上去了"。① 革命斗志逐渐演变为改良主义的倾向，这种变化也直接影响到了马克思主义者们不得不去适应资本主义生产方式中变化的环境，以至于造成了对原来的资本主义生产方式的批判转化为对作为一种分配方式的资本主义批判，并逐渐适应了现代工厂这样一种有待改善的劳动组织形式。

布雷弗曼在《劳动与垄断资本》中详细论述了垄断资本主义劳动组织形式的转变，即劳动过程中的"技能控制"是怎样转化为"科学管理"控制模式的。布雷弗曼认为，在早期的资本主义发展时期，劳动者主要是运用传统工艺来从事劳动活动，资本家对劳动者劳动的使用也是建立在传统工艺的基础之上的。在那个时期，劳动者的劳动与传统技能是合二为一的。资本主义的劳动过程是由工人的劳动和技能直接控制，这些劳动者身上体现着行业的传统知识和技术。布雷弗曼将早期的手艺行业或技艺行业看作是劳动过程的基本单位，并将带有行业知识的技术看作是科学的祖先或先驱。"从最早的时代直到工业革命，手艺行业或技艺行业是劳动过程的基本单位，基本细胞。在每种手艺行业中，工人被认为是掌握大量传统知识的人，各种工作方法和工作程序就由他或她自行处理。每一个这样的工人都拥有关于该行业用以进行生产的原材料和操作方面的过去积累的知识……工人在身心两方面，既有他那专业的知识，在手脚上也十分灵巧：这样来理

---

① ［美］哈里·布雷弗曼.劳动与垄断资本［M］.北京：商务印书馆，1979：13.

解的技术，正是我们常常所说的科学的祖先或先驱。"①但布雷弗曼认为，当生产者被聚拢起来时，就会出现一系列的管理问题。合作劳动的出现、不同种类劳动的配合、工业制作方法的更新等等都需要在资本主义生产中采取管理的形式。在资本主义生产中，资本家作为资本的代言人和占有者承担了管理者这一角色。起初，资本家通过转包制度、"外送"制度以及通过承包人和代理人等方式进行管理。但这些管理方式是存在很多问题的，它并没有做到实质性地操控劳动过程。因此，其中的管理职能也仅仅是一种形式，一种过渡性质的形式。因为这一管理模式与资本家企图将自己的意志强加于工人及其劳动过程的管理本意是不符的。资本家要做到的是通过管理来实际地控制劳动者的劳动过程。因此，控制是管理的核心概念。资本家想要的管理模式直到泰罗开创了"科学管理"模式之后才真正得以实现。

十九世纪末期，弗雷德里克·温斯洛·泰罗开创了"科学管理"模式。这一管理模式在资本主义生产方式中的运用加速了劳动过程的"技能控制"转化为"科学管理"模式。在布雷弗曼看来，"所谓的科学管理，就是要把一些科学方法应用于迅速发展的资本主义企业中越来越复杂的控制劳动的问题"。②"科学管理"并不具有科学的特性，它只是资本家对生产条件看法的反映，它的出发点是维护资本家的意志和利益，它所研究的是如何使工人的劳动适应资本的需要，它是以假扮科学的管理的代表身份进入劳动过程的。布雷弗曼进而认为，泰罗的"科学管理"并不是一种"工作的科学"，它原意是想成为在劳动过程中的"工作的科学"，但是实际上仅仅解答了对劳动者劳动的控制问题，也就是研究如何实现管理工作与执行工作的分离问题。泰罗"科学管理"的所要实现的是完全控制工人的劳动，并将工人从劳动过程中完全剥离出来，使其丧失对劳动过程的控制权。他认为"只受一般命令和纪律的控制的工人并不是受到充分控制的工人，因为他们仍

---

① ［美］哈里·布雷弗曼. 劳动与垄断资本［M］.北京：商务印书馆，1979：101.

② ［美］哈里·布雷弗曼. 劳动与垄断资本［M］.北京：商务印书馆，1979：78.

然掌握着实际劳动过程。只要他们控制着劳动过程本身，他们就会反对充分发挥他们的劳动力中所固有的潜力。要改变这种情况，必须把对劳动过程的控制权转移到经理部门手里来，这不仅是在形式的意义上，而且要控制和指挥劳动过程的每一步骤，包括其操作方式。"①为此，泰罗论述了组织劳动过程和控制劳动过程的基本原则。

泰罗的"科学管理"并不关心技术的进步，他研究的着眼点是使工作的操作法条理化并加以分类，并在此基础上实现对劳动的控制。他要求工人不依据自己的知识、经验或传统中得出的知识开展劳动，而必须遵从他所得出的实验数据来开展工作。泰罗的"科学管理"的研究方法主要依托于三个基本原则：第一条原则是"管理人员所负的责任是……搜集工人们过去所有的一切传统知识，然后把这些知识加以分类、列表并使它们变成规则、法则和公式。……"②；第二条原则是"一切可能有的脑力工作都应该从车间里转移出去，集中在计划或设计部门。……"③；第三个原则是现代科学管理中的任务观念。"每个工人的工作都由经理部门至少在一天之前完全定出计划，在大多数情况下每个工人都得到详尽的书面指示，详细说明他应完成的工作任务以及做工作时所要用的手段。……科学管理主要在于准备和实现这些任务。"④这三条原则实现了垄断资本主义生产方式中资本对劳动的管理策略。第一条原则使劳动过程与工人的技能相分离，"技能控制"渐渐远离劳动过程，而经理部门的管理逐渐掌控劳动过程。泰勒将第二条原则看作是"科学管理"的关键所在。因为这一原则真正实现了概念与执行的分离。泰勒认为，只有经理部门才有资格对工作进行系统研究，因为他们是资本的所有者，他们拥有机器、工厂厂房等的所有权，他们有自己的劳动时间。而工人的劳动时间只是他们换取生活资料的工具，并不能用于

---

① ［美］哈里·布雷弗曼.劳动与垄断资本［M］.北京：商务印书馆，1979：92—93.
② ［美］哈里·布雷弗曼.劳动与垄断资本［M］.北京：商务印书馆，1979：103—104.
③ ［美］哈里·布雷弗曼.劳动与垄断资本［M］.北京：商务印书馆，1979：104.
④ ［美］哈里·布雷弗曼.劳动与垄断资本［M］.北京：商务印书馆，1979：110.

从事别的事情。泰罗的这一看法充分彰显了资本对劳动者劳动的支配权和控制权。因为当劳动者作为商品出卖给资本家之后，他便丧失了劳动过程中一切，资本、劳动本身、劳动产品、劳动条件等等所有的一切，工人都丧失了支配权和所有权。泰勒认为，为保证经理部门对劳动过程的控制权，概念与执行必须相互分离。经理部门负责对工作过程进行研究，把研究结果以简化的工作任务的形式传达给工人，工人的职责就是无条件地执行指示。第三条原则是由经理部门对劳动过程的一切因素进行有系统的计划和预算。它的最终意图就是控制劳动过程的所有流程和每一步骤。基于上述原则，泰勒构建了他的"科学管理"模式，它作为理论结构和有系统的实践在垄断资本主义时期广泛兴起。也正由于此，垄断资本主义劳动过程渐渐从以技能为基础转化到以科学为基础。

总之，布雷弗曼通过对垄断资本主义时期劳动组织形式由"技能控制"到"科学管理"的分析，揭露出了资本及其代言人是如何通过管理部门控制劳动过程，进而实现概念与执行的分离，从而导致 20 世纪工人劳动退化的现实。

二、"概念与执行的分离"：工人在资本主义劳动过程中的去技能化

布雷弗曼通过对比人与动物之间劳动的区别，指出了人的劳动是自觉地、有目的的活动。他认为，人类劳动的指挥机制是概念思维的能力。人与类人猿之间的根本区别不在于生理层面，而在于人能够运用概念思维对劳动做出前期的预设、计划和安排。因为人的意识是有自觉性和合目的性的，并不会受到动物式的本能的控制。人的劳动从本质上来看，就是超越本能的活动，人运用自身的劳动不仅实现了对动物的超越，也创造出了人类社会和整个世界。布雷弗曼指出，在它种动物中，职能由自然决定，并带有本能遗传性的烙印，受动物的本性影响，它们活动的指导力量及其本能和实行都是不可分割的。而对于人类来讲，其早期可能的任何本能式的劳动已然萎缩和退化。在人身上，劳动的动力和劳动本身必须统一，概念

和实行的统一是可以分开的。一个人提出概念并不一定由这个人亲自去执行，他人也可以按照概念的本意做出具体的行动。在布雷弗曼看来，劳动力对于一个社会人来讲具有特殊的意义，它不仅与人的生命体相联结，而且是一种具有概念思维的特殊范畴。我们既不能拿劳动力当商品一样去买卖和交换，也不能将劳动力与其他力量（如使机器转动的蒸汽、马匹、水等）相等同和混淆。因为，"使用劳动力和使用其他力量的区别，乃是整个'经济'的关键性区别"。① 他还指出，对于社会人来讲，劳动的种种确定形式，已经是工具和社会关系、技术和社会之间的复杂的相互作用的产物。

　　布雷弗曼通过论述人的劳动中工具和社会关系、技术和社会之间的复杂的相互影响，对资本主义劳动过程的控制权问题做了分析。他首先是从资本主义生产的前提条件——劳动力作为商品进行买卖来论述的。在布雷弗曼看来，资本主义的特征是买卖劳动力。一方面，资本家为了扩大资本积累，实现价值增殖而需要购买劳动力；另一方面，工人由于没有其他谋生之路而迫不得已出卖劳动力。资本主义劳动过程不仅是一种劳动方式，更是资本积累的过程。为了实现资本积累对劳动过程的支配和塑造，资本家需要获得劳动过程的控制权并在其思想和活动中占据支配地位。布雷弗曼认为，劳动是人类不可让渡的财产。体力和脑力都不能从劳动力占有者身上分离出来。在资本家和工人的劳动力交换中，工人并没有把自己的工作能力交给资本家。工人出卖的和资本家购买的只是双方所约定的一定时间内的劳动力的使用。因为，劳动在本质上是不可能进行买卖的，对于资本主义生产方式来讲，必须认清楚劳动与劳动力之间的本质区别，以及资本家所购买到的是一定时间内的劳动力的使用，而并非劳动本身。

　　不同于非人类劳动，人类劳动由于受社会和文化发展出来的认识能力的指导，是能够从事范围广泛的生产活动。人类劳动具有能够生产出超出

---

① ［美］哈里·布雷弗曼.劳动与垄断资本［M］.北京：商务印书馆，1979：48.

它自身消费物的"剩余劳动"的功效。布雷弗曼认为，人类劳动的伟大之处和特殊之处并不在于能够生产出超出它自身消费物的"剩余劳动"的功效，而在于人类劳动的自觉意识性。也就是说，人类在劳动过程中所运用的劳动是在思维概念的指导下的有意识和有目的的活动。人类劳动的这种特殊性给予了劳动力在劳动活动中的无限潜力和适应性。这些都为剩余产品在劳动过程中的不断增多提供了保障。资本家购买劳动力，也就是购买劳动力的无限潜力，并将其作为自己赖以扩大资本的基础。但由于人类劳动力的这种特殊的性质和潜力具有很大的不确定性，也就是可能会受到劳动者本身主观因素以及劳动过程中工作条件和技术因素的方方面面的制约和局限。虽然资本家购买到的工人的劳动力具有无限的潜力的可能性，但在实际劳动过程中可能会"打折扣"。资本家为了实现其所购买的劳动力的"充分有用性"，他们必须控制和支配劳动过程以使劳动过程为实现资本家的目的而进行。资本家控制和支配劳动过程存在一个前提条件，那就是劳动者必须放弃对劳动过程的支配权，其实，这一点在劳动力买卖完成之后，就已经成为既定事实。因为，当劳动力将自身出卖给资本家后也就等于放弃了自身的权益。当然，劳动者也并不是自愿性的放弃，而是被迫性的"转让"，将劳动过程的控制权和支配权"转让"给资本家。这一点对资本家实现对整个劳动过程的管理和控制是十分必要的。那么，如何在控制劳动过程的基础上实现对其的有效管理呢？这就出现了上述所谈到的布雷弗曼通过对垄断资本主义时期劳动组织形式由"技能控制"转化为"科学管理"的分析，揭露的资本及其代言人通过管理部门控制劳动过程，实现概念与执行的分离的问题。

泰勒的"科学管理"使得垄断资本主义劳动过程渐渐从以技能为基础转化到以科学为基础，实现了劳动过程的管理工作与执行工作相分离，将工人从劳动过程中完全剥离出来，使其丧失对劳动过程的控制权。布雷弗曼认为，人的劳动能力之所以优于动物，就在于人能够将工作的执行与关于执行的概念相结合。但也会出现概念和执行的分离变成可能的情景。一且这种情景得以实现，劳动过程便失去了人性，工人的劳动与动物便无异，成为没有目的和不可想象的活动，而这正是资本家想要的结果，对于资本家获取剩余价值来讲也是至关重要的。因为资本家不可能实现劳动者在概念和执行上的统一，否则，就等于是让劳动者重新获得了对劳动过程的控制权，这样资本家便失去了对劳动过程的支配权，也就无法发挥他们在管理层面的功效，更不可能使劳动过程按照资本逻辑的运行路径从事生产活动了。因此，在购买到劳动力的同时，资本家就学会了打破劳动者的概念与执行的统一。科学管理的普遍实施，使劳动过程中概念和执行的分离成为常态。概念和执行分离的必然结果就是将劳动力和劳动场所分割为不同的方式来进行。一类是出卖自身的体力从事具体的劳动过程；另一类则是出卖自身的脑力和智力从事设计、计算等的劳动过程。现代管理部门对劳动过程加以设计并做出指示，控制着劳动过程本身，而工人则用体力执行着每一个指示。布雷弗曼看到了这种分离状态的非人性的一面并对其进行了批判。他指出，资本主义劳动过程中所体现出来的非人性不在于使概念与执行相分离，而在于将二者割裂到了难以挽回的程度，甚至是敌对的状态。因为概念全部集中管理阶层，执行则完全由体力劳动者来完成，管理人员的概念完全支配甚至是奴役着体力劳动者的执行。这样的劳动过程是毫无民主和人性可言的。

手脑的分离、概念与执行的分离，使整个劳动过程按照管理人员在劳动过程之外的概念由体力劳动者来具体执行。这样劳动者自身的智慧和传统工艺便无法发挥出来，劳动者只是机械性地在管理人员的概念指挥下从事简化了的劳动。布雷弗曼指出，"随着工匠技艺被摧毁或日益丧失其传统内容，劳动人民和科学之间早就很脆弱的残存的纽带也几乎完全裂断"。①科学管理的兴起使工人的传统技艺遭到破坏，也使工人的技能渐渐退化。泰罗制的实施在 20 世纪初期遭到了工人的反抗，主要是因为泰罗制的"科

---

① ［美］哈里·布雷弗曼.劳动与垄断资本［M］.北京：商务印书馆，1979：119.

学管理"的做法摧毁了劳动者的传统的工艺，使劳动者丧失了自己在劳动过程中的主体性和能动性。布雷弗曼列举了《国际铸工杂志》中的一篇社论，其中指出了，在更广阔的领域中"工艺知识"和"工艺技能"正在实现着加速分离。他谈到，这种管理模式将每一个分散的工艺理论相汇集，由管理人员进行系统整合，使之理论化、条理化，具有可操作性，再按照工作程序分散给每一个劳动者去执行。劳动者只需要按照工作程序的指示做好某一个具体而琐细的工作。可以说，在这一过程中，劳动者失去了自身的传统工艺知识，变成了一个被动的工具。但布雷弗曼认为，工人在劳动过程中的遭遇是被非人地利用了，工人作为人并没有受到毁坏，因此，工人仍然拥有批评能力、才力和构思能力。这对资本家来说仍然是一种威胁。工人为了谋生迫不得已地表面上适应新的生产方式，但实际上，工人暗自对整个资本主义生产方式是怀有很大反对情绪的。

布雷弗曼认为，资本主义劳动过程本质上就是工人及其劳动和劳动产品称为生产过程的客观要素，从而实现资本增殖的过程。在这一过程中，资本主义劳动组织形式渐渐从"技能控制"转变为"科学管理"。工人的劳动在劳动过程中被分解和细碎化为简单劳动，劳动过程逐渐与工人技能相脱离，概念逐渐与执行相分离，经理部门控制劳动过程的每一步骤及其执行方式。最终，工人在劳动过程中逐渐被去技能化。因此，在他看来，垄断资本主义的历史就是工人的劳动退化的历史。

第二节　被迫反抗还是自发同意：工人对资本剥削的认同

布雷弗曼的《劳动与垄断资本》通过分析20世纪垄断资本主义生产方式中工人劳动的退化揭露了垄断资本对劳动力的控制和支配的不正义性问题，在一定程度上弥补了后马克思时代理论研究中的缺憾。《劳动与垄断资本》在当时国际学术界引起了极大反响、质疑与争论。正如美国马克思主义社会学家迈克尔·布若威所谈到的，"在 1978 年写关于劳动过程，尤其是在马克思主义传统内写作的人必定会受到这部创造性地复兴马克思自己关于劳动过程的理论的著作的影响"。① 斯威齐在《劳动与垄断资本》的前言中也谈到，布雷弗曼"试图系统探讨垄断资本主义时期特有的各种技术变化对工作性质和工人阶级的组成（与分化）所造成的影响，"但他并不打算探讨垄断资本主义劳动过程工人阶级发展的主观方面的东西。② 从而指出了布雷弗曼关于资本主义劳动过程理论的局限性。在布雷弗曼之后，一些学者开始围绕布雷弗曼的劳动过程理论开展了对资本主义生产方式的进一步研究。布若威通过研究垄断资本主义劳动过程的变迁问题，在《生产政治》一书中对布雷弗曼的劳动过程理论进行了三重批判。他指责布雷弗曼无视工人反抗的可能性，也没有关注工人的主体性问题。布若威认为，布雷弗曼所说的"概念与执行的分离"并非资本主义劳动过程的实质，而仅仅是一种现象的呈现。资本主义劳动过程的唯一目的是获得剩余价值，但在垄断资本主义时期，掩盖剩余价值也是资本家的必要工作。因此，获取并掩盖剩余价值是资本主义劳动过程的实质。

与此同时，布若威还认为，布雷弗曼只是对资本主义劳动过程中的"科学管理"进行了分析，而没有考虑到工人的主体性维度。他认为，生产是经济、政治和意识形态的结合体。工人在劳动过程中的斗争和反抗也是重要的考量要素。最后，布若威还指责布雷弗曼仅对美国的资本主义发展进行考察，而没有对资本主义的世界历史进行研究。这一分析视角的局限使布雷弗曼无法全面而正确地认识资本主义劳动过程的生产政体。在布若威看来，对资本主义劳动过程的生产政体的把握是认识工人在劳动过程中思想和行为的关键所在。③ 在上述对布雷弗曼的批判和对垄断资本主义劳动过

---

① ［美］迈克尔·布若威. 制造同意［M］. 李荣荣译. 北京：商务印书馆，2008：23.

② ［美］哈里·布雷弗曼. 劳动与垄断资本［M］. 北京：商务印书馆，1979：1—2.

③ 李洁. 重返生产的核心——基于劳动过程理论的发展脉络阅读《生产政治》［J］. 社会学研究，2005（5）：235—236.

程变迁的研究中，布若威开启了对垄断资本主义生产方式中劳动过程理论中工人的主体性研究路向。

一、退化的"强制"与自发的"同意"

布若威从马克思主义对资本主义生产方式批判的分析框架出发，将工业社会学的主流观念整合于其中，对垄断资本主义劳动过程中工人的主体性问题开展了进一步研究。他认为，工人的劳动力的付出是由强迫来决定的假设是布雷弗曼和马克思分析资本主义劳动过程的基础。为了获得经济上的生存，工人被设定为完全受到资本家的支配，资本家可以任意增加工作强度。在他们看来，强制（coercion）是资本家控制工厂体制以增加资本利润的主要方式和手段。布若威认为，强制之所以可能，与马克思写作的时代密不可分，劳动对资本是毫无限制的从属关系，工人担忧计件工资制中商品价格的削减，也惧怕在计时工资制中由于完不成定额而被解雇。但进入垄断资本主义时期后，随着工会和对最低雇佣权利保护的出现，上述担忧和惧怕已经与工作场所中工人的努力程度相脱离，工人打破了对资本的依赖，相关法律制度也限制了资本对工人的剥削方式。此时，强制已经不再完全适应于劳动过程的控制策略，工人的主观意志和生产行为也发生了根本性变化。驱动工人进行生产劳动的更多是"自发的、同意的元素"，而非外在强制力量。布若威谈到："仅仅强制已经不再能解释工人们到达车间后所做的事情。如我的白班搭档比尔向我保证的，'在这没人会强迫你，你要自己让自己继续工作。'一种自发的、同意的元素与强制相结合塑造了生产行为。"[①]为了进一步考究工人在生产过程中主观意志的转变，布若威提出了"生产政体"概念，并分析了生产过程的三重维度。

（一）"生产政体"与生产过程的三重维度

布若威认为，马克思将工人的意识形态融入阶级斗争的理论视阈中，

---

① ［美］迈克尔·布若威.制造同意［M］.李荣荣译.北京：商务印书馆，2008：22.

掩盖了工人的主体性向度，布雷弗曼仅仅聚焦于资本主义劳动过程中概念与执行相分离后，工人在劳动过程中的"去技能化"问题，而忽视了工人在劳动过程中主体性的分析。工人为什么这么努力地工作？工人为何自发认同资本家的管理策略？"同意"是如何被制造出来的？为了进一步挖掘劳动过程中工人的主体性问题。布若威提出了"生产的政治"或"生产政体"（regime of production）并将垄断资本主义时期三十年的变迁理解为"从专制统治到霸权统治的、从通过强制和畏惧来榨取成果到通过同意的组织来榨取成果的连续过程"。① 他还认为，从专制统治到霸权统治，在垄断资本主义劳动过程中，同意的比例相对上升而强制则相对下降，同意的组织越来越取代强制的控制，强制的运用本身在某种程度上也成了同意的对象。布若威创造性地借用了葛兰西的霸权理论及其对"同意"的分析。他指出，相比于劳动过程中的同意，葛兰西更关心政治领域上的同意的组织。而他所要做的就是对霸权的"生产政体"及生产之际的同意的产生展开详细的阐述和论证。布若威指出，生产过程不仅仅是商品的生产，也是社会关系的生产和对这些关系体验的生产。生产过程具有经济维度、政治维度和意识形态维度的三重维度。生产过程的政治维度和意识形态维度潜在地蕴含着工人的主体性向度。随着垄断资本主义劳动组织形式的转变，工人开始调整和适应工作场所的变化。这种变化恰恰被资本所利用。布若威通过对资本主义生产过程的政治维度和意识形态维度维度的考察工人的"主观性"因素。

在《制造同意》一书的第二章中，布若威从马克思所提出的物质资料的生产是人类生存的首要前提和一切历史的前提的论断出发来考究不同的生产样式或生产模式。他指出，人类历史是在不同的物质生产样式中产生和发展的，特定的物质生产过程中的生产关系不仅反映所有制的关系和产品的分配关系，而且还是生产有用之物的特定样式。特定的生产关系总是

---

① ［美］迈克尔·布若威.制造同意［M］.李荣荣译.北京：商务印书馆，2008：3.

在特定的劳动过程中产生和形成的，而特定的劳动过程"有两个分析上有别但具体上不可分的方面——一个是关系方面，一个是实践方面"。① 布若威将劳动过程的关系方面称为生产中的关系（relation in production）或生产关系（production relations），并且指出，实践方面的劳动过程是劳动者将工作能力转化为实际工作、将劳动力转化为劳动的活动，展现着人类的创造潜能。而关系方面的劳动过程则体现了自由合作的劳动者组成共同体的潜质。布若威认为，资本主义生产方式中，剥削剩余劳动的特定模式必须有保证生产关系再生产的一整套机制，即政治结构。一种特定的生产模式界定了一种相应的政治模式："从直接生产者那里抽走无报酬的剩余劳动的特殊经济形式，决定了统治者与被统治者的关系，因为它从生产本身直接成长出来，并且又反过来作为一种决定性的因素作用于生产。然而，正是在此之上建立了从生产关系本身成长出来的经济共同体的整个构成，从而也同时建立了其特殊的政治形式。总是生产资料的占有者与直接劳动者的直接关系—— 一种与劳动方式从而也是社会生产力的确定发展阶段天然地相对应的关系——揭示了最隐蔽的秘密，揭示了整个社会结构的隐秘基础，以及统治与依附关系的政治形式，简言之，相应的特殊国家形式。"② 由此，布若威认为，作为一个整体的社会结构要在经济活动的存在条件和生产关系的再生产方面来加以理解。

生产活动不仅是社会关系的生产与再生产，而且还是社会关系的体验的生产。布若威在马克思的商品拜物教理论的基础上指出，在商品生产社会中，商品生产者之间的关系以物与物的关系呈现，通过这种方式，生产的社会本质被烙印于物品上。物品化的社会关系作为一种生活经验使其与生产它的条件相脱离。在生产过程中，生产关系的结构与物品化的社会关系的生活经验之间有着无法割舍的联系。生活经验是一种"想象的""生

---

① ［美］迈克尔·布若威. 制造同意［M］. 李荣荣译. 北京：商务印书馆，2008：37.
② ［美］迈克尔·布若威. 制造同意［M］. 李荣荣译. 北京：商务印书馆，2008：38.

活的"表象世界。它将社会产物呈现为"自然"产物，并超出人们的控制。

那么，生活经验和意识形态之间又有什么样的关联呢？布若威认为，在马克思的作品中，生活经验与意识形态的自主之间存在着一种张力，而他所要探究的是生活经验及其加诸意识形态之上的限制。意识形态不是社会化机构捏造的虚假的东西，而根植于生活经验之中。正像历史唯物主义所揭示的是社会存在决定社会意识，而不是相反一样。作为社会意识层面的意识形态在最初的形式上也是根源于并产生于生活经验，在一定程度上也是对生活经验的直接反映。因此，意识形态在实质上来讲，不是虚无缥缈的幻象、不是"学来的理论化"和"冰冷的乌托邦"，它使社会个体彼此相连、使当下的经验彼此相连，它担当了社会关系的黏合剂。意识形态的重要性在于，它作为一种物质力量是表达人们体验关系的方式。在人们获取利益的方式中，意识形态往往担当了社会关系的黏合剂。如当利益被既定时，意识形态便作为一种操纵的"资源"来促成利益获取或减弱紧张局面；当利益不被既定时，意识形态便在事后被经验性地建构起来。布若威认为，利益不能在对社会关系的特定自发意识之外来寻求，而只能在这些关系自身的理论中来理解。在商品生产社会中，利益在于物质受益、在于量而不是质。为了论证工人的阶级斗争与利益的关联，需要建立一种关于利益是如何从意识形态之中建立起来的利益理论。布若威通过分析垄断资本主义生产方式中劳动过程的本质对这一问题进行了具体论证。

（二）资本主义劳动过程的本质与"超额"游戏

在发展了上述一般性概念后，布若威将其特殊化，来具体分析垄断资本主义的劳动过程。布若威曾经批评布雷弗曼仅对美国的资本主义发展进行考察，而没有对资本主义的世界历史和非资本主义的历史进行研究。而他则是通过与前资本主义（封建主义）的生产模式相对比的方式来考察资本主义劳动过程的本质的，因为在他看来，对资本主义与所有基于"超经济"①（extraeconomic）元素的前资本主义的生产模式做出比较是可能的。通过对比，布若威指出，在封建主义的生产模式下，必要劳动与剩余劳动并没有在同一时间、同一空间内存在，二者是呈现分离状态的。剩余劳动的占有是同社会的政治、经济和意识形态领域相纠缠的。而在资本主义生产模式下，工人是被剥夺了对自己的生产手段的使用权的，剩余劳动表现为剩余价值的形式，作为资本家的利润而呈现的。由此，布若威总结出了资本主义劳动过程的五点特征：首先，工人的剩余劳动和必要劳动是在同一时间、同一空间内展开的；其次，工人的劳动产品仅仅有一小部分用来维持生活所需，其余剩余的产品都被剥夺和占有；再次，工人在劳动过程中与生产条件和生产工具时分离的，没有所有权和自主权；第四，资本劳动过程的管理和指挥与封建主义中领主的代理人所行使的监督和协调是不同的。控制和协调在资本主义中是同一过程的两个方面；最后，超经济元素并不能资本主义劳动过程中劳动的支出及生产关系的再生产。因为，工人和资本家之间的关系不是通过政治和法律机制来连接（封建主义），而是基于他们在经济上的相互依赖而产生的。②布若威认为，不同社会形态中的政治、法律及意识形态在生产过程中所起到的作用是不同的，封建主义中政治、法律及意识形态直接介入生产周期中，而资本主义的则没有介入生产周期内部，只是在外部保证了生产的条件。

在以雇佣关系为基础、以获取更多的剩余价值为目的的资本主义劳动过程中，劳动过程的组织和剩余价值的生产是如何得到保证的呢？布若威指出，在马克思理论中，资本家是通过延长工作日、引入计件工资制和机械化等手段来强化劳动过程获取剩余价值的，但这并不是长久之计。因为这些都是基于劳动力的付出是由强迫来决定的。为了能够在经济上获得生

---

① "超经济"元素类似于马克思提出的"超经济强制"（super-economic power）概念，意指封建主义带有政治和社会的超越经济的元素。如：封建主义的政治、法律及意识形态等体制直接介入生产周期以确保其连续性。作者注。

② ［美］迈克尔·布若威.制造同意［M］.李荣荣译.北京：商务印书馆，2008：44—46.

存发展所需要的物质保障，工人没有办法，只能被迫服从资本家的安排。而通过马克思对劳动过程理论的阐发并没有发现工人对劳动过程产生同意的因素。在布若威看来，在资本主义劳动过程中，强制和同意是同时存在并起作用的。同意产生了工人在劳动过程中的真实选择，工人在劳动过程中参与选择就表明了他的同意意向。布若威认为，强制在一定范围内也可以成为同意的对象，如果强制被限定在公认的选择范围之内的话。对于资本家来讲，资本主义劳动过程要获取剩余价值就必须要强制和同意的各种组合来实现。

但赢得无偿劳动不等于获得剩余价值。资本家想要的理想结果是既赢得剩余价值而又使之不可见。也就是说，掩饰剩余价值与赢得和实现剩余价值对资本家来讲是同等重要的。由此，布若威认为，"资本主义的确定本质时同时掩饰和赢得剩余价值"。① 那么，如何才能实现既掩饰剩余价值又赢得和实现剩余价值呢？布若威认为，需要一种从意识形态之中建立起来的利益理论。工人不把自己的劳动看作是利润的来源，而去寻求一种别样的关于利润的理论。"当工人到了将自己未来的生计认为是取决于资本家雇主的生存和扩张的程度时，他们也将接受这样的利润理论，即利润反映了寻求利润的资本家出售商品的经验。"② 为了获取资本家所构建的能够使工人认同的利润理论，布若威带着马克思主义的弹药，通过考察吉尔公司和联合公司的演变，对资本主义劳动过程中的"超额"游戏进行了分析。

"超额"游戏是布若威对垄断资本主义劳动过程中生产性活动与社会关系之间关系的考察。通过对吉尔公司和联合公司的考察以及自身的工厂实践经验，布若威认为，在劳动过程中总会存在一种如何实现超额的言语方式和行为方式。每当工人在劳动过程中从事劳动时便会被吸纳进去，从而使这种言语方式和行为方式影响自己。在这一过程中，工人总是依据超额

---

① ［美］迈克尔·布若威.制造同意［M］.李荣荣译.北京：商务印书馆，2008：50.
② ［美］迈克尔·布若威.制造同意［M］.李荣荣译.北京：商务印书馆，2008：49.

文化来彼此评价和评价自身。在资本主义劳动过程中，工作现实总是会引起资本家对工人的剥夺。这种剥夺同时也会造成工人的相对满意，而这些相对满意经常是以游戏的形式被建构起来的。但游戏是在工人与资本家的斗争和讨价还价中历史地形成的，其本身并不是在工人与资本家的对立中自主创造起来的。那么，工人为什么要参与到游戏中，他们的驱动力何在？布若威认为，工人参与到工作游戏中是由多重因素影响和决定的。一是工人为了获取生存和发展所需的物质资料被迫服从资本家的支配命令并参与到有压力的工作当中；二是源自工人的"工作新视界""基本需求"或"非逻辑的法规"。布若威认为，超额游戏本身就是一种需要，工人参与到超额游戏中并从中获得满足既表示工人自发同意（自发的奴役）的需要的满足，也为资本家创造了更多的财富。也就是说，工人参与到工作游戏中既源自工人的无从选择，也源自工人的"基本需求"。游戏促成了两种需要的满足，一种是工人的"自发的奴役"（同意），一种是更多的物质财富，而更多的物质财富恰恰是资本家获取剩余价值的源泉。

然而，这种超额游戏是如何掩饰并赢得剩余价值又是如何赢得工人的同意的呢？布若威认为，超额游戏将工人作为单个的个体插入到劳动过程中，薪酬体系基于个体努力而非集体。游戏将工人与资本家之间的纵向冲突转化为工人与工人之间的横向冲突，个体劳动之间以冲突或竞争相面对。也就是说，超额游戏变革了工人在劳动过程中彼此之间的关系，打破了他们之间的阶级同一性，使其忘却了工人作为一个生产者阶级的共同特性，并将所有工人都置身于"他者是敌人"的相互争斗和冲突的关系之中。超额游戏的目的就是掩饰工人与资本家的对立，掩饰资本家对工人无酬劳动的占有。也就是说，工人在劳动过程中是作为原子个人而存在的，其所关注的是个人的利益和报酬获取问题，超额游戏掩饰和抹杀了工人阶级的阶级属性及资本家与工人之间的剥削关系。这样资本家既赢得了剩余价值，又掩饰了剩余价值的来源。布若威认为，工人参与到游戏之中也就默认了对游戏规则的同意。比如，在一个包含着工人、工头等生产者的游戏中，只要工人参与进去，那就等于他已经默认了工头对自己的支配和控制，也即作为游戏规则的"生产中的关系"是工人参与游戏时就已经认可的。总之，工人的同意依赖于工人对游戏的参与，又通过参与游戏来建构了自身对游戏规则（"生产中的关系"）的同意。

但仅仅遮蔽所有权关系和生产关系，从而获取工人的同意是不够的。工人必须要被说服同资本家合作创造超出他们工资的盈利，也就是要在参与游戏过程中建立一种共同利益机制。布若威认为，参与游戏本身就产生了这种共同利益机制。这种利益不是原生给定的或是外在的社会化经验所带来的，而是劳动过程中生产中的关系的特定形式所形成的。"只要游戏涵盖了整个劳动过程，它所引起的价值体系就会在车间里盛行。作为游戏的后果，行为得到评价，并且利益被建立了起来。"① 与此同时，布若威又指出，游戏产生于权力斗争及工人与资本家的冲突，确是起于工人的主动性和寻找忍受劳动过程的从属地位的手段，但这种游戏是被资本家所管制和强制的。参与游戏有可能也会破坏游戏的规则，威胁再生产及其存在的条件，产生不确定性及危机。布若威将不确定性产生的危机分为两种：一种是系统危机（system crisis）。即工人要确保一个最低限度的可接受的工资；另一种是合法化危机（legalization crisis）或动机危机（motivational crisis）。即资本家要确保获得最低水平的利润或超额游戏失去了应有的价值，从而造成工人的撤离。那么，应该如何抑制劳动过程中阶级斗争消除危机，从而确保掩饰并赢得剩余价值呢？布若威指向了"内部劳动市场"和"内部国家"。

二、"内部劳动市场"与"内部国家"：工人自发同意的机制

将资本主义劳动过程构建为一个超额游戏的目的是为了掩饰并赢得剩余价值。但超额游戏本身也是作为一个批判工具而呈现的。参与游戏意味着对游戏规则的同意，也产生了一套共同利益体系。但如果在游戏中不能

---

① ［美］迈克尔·布若威. 制造同意［M］. 李荣荣译. 北京：商务印书馆，2008：92.

实现某人的利益以及满足某人的需求，则会产生指向再生产的不满，进而破坏再生产的条件，形成危机。布若威通过吉尔公司和联合公司中工作组织的差异分析出：限制越狭窄，选择的"数量"就越多。他指出，或许是因为资本主义劳动过程发展的广泛趋势而导致决断力变窄使得布雷弗曼考查了概念与执行的分离及劳动力技能的退化，但布雷弗曼却遗漏了在更狭窄的范围下选择得以扩展的趋势。他认为，正是这种趋势构建了同意的基础，使危机得以消除。为了更好地理解危机的消除和劳动过程中阶级斗争的抑制问题，布若威又考查了另外两个能够确保并掩饰剩余价值的领域——内部劳动市场和内部国家。因为这两方面更加清晰地阐明了更加狭窄范围下选择的扩展。

（一）"内部劳动市场"中生产政体的转变

布若威以探究生产之际再生产"占有的个体主义"（possessive individualism）的机制和后果问题来阐释内部劳动市场的兴起。他认为，任何劳动市场的功能是把个体配置到各个职位。在一个更广的外部劳动市场的环境中，内部劳动市场要确保个体工人在企业内部寻求职位，而企业在空缺职位的填充时要优先的雇佣内部工人。"内部劳动市场的出现要求：一方面，工人一旦被招募就大体上都选择留在企业而不是寻求别处的工作；另一方面，企业试图从外部劳动市场招募之前，要从自己的工人当中进行选择来填充空职。"① 布若威在探讨了内部劳动市场的六种情形② 及其对劳动过程劳资关系的影响之后，认为内部劳动市场在某种程度上在企业内部的范围内给予雇佣工人更多的开放性选择。企业内部的流动性缓减了工人与管理人员之间的纵向冲突，更趋向于工人之间的横向竞争性冲突。此外，内

---

① ［美］迈克尔·布若威．制造同意［M］．李荣荣译．北京：商务印书馆，2008：102.

② 布若威将内部劳动市场的六种情形归纳为：分化的职务结构、传布空缺信息和递交空缺申请的制度化方式、为空缺选择雇员的非独裁标准、一套工作培训系统、使雇员对企业产生承诺从而使别的企业的工作缺乏吸引力的方式，最后，在雇员暂时对企业离职后维持他们对企业的忠诚的方式。参见：［美］迈克尔·布若威．制造同意［M］．李荣荣译．北京：商务印书馆，2008：103.

部劳动市场中的岗位培训瓦解了工人的阶级意识及其作为技术工人的集体性，滋生了作为个体而存在的工人的个性。布若威认为，内部劳动市场在重新分配工人与工人之间的横向冲突，培育工人的个体主义和自主性之外，还设计了企业利益和所有人的利益之间的关联，也就是企业利益是所有人的利益的物质基础。它通过资历的回报使工人产生了对企业管理的同意。

内部劳动市场将工人与工人之间的新的紧张与矛盾关系替代了劳动者与资本家之间的矛盾，不仅削弱了工人的阶级意识，而且还造成了工人为实现个体利益而相互竞争和争斗的新的局面。除此之外，内部劳动市场还将企业利益与工人个人利益相联结，将二者的利益建构在同一个利益共同体中，通过利益回报的方式增强工人对企业的认同。总之，资本家在内部劳动市场中通过多种方式实现了对剩余价值的获取和掩饰。布若威提出的规则的意图在于将增加了的不确定性限定在小的范围内。内部劳动市场将规则的复合体作为自身的基础，又扩展了工人选择的数量。选择对工人来讲，是保护自己免受资本家宰制的实质力量。工人在内部劳动市场中有着明确的利益获取。因此，布若威认为，内部劳动市场中的利益获取将工人诱惑到竞争体系之中并形成了对游戏规则的同意，但工人的技能在作为游戏的劳动过程中也被潜在地抽空了。

（二）"内部国家"中集体议价的机制协调

布若威是在集体讨价还价和申诉机制的政治形式的维度来考察"内部国家"（internal state）的，并将其定义为"一套在企业层面上，组织、改造或压制生产中的关系与生产关系所引起的斗争的制度"。[①] 布若威认为，内部国家能够赋予了工人一定的权利和义务。新兴内部国家的发展依赖于劳动代表在产业政府中的有限参与。工会对资本家的任意决断进行了适当限制，尽管它的能力不足以挑战资本家控制劳动过程的特权。但没有工会的车间中便没有申诉机制的限制，也无法限制资本家的专断独行。内部国家

---

① ［美］迈克尔·布若威.制造同意［M］.李荣荣译.北京：商务印书馆，2008：112.

创造了工业公民，劳动者作为有合同的权利和义务的工业公民进入政治过程中。内部国家中的集体讨价还价机制在协商的框架内重构车间的冲突，重构促成了工会与企业之间的一种共同利益。"集体讨价还价象征着资本家与劳动者的代表之间，也就是资方与工会之间，共同利益的一种制度性产物，但这依赖于一种物质的先决条件——利润的增长。"①布若威认为内部国家具有免于外部公共实体和资本家的直接经济利益的过分要求的干预的相对自主性。它使劳资双方都要服从企业的规则规章。以便防止资本家的专断干预倾向，因为这会破坏工人在劳动过程中的同意及生产中的关系的再生产。这是掩饰并赢得剩余价值的必要自主性。

确保相对自主性是内部国家机制的重要特征。同内部劳动力市场相似的是，内部国家运用这一特征不仅调整了资本家和工会之间的利益，也以雇员福利的物质让步调整了工人与企业的矛盾。内部国家将工人视为一个个体的存在，并运用申诉机制将工人在劳动过程中的"生产中的关系"转移到集体讨价还价中去了。同时，内部国家的相对自主性也保证了强制在调控生产中的有限作用，确保了工人对劳动过程的同意。与此同时，布若威也指出，内部国家的组织中也存在明显的含混性。它调整劳资双方的利益，也承认这些利益是潜在的对抗的，承认阶级的存在，从而容易受到阶级斗争的影响。

布若威通过对"内部劳动市场"和"内部国家"的阐述发现，工人参与到超额游戏中是在斗争和讨价还价中形成的。资本家通过"内部劳动市场"和"内部国家"将工人引入超额游戏之中，从而破坏了工人阶级的集体性，将其看作是个体主义的存在，抹杀或掩饰了工人的整体阶级性，并制造了工人与工人之间的横向冲突。同时，将工人的利益与资本家的利益相连接，促使工人在劳动过程中通过完成超额来获取自身的"基本需求"，在赶超中形成对劳动过程的同意，掩饰了资本家对其剩余劳动的无偿占有。

---

① ［美］迈克尔·布若威.制造同意［M］.李荣荣译.北京：商务印书馆，2008：117.

总之，"内部劳动市场"和"内部国家"作为资本家在资本主义劳动过程的两种机制和策略，为实现超额游戏的目的、工人对资本家管理的自发同意、抑制劳动过程中阶级斗争、确保掩饰并赢得剩余价值等都起到了重要推动作用。

布若威对垄断资本主义劳动过程的分析保留了马克思对资本主义生产方式批判的分析框架。他认为，在资本主义劳动过程中资本家购买到的是劳动的潜力，要使工人的劳动潜力得到充分发挥就需要资本对劳动过程的有效控制。但他同时认为，马克思和布雷弗曼的专制和直接控制并不能达到这一点。资本不仅要控制劳动过程，更重要的是要适应工人的抗争，在承诺工人的一些权利和义务的基础上，采取相应的控制策略让工人自发同意。布若威运用工业社会学的主流观念通过分析资本家在劳动过程中"制造同意"，深化了对工人主体性问题的研究，与此同时，也发展和丰富了马克思的劳动过程理论。尽管他提倡资本要对工人适当的妥协以换取工人对劳动过程的自发同意。但他认为这仅仅是资本家在二十世纪拯救自身的控制策略的转变，是一种掩饰不正义剥削的表面的现象的呈现。资本家对工人的剥削，对工人剩余劳动及其产品的无偿占有始终是存在的，这一点是深入到资本主义劳动过程本质中的。垄断资本主义生产方式对劳动者的自由权利和财产权利的剥夺的不正义现象仍然是存在着的。

第三节　垄断资本主义时期的劳动过程和技术批判理论

马克思所生活的时代，资本主义生产方式已经由工场手工业转向了机器大工业。机器的广泛应用对资本主义的生产起到了极大的促进作用。与此同时，也使整个资本主义的生产组织形式和劳动过程发生了重大变化，工人的主体性和地位在劳动过程中被技术所钳制。马克思在其著作中，特别是在《资本论》及其手稿中，分析到了机器技术在资本主义中的应用对工人的劳动条件和组织形式的影响，论述了大量生产过程中技术因素的问题。从工人的自主性来看，马克思认为，机器的资本主义应用压制了工人在劳动过程中的自由权利和主体性。因为就机器本身来看，它可以通过技术的方式缩短生产单位商品的工作时长、减轻劳动强度、增加物质生产财富，但机器的资本主义应用却适得其反，它不仅延长了工人的工作时间、提高了工人的劳动强度、压制了工人的权利和主体性，同时也使工人越发贫穷，等等。布雷弗曼沿承了马克思对"机器的资本主义应用"的相关论断，关注机器技术的社会影响，强调机器在资本主义生产过程中的使用方式问题。他以泰勒的"科学管理"模式对垄断资本主义劳动过程中资本通过运用机器对工人的控制及工人的"去技能化"问题做了深入分析。他认为，在资本主义初期开始，机器就不是作为人的工具而存在，而是作为资本的工具而存在，管理部分运用机器实现了工人的概念和执行的分离，实现了资本对劳动过程的控制，从而深化了马克思的"机器的资本主义应用"议题的分析。在对上述观点分析和批判的基础上，美国马克思主义技术哲学家安德鲁·芬伯格进一步深化了垄断资本主义生产方式中劳动过程的技术批判理论。

一、"操作自主性"与"技术代码"：资本主义"技术霸权"的构建

芬伯格认为，在马克思主义异化理论中存在着一个批判的向度就是对机器的资本主义应用对人的自主性的束缚的批判。但十九世纪末期，由于马克思主义的阐释者们对社会主义运动兴趣的减弱及其所导致的阐释者们分析问题视阈的狭隘，造成了马克思对异化的哲学批判消失了。很多社会批评家废弃了马克思对工业主义的批判，认为工人的异化和贫困问题已经解决。丹尼尔·贝尔就持有这种观点，他认为，马克思从早期对异化劳动的人道主义关注转向了对经济剥削的问题上来，将异化看作是资本家对工人剩余劳动的剥削。这种狭隘的关注和转向使马克思的思想走向了关于人、所有制和剥削的原始的经济概念的狭隘道路而忽略了对达到劳动的新的、

人道主义的概念的道路的探究。因为他们始终相信只要资本主义所有制问题得到解决，其他问题便会迎刃而解。芬伯格认为，实际上，这些社会批评家忽视了马克思对异化的哲学批判的另一个维度，既基于"劳动过程理论"的哲学批判。在马克思的劳动过程理论中蕴含着技术批判的视角，而这一点是马克思相对忽视的。于是，芬伯格便从垄断资本主义劳动过程的机器技术的社会影响的维度开启了对劳动过程和技术批判的分析。

芬伯格将资本主义劳动组织形式的转变划分为"劳动过程理论 I"和"劳动过程理论 II"。"劳动过程理论 I"的本质是"去除技能"（diskilling），也就是自主的手工艺劳动的解体。这一理论沿承了布雷弗曼在《劳动与垄断资本》中通过资本主义劳动过程从"技能控制"转变为"科学管理"，工人的劳动在劳动过程中被分解和细碎化为简单劳动，劳动过程逐渐与工人技能相脱离，概念逐渐与执行相分离，最终导致工人在劳动过程逐渐被去技能化的分析路径。芬伯格认为，"去除技能"简化了工作程序，降低了劳动力成本，为资本主义的霸权奠定了部分基础。"只要资本主义的劳动分工限制了与每一种工作相关的智识范围，资本就成了生产的'主体'。资本家在劳动分工中占据了资本的岗位（the post of capital）这一新的位置，资本似乎成了这一生产过程的真正来源和统一体。工人在文化上的无力，也就是说在他们逐渐丧失资格的基础上无力理解和掌握生产，就成了资本霸权得以建立的可靠基础。"① 技术工人是拥有控制劳动过程的主体能力的知识的，但机器技术却将这一知识转化为被资本所占有的客观力量，从而反过来压制和控制工人。机器技术的应用促成了工人对劳动条件的从属地位。

在资本主义生产方式中，资本主义的劳动分工使资本家和工人作为对立阶级在劳动过程中呈现。资本家拥有对劳动过程的自由支配权。芬伯格将这一权力称为"操作自主性"（operational autonomy）。并认为资本家有权根据自身利益重新设计工作计划以增强工人对劳动过程的依赖性。资本

---

① ［美］安德鲁·芬伯格.技术批判理论［M］.北京：北京大学出版社，2005：49.

家在协调集体活动中实施权威作用以巩固自己的支配权力，从而再生了自身领导权的操作自主性，使一部分人的活动统治整体的社会组织成为可能。但随着技术的不断进步及资本家对技术的追求，特别数字控制①（numerical control）在资本主义劳动过程中的广泛应用，劳动过程发生根本性的变革，进入了"劳动过程理论 II"。资本主义劳动过程由技术的强制实行转变为了技术的支配设计。芬伯格认为，技术设计是垄断资本主义劳动过程中资本家实现对工人控制的有效手段。但劳动过程中的技术进步不再是单纯的、自主的过程，它往往与利益、社会力量等多重因素相纠缠。因为，在利益驱使下，资本家在资本主义劳动过程中形成了劳动分工和抵制工人个性发展的技术进步概念。在这一概念的启发下，芬伯格提出了融合技术功能和社会功能"聚合"（condensation）的"技术代码"概念。

芬伯格的"技术代码"概念深受马尔库塞的"技术合理性"理论和福柯"权力—知识"思想的影响。在马克斯·韦伯关于合理化理论的影响下，马尔库塞从社会控制和治理的维度将"技术合理性"看作是社会精英对整个社会进行治理的基础因素。在《单向度的人》一书中，马尔库塞指出，在资本主义社会中，技术进步不再是单纯的进程，其中交织和渗透着统治阶级的政治意图，政治意图的渗透是技术的逻辑发生了根本性转变。技术本身是一种进步和解放的力量，但此时的技术逻辑已然变成了阻碍解放，奴役状态的逻辑，人在这一逻辑中也被异化为工具性存在。马尔库塞认为技术合理性不再是批判生产关系的基础，而成了社会的合法话语。社会规定和技术规定的聚合越来越倾向于成为合理性的定义。

马尔库塞的技术合理性理论为技术功能和社会功能的聚合问题提供了一般性框架。但马尔库塞的见解过于一般化。福柯则认为权力是通过合理性的形式而合法化的。福柯从历史的角度对从十七世纪开始在社会控制的

---

① 数字控制（numerical control）又称数值控制，是指利用带有密码指示的穿孔带对机械操作进行控制。参见：［美］安德鲁·芬伯格.技术批判理论［M］.北京：北京大学出版社，2005：57.

"微观技术"（microtechniques）① 的起源进行研究，得出了一种"规训的权力"（disciplinary power）福柯认为，知识和技术不是价值中立的工具，新的知识形式和新的社会控制在起源上就是相互联系的。"真理的政权"（the regime of truth）是知识和权力之间不可分离关系的逻辑体现。权力 / 知识是一种以技术为中心来构造的社会力量和张力的网络。马尔库塞和福柯都有一种关于资本主义异化的理论。在这一理论中，资本家和工人都是作为他们所构建的体系基础的步骤的承受着而存在。不同于传统马克思主义所解释的资本家利用劳动分工和机器对工人进行控制的观念，马尔库塞和福柯从个人和社会的关系出发，表明权力不仅仅是压制的，而且还在工人中构造了一种生产的主体性。

总之，芬伯格认为，"马尔库塞和福柯提供了一种关于社会功能和技术功能聚合的有说服力的解释，同时他们也提出了一种社会行为的系统理论，这种理论似乎比传统马克思主义的阶级理论更适合于当代社会"。② 沿着马尔库塞和福柯的技术分析路线和研究方法，芬伯格勾勒出了权力 / 知识（福柯）或意识形态 / 科学（马尔库塞）的"双面"理论。

双面理论反映了垄断资本主义劳动过程中机器技术问题的复杂语境。芬伯格认为，这种理论将霸权的功能和认知的功能作为潜在来源的互补的方面来考量。他从现代霸权中合理性的功能出发，指出有效的霸权是由其所控制的社会的标准信念和实践直接产生的，合理性的形式提供了霸权的信念和实践。在前资本主义劳动过程中，工人们拥有自我表现的代码，是一个自然的共同体。劳动过程在规则和责任之中进行。而在资本主义劳动过程中，资本家从所有传统规则和家庭限制中解放出来，拥有了可以控制

---

① 福柯将 17 世纪开始出现在现代社会科学、管理科学和医学科学中在社会控制的各种实践称为"微观技术"（microtechniques），即在没有任何全面的决议或计划的情况下就得以散布的精确控制。包括考试、操练、衡量个人成长的模式、为了审查而隔离个人、卷宗和档案等等。

② ［美］安德鲁·芬伯格. 技术批判理论［M］. 北京：北京大学出版社，2005：89.

一系列微观技术的特殊的"操作自主性"。芬伯格认为，在资本主义劳动过程中，资本家控制的战略就是将自己的"元目标"（metagoal）嵌入到技术的程序、标准和产品中去，建立一种满足资本利益需要的技术活动框架。在芬伯格看来，资本主义的技术霸权就是建立在通过技术抉择再生出自己操作自主性的基础上的。这种操作自主性进一步推向了行为的自主的可能性的聚集，进而使技术体系的构造适应了统治体系的需求产生了资本主义的霸权，这就是芬伯格所提出的"技术代码"。由此，在芬伯格看来，当社会需求和技术需求聚合在"技术合理性"之中时，整个技术系统便符合了统治体系的需要，资本主义的技术霸权正是在此基础上形成的。

在芬伯格的理论视阈中，技术代码首先是一个最基本的规则。在规则之下，技术根据操作自主性的需要做出选择。资本主义的技术代码是一种联系社会关系网络和技术网络的一般的规则。在资本主义生产过程的装配线中，技术上强制实行的劳动纪律形成装配线的各种要素结合起来的黏合剂。在资本主义劳动过程中，工人必须服从劳动纪律而成为装配线的附属物。在资本主义劳动过程中，技术代码聚合了劳动过程的技术因素和社会因素，使技术作为一种意识形态服从于资本家的统治，使资本主义的不合理性变得合理，使资本主义的技术霸权得以构建。芬伯格的"技术代码"形成了他的技术批判理论的核心和基础。在此基础上，他对马克思的技术批判理论进行了重构，并揭示了垄断资本主义生产方式中由机器技术所导致的不正义性问题。

二、"产品与过程的批判"与"设计批判"：对马克思技术批判理论的重构

正像前面所谈到的，在芬伯格的视阈中，传统马克思主义并没有考察马克思劳动过程理论中的技术批判问题，而只是诉诸马克思的所有制理论。他还认为，马克思总是采用一种对技术的质朴的工具主义的论述来批判技术的"不良使用"而不是技术本身。在马克思对资本主义机器技术的

分析中，他更多是批判机器技术的资本主义应用而不是技术本身。在芬伯格看来，根本就不存在技术本身的问题，因为任何技术都必须放入某种应用的情境中才能考察和分析。技术只有在"使用"中才能实现自身。技术的使用主要体现为三个不同的问题，即技术使用的目的问题、技术使用的方式问题以及技术设计的方式问题。也就是芬伯格在《技术批判理论》中所表述的："（1）应用特定技术所要实现的目的是什么；（2）不管出于什么目的，特定技术是如何被应用的；（3）首先在设计这些技术中应用技术原理的方式。"① 基于对技术的使用的三重考察，芬伯格提出了对技术的三种批判，以此开展了对马克思技术批判理论的重构。

（一）"产品和过程批判"：传统马克思主义视域中的技术批判

芬伯格将三个问题中的"应用特定技术所要实现的目的是什么"的批判称为技术的"产品批判"（product critique）②。他并不赞同马克思仅仅是在技术的"产品批判"的层面开展的对资本主义机器技术的批判。他认为这仅是一种对技术用于私人目的而造成浪费的陈旧反驳。马克思在《资本论》对机器的资本主义应用的批判中不仅批判了技术实现的目的，也批判了技术被应用的手段问题。而有些传统的马克思主义者片面而有选择性地认同了这种技术是一种生产力，是一种基础的元素，与阶级利益无关观点。芬伯格指出，传统的马克思主义者所提出的对技术的片面地评判，自认为是与历史唯物主义相一致的，实际上他们并不是对马克思思想的全面的概述和总结。

在芬伯格看来，资本主义生产方式不仅是实现资本家利润的前提，而且也构成了工人在劳动过程中的工作环境。这种环境实现了资本家阶级权力的需求，也威胁到了生活于其中的工人的利益。芬伯格将这一理论看作马克思技术批判的第二个方面：技术的"过程批判"（process critique）。在

---

① ［美］安德鲁·芬伯格．技术批判理论［M］．北京：北京大学出版社，2005：53．
② 芬伯格将技术的"产品批判"（product critique）理解为：它唯独关注技术用来实现的产品的价值，认为在生产中发挥作用的技术"本身"是清白的。

他看来，技术的过程批判并没有对技术"本身"做出清白的处理。因为技术的应用过程并不是独立的，它的应用过程和研究过程已经被政治性权力和经济性利益所侵蚀，从而陷入了危险的境地。技术的"产品批判"和技术的"过程批判"被芬伯格合称为"产品和过程的批判"。他认为，技术的产品和过程批判是传统的马克思主义所认同的。因为产品和过程批判似乎遵循了马克思对技术批判的分析路数，也就是资本主义生产的技术因素关注的是效率，而社会因素则关注资本主义权力和财富的再生产，技术因素和社会因素并不是统一的。芬伯格认为，马克思的区分是为了说明资本主义生产方式的不正义性依赖于权力和财富的再生产体系。而对这种区分的工具主义解释则认为技术的功能是中立的，资本主义生产的社会因素影响了效率的提升。资本主义追逐权力和财富的再生产破坏了技术规则。这种理解严格区分了技术"本身"和技术的资本主义应用的界限，并没有认识到技术设计与劳动过程中的根本变化，也没有揭示出技术在资本主义应用中的本质。

（二）"设计批判"：暗含在马克思技术批判理论中的第三种批判

芬伯格从马克思对资本主义的劳动分工的论述中印证了马克思将阶级偏见归因于技术本身的观念，反驳了上述传统马克思主义的理解。芬伯格认为，我们从马克思对资本主义技术进步和革新的阐释中可以发现，技术应用的目的及方式受制于资本主义的利益需求，不仅如此，技术的设计也是在资本主义利益的掌控之中的。这也就表明了在马克思对技术的批判理论中还暗含着第三种批判，即技术的"设计批判"（design critique）。技术的"设计批判"在马克思的批判理论中是居于首要地位的。芬伯格认为，马克思点明了科学是资本家镇压工人罢工的有力武器，并不是完全中立性的存在。并且资本的社会目的，特别是维持劳动分工的需要形成了劳动过程中技术的设计和发展。而这种设计的劳动分工使工人在劳动过程中置于资本家的控制之下。

芬伯格从马克思对资本主义劳动过程的技术因素和社会因素的分析中

得出，垄断资本主义劳动过程的技术因素和社会因素是"聚合"（condense）在资本主义技术设计中的。劳动过程的技术因素和社会因素区分开来的功能同时满足社会的和技术的目的。由此，芬伯格得出了资本主义的技术革新既满足了劳动过程中资本增加对自然的支配从而获取更多物质财富的一般利益，又满足了劳动过程中资本对工人的支配和控制的阶级利益的结论。芬伯格指出，资本主义劳动过程中技术的革新实现了普遍效率的提升，物质财富的增多，但技术的革新总是在特定社会权力下实现并服务于特定社会权力利益的需求的。技术在整个社会系统中并不是一个不变量，它是随着资本主义霸权的目的的变化而变化的。因此，马克思对资本主义劳动过程的技术设计批判表明了技术的资本主义应用是一个资本权力控制劳动过程的设计过程。它不仅实现了资本获取更多的剩余价值的技术目的，也实现了资本家对劳动过程中劳动力的控制的社会目的。

芬伯格指出，技术的设计批判理论在垄断资本主义时期的劳动过程理论中得到了广泛支持。"数字控制"的机械工具在资本主义劳动过程中的应用使资本家获得了对劳动过程的全面控制。芬伯格将这种技术强制转变为了技术术语，提出了他的融合技术功能和社会功能"聚合"的"技术代码"概念。

技术代码聚合了劳动过程的技术因素和社会因素，使技术作为一种意识形态服从于资本家的统治，将资本霸权运行于整个社会关系领域进行重构，从而使资本主义的技术霸权得以形成。芬伯格指出，工厂技术是依据资本霸权而设计和构建的。也就是说，在资本主义劳动过程中，资本家通过技术设计实现了对工人的压迫和控制，同时也使资本家对工人的剥削更具有隐蔽性。

芬伯格以"技术代码"为基础的技术批判理论深化了对马克思的"机器在资本主义应用"的认识。他以技术的设计批判为重点，从技术功能和社会功能相"聚合"技术运用出发，论证了资本主义生产方式中资本家通过技术设计既实现了获得剩余价值的技术目的，也实现了对工人的控制和剥削的社会目的，促成了资本主义技术霸权的形成。总之，芬伯格的技术批判理论不仅使马克思对资本主义生产方式中的技术批判观念在不同的时代境遇中得以延续和提升，同时也从主体性的维度揭示了垄断资本主义及其后的时期资本家在劳动过程中是如何控制和剥削工人的不正义性问题。

在新世纪经济全球化的背景下，一些西方马克思主义学者沿着马克思对资本主义生产方式的批判的分析理路围绕资本主义的"剥削"及工人在资本主义劳动过程中权利获取的不公正问题对资本主义劳动过程的非正义性进行了分析和批判。代表性人物有理查德·麦金太尔（Richard MacIntyre）、西奥多·布尔扎克（Theodore Burzak）、柯南·埃塞尔（Kenan Ercel）、乔治·德玛蒂诺（George Demartino）等。麦金太尔运用"社会距离"与"法律距离"等术语论证了全球化背景下在血汗工厂中资本家对工人的剥削及工人权力得不到保障的不正义问题；布尔扎克运用劳动产权理论从个人权利优先性的视角分析了资本主义生产过程中"占有"问题的不公正；埃塞尔借用"主观暴力"和"客观暴力"理论（齐泽克）对资本主义劳动过程能中的"剥削"问题进行了批判；德玛蒂诺则主张用阶级多元化的阶级"公正"理论来消灭资本主义的"剥削"问题。上述西方马克思主义者在尊重自由主义和个人主义原则的前提下，深入分析了全球化背景下资本主义生产方式中的"剥削"问题的新变化。他们期望用社会正义原则来消解剥削问题，显现了他们的马克思主义立场。但他们的观念也带有明显的调和主义倾向。①

总之，从资本主义的诞生到当今资本逻辑主导的全球化的时代，资本主义劳动过程中的组织形式随着时代的变迁也发生了相应的变革。从工场手工业到机器大工业、从福特制大规模生产时期到后福特制大规模弹性生产时期。资本主义劳动过程也经历了以工人的手工技能为基础的"技能控制"模式、泰勒式的"科学管理"模式和以信息技术为基础的弹性生产模式。

---

① 乔洪武，师远志.剥削是合乎正义的吗——西方马克思主义关于剥削与正义的思想探析[J].华中师范大学学报，2013（5）.

不管是布雷弗曼通过对垄断资本主义时期劳动组织形式由"技能控制"到"科学管理"的分析，揭露出资本通过管理部门控制劳动过程，进而实现概念与执行的分离，从而导致二十世纪工人劳动退化的现实；布若威运用工业社会学的主流观念从主体性的维度对资本家通过"制造同意"来同时掩饰和赢得剩余价值，进而揭露出垄断资本主义生产方式的不正义性问题；还是芬伯格通过"技术批判理论"从主体性的维度揭示出垄断资本主义及其后时期资本家在劳动过程中控制和剥削工人的不正义性问题；抑或新世纪西方马克思主义者对资本主义生产方式中"剥削"问题的揭露与批判，都是在马克思主义的分析框架内对后马克思时期劳动过程理论的沿承和提升。随着时代的发展与变迁，马克思本身的理论有时候并不能直接面对当代社会生产中的现实问题。但他在著作中关于资本主义生产方式不正义性的批判与劳动者自由财产权利以及生态正义之间的内在张力的真知灼见仍然闪烁着时代的思想光芒，在后马克思时期也生成了诸多值得进一步研究的问题域。这也在一定程度上促成了后马克思时期的一些学者沿着马克思的分析路径对垄断资本主义及其后的时代中生产方式中所呈现的不正义性问题进行批判。

第 五 章

共同富裕是马克思正义伦理的当代呈现

共同富裕超越了资本至上逻辑的生产非正义，折射出人民作为劳动主体对共享劳动成果的正义诉求，反映出人民对美好幸福生活的伦理期待，契合了马克思正义伦理关涉人之自由与全面发展的解放诉求。中国共产党立足实现中华民族伟大复兴的战略全局与世界百年未有之大变局的历史交汇期，充分发挥历史主动精神，积极回应人民对共同富裕的美好期待，着力解决生产力发展不平衡不充分的社会主要矛盾，体现出人民型政党踔厉奋发、扎实推进中国式现代化的坚定决心与科学举措。

第一节 共同富裕正义伦理的时代背景

当今时代是资本主导经济的时代，是资本"固执"的积累和对利润的持续的追逐的时代。无可否认的是，资本的这种"固执"的积累逻辑以及对利润的自利性的持续追逐催生了社会经济的快速发展。但这种发展的背后是资本不断吮吸自然界的"自然力"、人的"自然力"和"社会劳动的自然力"的结果。由资本积累动力和市场空间扩大所形成的资本扩张系统在生产社会财富的过程中也同时对自然和人的发展产生了一系列的危机问题：生态危机和人的发展危机。正像马克思所说，资本生产的扩张"同时破坏了一些财富的源泉——土地和工人"①。当代社会中，由资本生产的扩张所造成的资本与人本的悖论性问题、生产主义弊病问题、经济理性失范所造成的生态环境问题等等都需要我们正视、反思并进行正义追问。

一、经济全球化背景下资本生产扩张的悖论与人本回归

马克思在《资本论》中充分论述和批判了资本主义生产扩张所导致的资本与人本的悖论性矛盾。马克思指出，资本增殖的过程就是资本在生产过程中不断吮吸自然界的自然力、人的自然力和"社会劳动的自然力"的过程。这三种自然力在生产过程中不断地转化为社会财富，为现代社会的生成和发展打下了坚实的物质基础。与此同时，资本生产扩张对这三种自然力的过度吮吸也会导致两种危机。一是资本生产扩张过度吮吸自然界的自然力所造成的资源枯竭与环境污染的生态危机；另一个是资本生产扩张过度吮吸人的自然力和"社会劳动的自然力"所造成的劳动者主体性和创造性退化、财产权和自由权缺失的人的发展危机。

人的自然力首先是人的生命力的体现。作为自然的存在物，人首先是有生命的个体存在。马克思在《1844年经济学哲学手稿》中指出，"人直接地是自然存在物。人作为自然存在物，而且作为有生命的自然存在物，一方面具有自然力、生命力，是能动的自然存在物；这些力量作为天赋和才能、作为欲望存在于人身上"。② 人的自然力也是人的劳动能力的体现。人只有在劳动中才能确证自身的本质。因为劳动，人具有了社会性，作为社会关系中的人而存在。马克思将人的劳动能力澄清为人生产某种使用价值所运用的体力和智力的总和。"我们把劳动力或劳动能力，理解为人的身体即活的人体中存在的、每当人生产某种使用价值时就运用的体力和智力的总和。"③ 资本的生产过程是劳动资料和劳动力共同作用的过程。在资本主义

---

① 　马克思恩格斯文集（第5卷）［M］.北京：人民出版社，2009：579—580.

② 　［德］马克思 .1844年经济学哲学手稿［M］.北京：人民出版社，2000：105.

③ 　马克思恩格斯文集（第5卷）［M］.北京：人民出版社，2009：195.

社会化大生产时期，人的自然力被转化为人的"社会劳动的自然力"。"社会劳动的自然力"即是马克思在《资本论》中所谈到的"总体工人"，"总体工人"概念是马克思在考察资本主义生产过程中的协作劳动时提出的，由承担不同工序的"局部工人"所组成。"总体工人"是资本生产中具体管理模式的变革。在社会化大生产时期，资本把工人集聚在同一时空之中，建立人与人之间组织化的内在联系，从而创造出超越个体工人所产生的更大的生产效率。与此同时，"社会劳动的自然力"在资本主义生产过程的应用产生了悖论性的矛盾。"资本力量开发与生成了的这种'社会劳动的自然力'既具有伟大的历史进步意义，因为它发展出人类空前未有的巨大生产力；但另一方面这些力量被纳入资本逻辑的轨道之后，为资本增值服务，从而也伤害了人类自身。"①

资本生产为了实现增殖将工人集聚在同一时间和同一空间中，在同一资本家的指挥下从事劳动，使工人本身的自然力和"社会劳动的自然力"完全受制于资本控制。"只要把工人置于一定的条件下，劳动的社会生产力就无须支付报酬而发挥出来，而资本正是把工人置于这样的条件之下的。因为劳动的社会生产力不费资本分文。"②时间和空间的集聚可以减少劳动成本，更好地提升生产效率，进而创造出更多的物质财富。但资本生产在时间和空间的集聚对工人的压制和剥削也是显而易见的。资本生产过程中劳动分工和流水线的操作模式压缩每一道工序的时间，运用技术强制的力量支配工人的工作节奏，剥削了劳动者的自由权和劳动财产权。高效能资本机器使整个生产过程更加趋于理性化和规则化。资本机器的采用使劳动组织形式更加理性化，资本逻辑推动整个生产过程的技术化使工人变为机器的附庸和奴婢，而毫无主体性和创造性可言。"如果说工人的天赋特性是分工赖以生长的基础，那么工场手工业一经建立，就会使生来只适宜于从事

---

① 鲁品越.资本逻辑与人的发展悖论［J］.学习与探索，2013（2）：5.
② 马克思恩格斯文集（第5卷）［M］.北京：人民出版社，2009：387.

片面的特殊职能的劳动力发展起来。现在总体工人具备了技艺程度相同的一切生产素质，同时能最经济地使用它们，因为他使自己的所有器官个体化而成为特殊的工人或工人小组，各自担任一种专门的职能。局部工人作为总体工人的一个肢体，他的片面性甚至缺陷就成了他的优点。从事片面职能的习惯，使他转化为本能地准确地起作用的器官，而总机构的联系迫使他以机器部件的规则性发生作用。"① 总之，在资本逻辑的驱使和推动下，资本生产扩张在使人的自然力和"社会劳动的自然力"转化为社会生产力，创造社会物质财富的同时，使人的自然力过度运行趋于枯竭。劳动者变为了的资本生产的工具和手段。资本利润的盲目获取成为资本生产的真正目的，造成了资本生产扩张中人的发展危机。

马克思在《资本论》中的上述分析在当代资本主导生产的全球化时代下仍然具有重要的现实启发。正像英国学者埃里克·霍布斯鲍姆所说："在我们的世界中，资本主义已经让人想起，它的未来之所以遭到怀疑，不是因为社会革命的威胁，而是因为它的无拘无束的全球运作性质。事实已经证明，对于资本主义的全球运作性质，马克思是一位比自由市场的理性选择和自我纠正机制的信徒更敏锐的指导者。"② 增殖、扩张、追求利润是资本生产的本性和最终目的。经济全球化的过程也是资本生产全球扩张的过程。在这一过程中，资本逻辑的驱动力和资本生产的具体管理模式和理念逾越了特定的民族、文化、政体和社会结构，在所有市场经济体制存在的时空内肆虐一切，彰显出资本的生存能力和扩张意图。"资本属人的本性，决定了资本在本质上是投入到生产过程中实现增值的剩余价值。在资本实现无限扩张和积累的运动过程中，资本强劲吮吸人的自然力的同时，使得资本的智慧也不断得到扩张和积累，从而能够与人类社会中不同的政治体制、文化传统、先进技术、社会结构巧妙地结合起来，处处彰显它的生存能力、

① 马克思恩格斯文集（第5卷）[M].北京：人民出版社，2009：404—405.
② ［英］埃里克·霍布斯鲍姆.如何改变世界：马克思和马克思主义的传奇[M].北京：中央编译出版社，2014：368.

扩张空间、风险规避意识、问题应对方法和成本转移技巧，从而实现自身的不断积累和扩张。"①

以资本逻辑为主导价值的经济时代奉行的是市场经济原则，通过更多投入、更多产出的运行规则无限制地追逐利润、实现自我增殖。这是人类社会物质财富增长的必需，也是当代经济社会发展的必需。但是，正是这样的一种经济运行逻辑渐渐形成了对工业生产、工作报酬以及经济增长的盲目追逐，也使资本逻辑背负了沉重的道德代价。美国学者丹尼尔·贝尔提出了这样的担忧，"经济增长成了发达工业社会的世俗宗教：它是个人动机的源泉，是政治团结的基础，是动员社会为共同目的奋斗的根基。"②美国学者威廉·格雷德也指出："人民大众也明显地被剥夺了自给自足的权利和维持家园的独立手段。人、社区甚至国家发现自己丧失了对自己命运的控制能力，完全受制于商业的革命性要求。"③当这样的担忧在现代经济社会中逐渐蔓延时，我们需要反思和追问人类应当如何从事生产、为谁而生产这样一种根本性问题。丹尼尔·贝尔在分析资本主义市场经济的本性时，似乎给出了一种可能的答案。他认为："现代市场经济的突出特点是，它曾是资产阶级经济。这意味着两件事，首先，生产的目的不是公共目的而是个人目的；其次，获得商品的动机不是需求而是欲求。"④这样的答案和表述体现了现代市场经济中资本生产对利润和自我增殖的盲目追逐，也体现了资本生产扩张中"资本"唯上的生产主义与"人本"缺失的价值遗憾之间的悖论性矛盾。

---

① 董必荣.资本逻辑："经济正义"的当代境遇［J］.伦理学研究，2016（6）：87.

② ［美］丹尼尔·贝尔.资本主义文化矛盾［M］.严蓓雯译.北京：人民出版社，2010：254.

③ ［美］威廉·格雷德.资本主义全球化的疯狂逻辑［M］.张定淮译.北京：社会科学文献出版社，2003：4.

④ ［美］丹尼尔·贝尔.资本主义文化矛盾［M］.严蓓雯译.北京：人民出版社，2010：239.

二、市场经济条件下生产主义的弊病与生产的意义追问

资本内在的强制性和扩张性及其对获取物质财富生产的一种盲目的和无批判的躁动和膜拜渐渐形成了唯物质生产至上和经济至上的"生产主义"的观念形态和生产体制。"生产主义"作为一种社会的精神特质，其本身就是对特定的社会体制和物质生产地位的反思与衡量。那么，到底什么是"生产主义"？其本质内涵又是什么？作为一种社会批判性话语，不同的思想家提出过类似的概念，诸如"物质主义""经济主义""生产社会""拜物教"等等。可以看出，"生产主义"在不同的语境下表达着不同的寓意。马尔库塞以"单向度的人"批判发达工业社会依照生产的逻辑对人的自由和创造力的压制；法国社会活动家阿尔贝·雅卡尔在《我控诉霸道的经济》一书中，运用"经济主义"来批判"对经济的狂热"；法国学者安德烈·高兹在《经济理性批判》中使用了"以工作为基础的生产主义者社会"（the productivist work-based society）的概念①；我国学者何怀远教授将"生产主义"区分为狭义生产主义、广义生产主义和生产主义意识形态。他认为，狭义生产主义是指与消费主义相对应的概念，是重生产轻消费的理论理念、社会体制及其发展模式。生产逻辑主导着社会的运行和发展。其代表人物为《显像管帝国主义？美国电视对拉丁美洲的影响》（Picture—— Tube Imperialism？ The Impact of U.S Television on Latin America）的作者韦尔斯（A. Wells），其将"生产主义"理解为奉行物质生产至上的文化模式；广义生产主义包含着包括消费主义在内的社会生产和再生产的一切环节和过程。其中，消费主义是支配性环节，社会运行遵循的是"消费资本主义逻辑"（杰姆逊语），其经济体系是鲍德里亚称之为的"经济的物质化形式"（the phantom of production），"生产的爱欲"成为社会的普遍公式；生产主义意识形态通常表述为"经济决定论""经济主义""生产一元论""经济一元论"等，指的是一种理论形态、一种社

---

① Andre Gorz. *Critique of Economic Reason*［M］. London. New York, 1989: 183.

会哲学、一种社会历史观。核心理念是用"物质生产"说明一切社会活动；用"经济关系"说明一切社会关系。① 毛勒堂教授则从对人类生产活动的价值评价和哲学审视的维度，对"生产主义"进行了概括。他认为，"生产主义"可以简要描述为："由于资本原则的内在强制而形成的对物质财富及其生产的一种无批判的膜拜和狂热，从而在现实生活中表现为经济主义、物质主义和GDP崇拜的生产理念、生产行为和生产体制，它坚固地持有资本逻辑、'贪婪攫取性'的生产动机和'去道德化'的生产立场。"② 无论何种阐释与解读，诸位学者都将"生产主义"看作是惟物质生产至上和经济至上的观念形态和生产体制。这样的一种观念形态和生产体制之所以备受人们诟病，是因为其将生产、利润和物质财富的获得看作是唯一目的，而在生产过程中无视人的价值、社会伦理及其对自然的掠夺，永无休止地通过对自然的破坏和掠夺、对社会的统治及对人的压榨及自由的钳制来获取利润，将人的生活世界渐渐推向了"殖民化"的深渊。

在资本主义的发展过程中，"生产主义"的观念形态和生产体制是伴随着特定的生产机制得以显现的。20 世纪初期，泰罗将资产阶级的古典经济学运用到具体生产过程中，创建了科学管理理论体系，被称为"泰罗制"（Taylorism）。"泰罗制"主张企业管理的根本目的意在提高生产效率，而提高生产效率是为了实现利润的最大化。"泰罗制"促进了资本主义生产的精细化管理，对资本主义社会转型产生了巨大影响。但其科学管理理论也备受争议，因为其研究的重点是管理的科学性、严密性和纪律性，缺少对人的因素的关注。20 世纪中期以来，随着大规模生产方式在资本主义国家的扩散，"福特主义"（Fordism）生产模式得以产生。"福特主义"生产模式是一种以市场为导向，以分工和专业化为基础的新型工业生活模式。伴随着

---

① 何怀远 . 发展观的价值维度——"生产主义"的批判与超越［M］. 北京：社会科学文献出版社，2005：5—21.

② 毛勒堂 . 经济生活世界的意义追问——经济正义与和谐社会的构建［M］. 北京：人民出版社，2011：148—149.

"福特主义"生产模式的出现，"生产主义化"渐渐呈现，到20世纪70年代的"后福特主义"（Post-fordism）生产模式的出现，"生产主义"逐渐成为整个世界的普遍发展趋势。"'生产主义'既是资本主义社会的基本特征，也是当今世界的基本特征和意识形态的主流，彻底'生产主义化'的社会体制，从福特主义开始到20世纪70年代的后福特主义，成了整个世界的普遍发展趋势。"① 由此可见，"生产主义"观念形态和生产体制是伴随着资本主义私有制、现代管理方法和生产技术的应用而出现并蔓延到整个世界的。

换言之，在资本逻辑的驱使下，在现代市场经济中私利、欲求挤占了社会公共目的和人自身的需求原本属于生产目的的位置。在这里，我们似乎看到了在资本主义生产体系中所产生的"生产主义"危机。"生产主义作为资本主义生产体系的主导旋律，已成为现代社会虚假的意识形态，且无批判地被视为是当今时代生产的至上真理。自从资本来到世间，生产主义犹如一个幽灵紧随其后并日益膨胀。"② 在这样一个由"资本"和"市场"主导的经济时代，显现了经济关系主宰社会关系、经济生活统摄社会生活的不正常的社会现象，这"意味着要让社会的运转从属于市场。与经济嵌入社会关系相反，社会关系被嵌入经济体系之中。经济因素对社会存续所具有的生死攸关的重要性排除了任何其他的可能结果"③。由此，引发了诸如阶级对立、贫富分化、生态恶化等一系列人类难题。当今社会，资本的支配地位在全球范围内越来越全面而且复杂地扩张。在资本主导的生产过程中所呈现出的"生产主义"危机愈发值得我们反思。

---

① 何怀远.发展观的价值维度——"生产主义"的批判与超越［M］.北京：社会科学文献出版社，2005：5.

② 毛勒堂.经济生活世界的意义追问——经济正义与和谐社会的构建［M］.北京：人民出版社，2011：148.

③ 许宝强，渠敬东.反市场的资本主义［M］.北京：中央编译出版社，2001：2.

三、经济理性的失范与生产分配失衡问题的滋生

物质生产活动始终是人类社会的最基本的实践活动。在商品经济出现之前的自然经济时代，物质生产的直接目的是为了满足生产者自身、家庭及共同体生存和生活的需要，即使有简单的物物交换也是为了满足不同人的不同需求而进行的。马克思在分析资本主义以前的自由的小土地所有制和以东方公社为基础的公共土地所有制时指出，"在这两种形式中，各个个人都不是把自己当作劳动者，而是把自己当作所有者和同时也进行劳动的共同成员。这种劳动的目的不是为了创造价值，——虽然他们也可能从事剩余劳动，以便为自己换取他人的产品，即剩余产品，——相反，他们劳动的目的是为了维持各个所有者及其家庭以及整个共同体的生存"。① 马克思这样的表述反映了自然经济状态之下物质生产的特点及目的。一是自然经济状态下的物质生产更看重的是产品的使用价值而非交换价值；二是生产者所从事物质生产劳动的目的是只是为了维持各个所有者及其家庭以及整个共同体的生存。对此，马克思指出，"如果在一个经济的社会形态中占优势的不是产品的交换价值，而是产品的使用价值，剩余劳动就受到或大或小的需求范围的限制，而生产本身的性质就不会造成对剩余劳动的无限制的需求"。② 但这样一种传统的生产在商品经济出现之后便发生了根本性的转变。

商品经济的发展和资本主义的产生是相向而行的，可以说，商品经济促成了资本主义的产生。马克思正是通过商品及商品经济的发展从生产劳动的视角来窥透并批判资本主义社会的。正像前面所谈到的，资本主义生产过程是资本主导的生产过程，是资本逻辑按照自身本性不断使商品生产扩张的过程。此时，资本主导生产的目的不再是满足生产者生存和生活需

---

① 马克思恩格斯全集（第30卷）[M].北京：人民出版社，1995：466.
② 资本论（第1卷）[M].北京：人民出版社，2004：272.

要所获取的使用价值，而是获取商品的交换价值。这一点也加剧了资本生产的无限循环，"为买而卖的过程的重复或更新，与这一过程本身一样，以达到这一过程以外的最终目的，即消费或满足一定的需要为限。相反，在为卖而买的过程中，开端和终结是一样的，都是货币，都是交换价值，单是由于这一点，这种运动就已经是没有止境的了"。① 在不断扩张的资本生产过程中，一方面实现了资本的价值增殖；另一方面也的确创造了物质财富的积累。可以说，资本生产过程中遵循着双重逻辑即实现价值增殖的逻辑和创造物质财富的逻辑。

对于资本生产，我们始终要保持辩证的视角来审视。资本生产通过其动力机制和财富扩张机制促进了社会生产力的发展，为人类社会积累了巨大的物质财富。"资本作为孜孜不倦地追求财富的一般形式的欲望，驱使劳动超过自己自然需要的界限，来为发展丰富的个性创造出物质要素，……在这种发展状况下，直接形式的自然必然性消失了；这是因为一种历史地形成的需要代替了自然的需要。由此可见，资本也是生产的，也就是说，是发展社会生产力的重要关系。"② 但在资本生产双重逻辑的运行过程中，创造物质财富的逻辑是处于次要地位的，因为资本生产的唯一目的就是获取价值增殖。也就是说，创造物质财富的逻辑要服从并服务于实现价值增殖的逻辑。此时，交换价值和价值增殖成为了资本生产的唯一目的。而往往为了实现这一目的资本生产会不惜一切代价。这种双重逻辑的颠倒恰恰是资本主义经济危机和市场失范问题出现的根源所在。

众所周知，物质生产活动是人类改造自然以获取人类自身需求的活动。自然界为人类社会的存在和发展提供了必要的自然前提。在资本主义生产中，资本生产为了获取剩余价值，肆意掠夺和侵犯自然，而无视自然资源的有限性及生态环境的可承载能力，造成了一系列生产生态问题的滋

---

① 资本论（第1卷）［M］.北京：人民出版社，2004：177.
② 马克思恩格斯全集（第30卷）［M］.北京：人民出版社，1995：286.

生。如为减少生产成本而对自然资源的无序开发、过度开发和低效使用而形成的资源浪费、为追求价值增殖而对工业废弃物的无序排放等等都造成了对自然资源的过度掠夺和生态环境的严重破坏。1962 年，美国学者蕾切尔·卡逊（Rachel Carson）在著作《寂静的春天》中以大量事实为依据论证了资本主义生产过程中工业污染对自然环境的破坏和人的生命的侵害，是人类第一次开始关注生态环境问题。1972 年，美国学者德内拉·梅多斯（Donella Meadows）、乔根·兰德斯（Jorgen Randers）、丹尼斯·梅多斯（Dennis Meadows）在《增长的极限》一书中，第一次提出了地球的极限和人类社会发展极限的问题，向资本主义经济增长模式提出了质疑。作者论证了自然资源的极限及生产发展对自然资源运用的后果问题。"人口与资本培育所使用的原料与能源并不是无本之木。它们取自于这个星球。它们并不会消失。当它们的经济用途完结之后，原料会循环成为垃圾和污染；能源会耗散成为无用的热量。原料与能源流通过经济子系统流出星球源（planetary sources）进入星球汇（planetary sinks），最终成为垃圾和污染。"① 并指出，"人类现在正以一种不可持续的速度在利用许多关键的资源并生产出垃圾。源正在衰竭，汇正被填满，甚至在一些情形中已经溢出。"② 因此，人类存在的极限不是经济活动水平的极限而是人类活动的生态足迹。

当今时代是全球化的时代，资本主导生产对整个世界进行了"格式化"处理，使整个世界的经济生产活动纳入资本的统摄之中，资本在生产过程中不仅滋生出了"生产主义"的盛行与"人本"价值理念的缺失，而且也滋生出了对自然资源的恣意掠夺和破坏。在生产发展过程中，一旦为获取利润而使经济无限增长的目标被认定，那么，自然稀缺和生态环境的威胁便不分国界和地域地辐射到世界的每一个角落。因为"大自然总是利润的

---

① ［美］德内拉·梅多斯等.增长的极限［M］.李涛，王智勇译.北京：机械工业出版社，2006：48.

② ［美］德内拉·梅多斯等.增长的极限［M］.李涛，王智勇译.北京：机械工业出版社，2006：51.

主要来源，也是已用材料与无用副产品的倾泻之地。那就是为什么生产者总是反对保护自然资源的新政策，或在他们停止污染之前，要求得到精确的科学证明，或在加强环境保护措施时，要求他人具备'常识'的缘故。"①之所以会产生这一结果无外于那些遵从无限经济增长理论的生产者们对自然资源及能量的无限性的假定。正如日本学者岩佐茂所言，"应该明确的是，今天的严重的废弃物问题及环境问题的发生，是人类在地球资源及能量是无限的这一前提下，根本没有考虑废弃物问题、盲目地推进产业化的结果"。② 因此，在价值增殖的根本目的的驱使下，资本生产恣意地利用和过度开发自然资源并无止境地向自然界投放工业废弃物和垃圾，而无视自然资源的不可再生及生态环境的可承载能力，最终造成了自然资源的枯竭、生态系统的失衡、生态环境的恶化等一系列生态危机问题。这些问题的出现不得不让我们去反思和追问资本生产过程中实现生态正义所需要的价值理念。因为"人类不仅仅由于生态破坏而确实面临灭绝的危险，而是因为生态问题本身就是生命问题；不是一般意义上的问题，而是人类的生命问题，因为它是一个行将销声匿迹的生命"。③

第二节　共同富裕正义伦理的应然诉求

　　共同富裕正义伦理指明全体人民通过辛勤劳动和相互帮助最终达到丰衣足食的生活水平，在消除两极分化和贫穷的基础上实现普遍性的富裕。广大人民群众作为社会主义的劳动主体，合作共建中国式现代化的未来社

---

① ［美］威廉·格雷德. 资本主义全球化的疯狂逻辑［M］.张定淮译.北京：社会科学文献
　　出版社，2003：565.

② ［日］岩佐茂.环境的思想——环境保护与马克思主义的结合处［M］.北京：中央编译出
　　版社，2006：166.

③ ［多国］海因兹·迪德里齐等.全球资本主义的终结：新的历史蓝图［M］.北京：人民文
　　学出版社，2001：129.

会，共享未来的美好生活，这契合了马克思"应得"正义的理论意涵，继承并发展了马克思正义伦理的价值诉求，指明了马克思主义政党为人民谋幸福的历史使命与价值立场。

一、政治价值：马克思主义政党的使命所在

人民立场是中国共产党的根本政治立场，中国共产党始终代表最广大人民的根本利益，这不仅仅是因为人民群众是历史的创造者，只有牢牢把握人民立场，才能实现长久执政，更是由于"为中国人民谋幸福，为中华民族谋复兴"是中国共产党的初心和使命，中国共产党自从成立之初的目的就是为了让广大中国人民过上挺直腰杆，家中有粮，日子有奔头的美好生活。因此，共同富裕和共建共享理论中也处处体现出人民立场的重要地位，人民立场是共同富裕理论的前提基础，也是最终目的。只有全体人民共同参与建设社会主义现代化国家，才能最终实现中国式现代化的中华民族伟大复兴中国梦。促进全体人民共同富裕，正是马克思主义政党的使命所在，是中国共产党矢志不渝的初心和使命，是中国共产党作为执政党的核心政治价值。

习近平总书记指出："共同富裕是社会主义的本质要求，是中国式现代化的重要特征。我们说的共同富裕是全体人民共同富裕，是人民群众物质生活和精神生活都富裕，不是少数人的富裕，也不是整齐划一的平均主义。"① 在庆祝中国共产党成立 100 周年大会上，习近平总书记指出：中国共产党始终代表最广大人民根本利益。要着力解决发展不平衡不充分问题和人民群众急难愁盼问题，推动人的全面发展、全体人民共同富裕取得更为明显的实质性进展。推动全体人民共同富裕既是新征程上中国共产党的奋斗目标，也是改革开放以来我们党领导中国特色社会主义建设的发展方向，既体现了我们党全心全意为人民服务的根本宗旨，也体现了为中国人民谋

---

① 习近平. 扎实推动共同富裕 [J]. 求是，2021（20）.

幸福、为中华民族谋复兴的初心使命。共同富裕,是中国共产党始终如一的价值追求,是中国共产党初心使命的重要体现。

共同富裕的概念首先出现在 1953 年 12 月,在《中共中央关于发展农业生产合作社的决议》中第一次提出了"共同富裕"的概念。改革开放后,邓小平同志也多次强调共同富裕。他指出社会主义最大的优越性就是共同富裕,这是体现社会主义本质的一个东西。他还指出:贫穷不是社会主义,社会主义的本质,是解放生产力,发展生产力,消灭剥削,消除两极分化,最终达到共同富裕。

改革开放以来,我国经济状况良好,综合国力显著增强,中国经济总量达到世界第二位,人民生活水平也显著提高。从 2006 年起,在全国范围内全部免除农业税,彻底改变了几千年来的"收租子"历史,体现了中国共产党带领全体人民奔小康,实现共同富裕的坚强决心。我们党还结合新时期的社会特点,建立了覆盖城乡居民的社会保障体系,为老百姓的基础生活提供了必要的保障。

党的十八大以来,中国特色社会主义进入新时代,共同富裕的理论与实践在习近平总书记的领导下进一步丰富和发展。党的十九大报告第一次把全体人民共同富裕的社会主义本质外化为具体奋斗目标:到本世纪中叶,把我国建成富强民主文明和谐美丽的社会主义现代化强国时,全体人民共同富裕基本实现。党的十九届五中全会进一步提出了"共同富裕取得更为明显的实质性进展"的目标。习近平总书记在庆祝中国共产党成立 100 周年大会上指出今后的发展目标是:要着力解决发展不平衡不充分问题,推动人的全面发展,全体人民共同富裕取得更为明显的实质性进展。为了实现共同富裕的目标,一代又一代中国共产党人不畏艰难、接续奋斗,体现了中国共产党人不忘初心的政治立场。

"全面小康路上一个也不能少",这是我们党向全国人民作出的郑重承诺。习近平总书记指出,我们国家还有几千万人口的生活水平处在扶贫标准线以下,这既影响人民群众对全面建成小康社会的满意度,也影响国际社会对我国全面建成小康社会的认可度。所以之后的一段时期我们的主要发展目标就被定为全面建成小康社会，实现全体人民脱贫致富。确保现行标准下农村贫困人口全部如期脱贫，不仅是全面建成小康社会的必然要求，也是促进全体人民共同富裕的重大举措。

党的十八大以来，一场脱贫攻坚战在全国打响。9899 万农村贫困人口实现脱贫，832 个贫困县全部摘帽，12.8 万个贫困村全部出列①，脱贫攻坚成果举世瞩目。这一壮举被称为人类减贫史的奇迹，补齐了全面建成小康社会的短板，为实现共同富裕打下了坚实基础。

在庆祝中国共产党成立 100 周年大会上，习近平总书记庄严宣告，经过全党全国各族人民持续奋斗，我们实现了第一个百年奋斗目标，在中华大地上全面建成了小康社会，历史性地解决了绝对贫困问题。

党的十九大报告指出，我国社会主要矛盾已经转化为人民日益增长的美好生活需要和不平衡不充分的发展之间的矛盾。当前，我国发展不平衡不充分问题仍然突出，城乡区域发展和收入分配差距较大，民生保障存在短板，一些新情况需要引起我们的重视。深刻认识我国社会主要矛盾变化带来的新特征新要求，是新发展阶段办好自己的事、促进全体人民共同富裕的前提。

党的十九届五中全会通过的《中共中央关于制定国民经济和社会发展第十四个五年规划和二〇三五年远景目标的建议》提出了新的发展理念：创新、协调、绿色、开放、共享，强调要构建新发展格局，切实转变发展方式，实现更高质量、更有效率、更加公平、更可持续、更为安全的发展。共享发展理念作为新发展理念的重要内容，彰显了以人民为中心的发展思想和实现共同富裕的要求，体现了我们党带领人民追求富裕的本质。当然，实现共同富裕依然在路上，无论是实际情况还是制度设计都不够完美，中国共产党依旧在努力奋斗中。

---

① 习近平.在全国脱贫攻坚总结表彰大会上的讲话［N］.人民日报，2021-02-26（002）.

在未来的发展中，必须突出新发展理念的引领作用，坚持发展为了人民、发展依靠人民、发展成果由人民共享，不断实现好、维护好、发展好最广大人民根本利益，使发展成果更多更公平地惠及全体人民，在经济社会不断发展的基础上，朝着共同富裕方向稳步前进。

实现全体人民共同富裕是中国共产党的核心政治价值，为了完成这一目标，还需要更加切实的具体政策，不断推进实践向前走。

实现全体人民共同富裕，是中国共产党的核心政治价值，是矢志不渝的初心和使命，是未来发展的目标和重要保障，也是全体人民的共同愿望。我们距离真正实现全体人民共同富裕的理想社会还需继续努力，但是我们已经走在正确的道路上，大踏步前行。

二、内在诉求："应得"正义与共建共享的契合

共同富裕正义伦理的理论基础来自马克思的基本理论体系，中国特色社会主义的制度建设无不在彰显马克思主义的精神内核，其中"应得"正义就是其中非常重要的价值取向。马克思和恩格斯的整个理论体系就是在阐述资本主义制度的不正义性质，也就是资产阶级不参加具体劳动，却占有全部生产资料和绝大部分劳动产品，而参加具体劳动的无产阶级却不占有任何生产资料，且被剥削了大部分劳动所得。在阶级社会这种状况必然发生，是阶级社会不正义的体现，所以马克思和恩格斯倡导无产阶级拿起武器，推翻旧的生产制度，建立一个自由人的联合体，从而实现彻底的正义。

共同富裕的一般定义是全体人民通过辛勤劳动和相互帮助最终达到丰衣足食的生活水平，也就是消除两极分化和贫穷基础上的普遍富裕。在今天社会主义制度的中国，广大人民群众都是社会主义的建设者，通过共同的努力建设中国式现代化的美好未来，从而实现真正的共同富裕。全体社会主义的建设者共享美好生活就是所谓的共建共享，这种理念契合了马克思主义理论体系当中的价值取向，也就是"应得"正义，劳动者是社会生产的主体，也应是劳动产品的占有者。

（一）马克思主义理论的分配正义

关于什么是正义，马克思本人并没有明确的完整论述，这也导致一部分学者讨论关于马克思的正义观为何，甚至有了马克思"反对正义"的错误观点。但是其实马克思和恩格斯二人的价值取向非常明确，整个马克思主义理论就是一种关于正义的理论，是关于建立一个什么样子的正义社会制度的理论。在马克思的观点中，当时的资本主义社会制度具有极大的非正义性，资本家严酷剥削工人阶级，无论从生产领域，分配领域还是人的自由全面发展等领域，资本主义制度都极大地伤害了人的本质，造成了人的异化，是非正义的社会制度，必须被推翻。

在马克思主义理论的语境下，正义从来都不是刻板的、抽象的，而是具体的正义，是让每一个社会成员都能够切实体会到、感受到真正的正义，也是一个历史的范畴，随着人类社会生产力的发展而不断变化。马克思认为以前的一些哲学家所描述的正义是抽象的，脱离了社会生产力和具体情况而存在，仅仅是一种抽象的理念，正义不能摆脱具体的社会生产独立存在，而是当时的社会生产力决定了正义可以实现的程度。恩格斯也对蒲鲁东的永恒公正观点提出了批判，提出所谓的公平正义的观念无论是被资产阶级还是无产阶级提出，都是具有一定历史条件行的，只能存在于一定的历史时期。马克思和恩格斯把当时资产阶级经济学家和政治学家提出的正义理念成为少数人的正义，并且对资产阶级的剥削和压迫等非正义行为进行了批判。恩格斯说，"这样的平等观念说它是什么都行，就不能说是永恒的真理"。[①] 恩格斯同时也论述到每个社会成员的劳动能力，心理状况，价值取向都有区别，因此绝对的公平正义只是一种幻想，公平正义存在的前提条件是承认差异。

在马克思那里，正义是一个历史的范畴，随着人类社会的不断发展而不断产生新的含义。在原始社会中并没有所谓的"正义"理念，在劳动产

---

① 马克思恩格斯文集（第 9 卷）［M］．北京：人民出版社，2009：113.

品分配上也遵守朴实的效率原则，也就是有捕猎能力的成年男子占有更多的劳动果实，也只有这样才能维持一个部落的生存状况。随着人类进入阶级社会，就产生了"公正"问题，其原因是不公正的产生，统治阶级占有生产资料，并通过剥削劳动者的方式不断积累财富，马克思和恩格斯二人都对此进行了批判。

马克思主义的公平正义理念贯穿了马克思主义理论体系的始终，为了便于理解可以简单总结为指向了生产公正、分配公正、社会制度公正和实现一切人的自由全面发展等范畴。所谓的共同富裕、共建共享和"应得"正义，更多衡量的是社会分配范畴，但是社会生产是分配的前提条件和基础，所以也必须纳入考量的范畴。

生产是一切的前提，是人类社会存在的基础，任何理念一旦摆脱生产领域，就成为了抽象的观念，正义的观念也是一样。因此，马克思认为保障生产领域的正义性具有极端重要的意义。从"林木盗窃案"开始，生产领域的公正问题就是马克思关注的核心问题，生产资料的归属权问题，直接关系到劳动产品的分配方式，无故剥夺农民上山捡树枝的权利无异于放任他们在寒冷的冬天冻毙。之后，恩格斯关注到了英国曼彻斯特工厂区的工人阶级生存状况，写出了经典文献《英国工人阶级状况》，描述了当时的英国工人的工作和生活环境。当时的资本家要求工人每天工作十六到十八个小时，这占据了工人的一切可支配时间，导致工人无法通过学习提高自己，工作极度异化，生存状况堪忧。马克思也是在了解这些社会现实之后才坚定了投身共产主义事业的决心。当时的工人所经受的折磨绝不仅仅是长时间的工作，而是重复的流水线工作，甚至工作环境也充满了废气和高温等等状况。当然，这一切的根源在于资本家系统地剥夺了曾经的农民工、手工业者的全部生产资料，把他们从世代劳作的土地上赶到了工厂中，完成了对人的"圈地运动"。工人在资本积累的过程中，被资本家视作无生命的劳动工具，流水线上的工人身体被视作资本的附属物，不断重复操作简单的机械动作，身体完全处于被奴役的状态。工人在生产过程中表现出作为人的独立和自由本质的丧失。当工人无法支配自己的劳动力、劳动时间甚至是自己本身，更无法获得应得的报酬。在资本主义的生产过程中，资本家把工人视作生产投入的一部分，而不是活生生的人，只要能够增加收入，他们可以尽情地剥削劳动者。在生产领域的绝对不平等造成了阶级关系的绝对对立，工人阶级从而受到了分配领域、社会生活领域的压迫和丧失未来发展的严重后果。

关于当时的分配方式，马克思和恩格斯旗帜鲜明地指出其不正当性。在马克思的政治经济学中，他指出资本家通过占有剩余价值的方式剥削工人，工人本应得到高得多的工资，整个社会在分配领域完全由资本家控制，这种分配方式是不正义的。这样一种不公平的分配方式导致当时的社会富者俞富，穷者俞穷，用马克思本人的话说，"工人生产得越多，他能够消费的越少；他创造的价值越多，他自己越没有价值、越低贱" [1]。工人处在不得不工作，越工作生活越是困苦的状态当中。马克思认为资产阶级所宣扬的平等分配，是用物的方式处理人与人的关系，这种看似公平的方式其实是扭曲人性的。

当然，马克思和恩格斯二人也设计出了相对更加正义的社会制度。首先是共产主义的初级阶段也就是社会主义，应当遵循按劳分配原则。在社会主义时期，社会生产力依旧受到现实的制约，只能尽最大努力实现公平正义。每个人领取的社会产品是经过各项扣除之后的产品，这份产品类似于是自己付出的劳动，每个人都没有损失，以另一种形式补偿个人的公共劳动，马克思建议选用劳动券这种方式，即劳动者在社会中领取一份能够证实自己付出劳动量的凭据，然后根据这张凭据领取等同的消费资料。当然，按劳分配只能实现最大化的正义，而不是绝对的争议，例如缺乏劳动能力的人也应当获得基础的生存资料，种种情况下就需要更多的具体制度去帮助实现社会公正。

---

① 马克思恩格斯文集（第1卷）[M].北京：人民出版社，2009：158.

社会制度，是一个社会生产关系的具体凝结，是社会上层建筑的一部分，在资本主义社会，社会制度最鲜明的特征就是其阶级性。资本主义的整个制度就在于保障资产阶级的利益，无论是这个国家的政府，法制还是警察系统，都将被用于维护统治阶级的利益。无产阶级可能会失去投票权等一系列社会权利；政府不关心无产阶级的死活；资本家把剥削的行为制度化、系统化。马克思和恩格斯二人也批判了几个主要资本主义国家的议会制度，提出无产阶级也应组建政党，参与国家政治生活，用敌人擅长的方式争取权益。

（二）共建共享理论中的应得正义

共建共享是共享发展理念的一部分内容，所谓的共享发展理念是一个完整的逻辑体系，其中包含全民共享、全面共享、共建共享和渐进共享。共享理念坚持以人民为中心的发展思想和人民至上的价值理念，马克思主义理论体系中分配正义思想是其实现的前提条件，体现了逐步实现全体人民共同富裕的目标要求。

人民群众是共同富裕的承载者，是价值主体、创造主体和受益主体的统一体。所谓价值主体指的是共同富裕理论指的是全体人民共同富裕，这是社会主义的本质体现，邓小平同志对此有过专门论述。创造主体指的是人民群众是历史的创造者，这个观点是马克思主义理论体系的基本观点，又由毛泽东同志总结而出成为中国共产党的基本认识。受益主体指的是人民是享有发展成果的主体，中国式现代化的发展成果由全体人民共享，这里的全体人民不是不是抽象的概念，而是指每一个社会成员，不指代少数人或一部分人，也不会丢下任何人，要求不落一人的全体人民的共同富裕。共同富裕中蕴含的人民立场观点可以总结为发展为了人民，发展依靠人民，发展成果由人民共享。

共建共享指的是所有劳动者共同建设，也由所有人共同享有劳动果实，共建共享是由中国共产党提出的最新理论成果，是达到共同富裕的可靠保证。在马克思主义基本理论当中，其实也有着共建共享的价值取向，马克思对广大无产阶级有着深切的关怀，就是因为他们是社会的建设者，理应享有建设的成果，但是他们的努力却被资本家所窃取。恩格斯说，"人对自身的任何关系，只有通过人对他人的关系才得到实现和表现。"① 也就是说，共建共享其实是人类社会运行的本质，人是社会性动物，社会分工是人类比动物的优势，随着人类走出原始社会，社会分工为人类提供了极大的生产力，人类社会本就是一个整体，是全体劳动人民共同建设的成果，那么全体人民共同享有劳动果实也是理所应当的。习近平总书记指出"共建才能共享，共建的过程也是共享的过程"，② 共建才能共享，说的是社会主义依靠广大劳动群众建设，是大家共同的劳动成果，只有共同建设我们的中国式现代化，才能有大家共享的美好未来。共建的过程中，人人发挥自己的主观能动性，为社会做贡献的同时，也为自己挣得了一份美好的未来，所以共建的过程也是共享的过程。如果说马克思的正义观是劳动者应享，那么习近平总书记的正义观就是共建者共享，两者是一脉相承的关系。

共同富裕是共建共享的最终目标，是中国共产党为之不懈奋斗的精神追求，也是全体人民的美好愿景，在中国共产党的领导下，共同富裕不是空中楼阁，而是可以实现的未来。习近平总书记指出："我们的方向就是让每个人获得发展自我和奉献社会的机会，共同享有人生出彩的机会，共同享有梦想成真的机会，保证人民平等参与、平等发展权利，维护社会公平正义，使发展成果更多更公平惠及全体人民，朝着共同富裕方向稳步前进。"③

党的二十大报告指出："共同富裕是中国特色社会主义的本质要求，也是一个长期的历史过程。我们坚持把实现人民对美好生活的向往作为现代化建设的出发点和落脚点，着力维护和促进社会公平正义，着力促进全体人民

---

① 马克思恩格斯选集（第1卷）[M].北京：人民出版社，2012：58.
② 习近平谈治国理政（第二卷）[M].北京：外文出版社，2017：215.
③ 习近平.在中法建交五十周年纪念大会上的讲话[N].人民日报，2014-03-29（002）.

共同富裕，坚决防止两极分化。"①共同富裕是马克思恩格斯直至中国共产党历代领导人等共产党人的理想追求，构成了一脉相承由不断随着新时代与时俱进的共同富裕理论体系，共建共享是其最重要的实现方式和价值底色。

习近平总书记将马克思主义基本原理的内在诉求与新时代中国特色和中国共产党最新理论成果相结合，创造性的总结出了共同富裕的相关理论体系，使得全体人民共建共享，最终实现共同富裕，不仅是科学的理论规划，而且具有鲜明实践性。沿着习近平总书记规划的正确道路，中国人民必将战胜一切艰难险阻，最终实现全体人民共同富裕的中国式现代化中华民族伟大复兴中国梦。

三、价值旨趣：人类解放与人的自由全面发展

马克思主义正义观关注的最后一个向度，是人的自由全面发展。马克思认为，在资本主义社会的环境下，工人的生产生活状况受到了极度的压迫，资本异化了人与物的关系，也异化了人与人的关系，造成了尖锐的社会矛盾。马克思认为劳动是人的本质，而在资本主义社会，劳动也被严重的异化。劳动本来是人类改造自然，发挥主观能动性的过程，但是在资本主义条件下，工人长时间从事重复单调的流水线工作，工人无法从中体会到自我实现的幸福感，更没有劳动技能提升的成就感，这是泯灭人性的。在社会主义条件下，实现了按劳分配，劳动者可以用自己的劳动挣得一份美好的未来，可以建设自己的家园，可以提高劳动技能，充分发挥主观能动性。

马克思和恩格斯在批判资本主义制度的过程中体现出了自己的正义理念，当然在为工人阶级夺取政权之后的共产主义制度设计过程中，也体现出了自己独特的基于劳动价值观基础的正义理念。

①　习近平.高举中国特色社会主义伟大旗帜　为全面建设社会主义现代化国家而团结奋斗——在中国共产党第二十次全国代表大会上的报告［M］.北京：人民出版社，2022：22.

马克思和恩格斯二人设计的一种理想中的正义社会制度，也就是共产主义，一种由劳动者自发管理的自由人联合体，由于社会生产极大丰富，每个人的自由全面发展是一切人自由全面发展的前提。在这样的社会制度下，能够真正实现公正，应为每个人都能够按需取用社会生产资料，于是"正义"的理念将成为历史，因为社会能够从按需分配的角度实现绝对的公平正义，传统的公正理念将失去生存的土壤。也就是说，公正的理念诞生于不公正的现实，当现实中已经没有公正问题，关于公正的理论也就不需要存在了。恩格斯《在反杜林论》的准备材料中，对于共产主义社会的正义做出了一个幽默的预想，"平等仅仅存在于同不平等的对立中，正义仅仅存在于同非正义的对立中，因此，它们还摆脱不了同以往旧历史的对立，就是说摆脱不了旧社会本身。这就已经使得它们不能成为永恒的正义和真理。在共产主义制度下和资源日益增多的情况下，经过不多几代的社会发展，人们就一定会认识到：侈谈平等和权利，如同今天侈谈贵族等等的世袭特权一样，是可笑的；对旧的不平等和旧的实在法的对立，甚至对新的暂行法的对立，都要从现实生活中消失；谁如果坚持要人丝毫不差地给他平等的、公正的一份产品，别人就会给他两份以资嘲笑"。① 也仅有当公平正义的问题可以被每一个社会成员当成饭后笑话去讨论时，一个社会才算是真正实现了公平正义吧。

在马克思和恩格斯设计的社会制度中，在共产主义的初级阶段，也就是社会主义制度的前提下，最大化实现公平正义的制度是按劳分配，所有社会成员共同参与建设，也共同享有社会发展的成果，这个观点恰好契合了当今中国的共同富裕和共建共享理论的精神实质。在未来的共产主义社会，由于社会生产力的极大提高，社会物质资料的极大丰富，"正义"的观念失去了存在的基础，人类的分配制度实现了按需分配，人们不必再为了争取利益而争斗，而是投入人的本质，也就是自由全面发展，这是马克思

---

① 马克思恩格斯文集（第9卷）[M].北京：人民出版社，2009：354.

主义理论的最终价值目标。

在人类真正进入共产主义社会之后，所谓的"公平正义"的理念，将被放入历史的博物馆。这时，人类的分配将更多注重另一个向度，也就是人的自由全面发展。在未来的共产主义社会，人将能够实现自由而全面的发展，劳动者将为了劳动而劳动，而不是赚钱、养家糊口、为生活所迫，能够在生产过程中充分发挥自身的主观能动性，也能够在业余时间发展自身，得到充分的技能培训。马克思在整个理论体系中无不在关注最具体最现实的人，体现出了深刻的人文情怀，这也是整个马克思主义理论体系中正义观的价值来源。

中国共产党如今规划的共同富裕道路和共建共享的理念，恰好与马克思和恩格斯所规划的共产主义体现出了共有的价值核心，也就是基于劳动价值论的正义理念，也就是对每一个劳动者深切的人文关怀。中国共产党带领人民建设国家，创造美好未来，是为了每个劳动者，为了全国人民共享劳动成果。沿着马克思主义和中国特色社会主义所规划的道路，中国人民必将实现共同富裕，最终实现共产主义的伟大目标。同样，就像马克思主义是为了全人类的解放，中国共产党的共同富裕观念也可以应用到如今越来越连接为一个整体的国际社会，中国将同国际社会一道，共同建设一个繁荣、公正的未来，构建人类命运的共同体。

因此，马克思主义的正义观与中国式现代化的价值理念是一脉相承的，在政治价值、内在诉求和价值旨趣层面达成了同调。马克思和恩格斯主张为广大无产阶级谋取权益，反对资产阶级的剥削和压迫，要求建立自由人的联合体，认为劳动者应当获得更多的生产资料和生活资料，能够自由地参加工作，在业余时间提高自己，最终实现人的自由全面发展。中国式现代化的共建共享理念有着同样的核心价值，主张全体中国人民共同建设中国特色社会主义的美好未来，也强调全体人民共享发展果实，增强人民的幸福感，获得感。人民群众用勤劳与智慧创造了璀璨的人类文明，是人类生产活动的直接参与者，是历史的创造者，人类文明的发展理应由人民共享。

第三节 共同富裕正义伦理的多维呈现

共同富裕所要呈现的正义伦理体现在多个维度侧面之中。从横向上来看，共同富裕正义伦理立足人的类本质属性，在劳动社会与共同富裕社会的辩证关系逻辑中指明劳动尊严的价值指向与实践方向。从纵向上来看，共同富裕正义伦理立足人类历史的文明演进规律，在文明与对抗的辩证关系逻辑中指明代际公平的伦理秩序建构。其核心价值最终指向劳动主体能够获得劳动自由与平等共享的经济利益与政治权利。

一、劳动尊严

（一）理论逻辑：劳动尊严与共同富裕社会的辩证关系

1. 劳动的前提：尊严是共同富裕社会的内在本质

马克思指出，唯有通过劳动，才有可能达到共同的繁盛与先进。因此，劳动的尊严不仅仅是一种表面的形式，而且也是构建一个公开的、公平的、公正的社会的关键因素。唯有通过充分的劳动，才有可能达到共同富裕，从而使我们的国家走向繁荣昌盛。从古至今，人们一直在努力创造和维护属于自己的价值观。这一过程中，劳动者的尊重得到了充分的体现，因为他们拥有了最基本的生活物质要求，并且他们对于物质财富的掌控也取决于他们的生活物质要求。由于私人拥有的财物，使得社会经济发展受到严重的阻碍，导致社会的不平等。如果不能充分利用财物，社会的发展将会受到严重的影响，从而使得社会的公平性受到威胁，而实现真正的共同繁荣则只能靠个体的努力。

在资本主义雇佣劳动的社会中，私有财富才具有主体性，只有私有制得到有效实施，才能够有效地减少职工的贫穷，从而达到共同的发展目标。为了达到共同繁荣，我们必须确保职工的权利得到充分保障。如果职工的权利得到侵犯，那么"解放"的制度就无法为他们创造出真正的财富。因此，我们必须确保职工的权利得到充分保障，以便为大多数职工创造出真正的财富。以人为中心，我们应该把人的权利和利益放在首位，以促进共同繁荣。为了确保人们的权利得以充分体现，我们必须在各个领域都落实人权的原则。个体异化的扬弃和个体变异走的是同一种路线，这也正好反映了人权的重要性。无论是私有财产还是公共财产，都必须努力解决贫困对人类生存的威胁，以满足人们的基本需求。只有彻底消除资本主义的垄断地位，重新建立一个公平公正的社会，才能确保每一个公民都能享受到充足的物质财富，从而实现社会的和谐发展。

2. 劳动的过程：尊严是共同富裕社会的价值诉求

习近平总书记指出："在我们社会主义国家，一切劳动，无论是体力劳动还是脑力劳动，都值得尊重和鼓励；一切创造，无论是个人创造还是集体创造，也都值得尊重和鼓励。全社会都要贯彻尊重劳动、尊重知识、尊重人才、尊重创造的重大方针。"① 在一个充满活力的社会里，工作的尊重一直都被视为是重要的基础。在这样的工作氛围里，工人们能够建立起一种公平、公开、公正的工作关系，从而使他们更好地发挥出内在潜能，并获得更大的收益。随着经济的进步，共同富裕的社会已经成为可期待的现象，它让每个公民拥有了更多的权利，可以独立地选择工作的方向，并且可以充分地参与到工作中来，从而更好地体现出个体的权利。尽管工作的形式可能有所差异，但其核心宗旨就是让每个公民获得更多的权利，获得更大的自由和更高的幸福感。劳动原本应该被视作一种激发个性、实现梦想、实现目标的重要方式，它可以帮助个体获得更多的机会和能力，但是，随着社会的发展，资本主义的社会结构使得原有的劳动变得不再具有任何意义，只能作为一种物质的补充，以及一种被剥夺个性的工具，来维持个人的存活。随着社会的发展，工业生产的形态发生了巨大的变化，从一种

---

① 习近平. 在庆祝"五一"国际劳动节暨表彰全国劳动模范和先进工作者大会上的讲话[N].
人民日报，2015-04-29（002）.

正面的活跃状态转变成一种负面的状态，即工业生产的形态变得越来越多元。为了获取更多的财富，资本家不择手段地剥削员工，不顾及员工的感受、身体和生活状况，甚至将员工只是当作生产工具，给予的只有食物和水，就像给锅炉加煤，给机械上油一般。由于市场经济的发展，生产的影响力越来越大，员工面临的是来自各方的强制性工作，他们必须服从资本家的安排，以维护自身的利益。然而，当"肉体的强迫或其他强迫"终止时，员工们就像瘟疫般逃离工作，无法再继续从事自己的工作。由于国民经济的迅速增长，资本已经失去了推动国民经济增长的能量，变得越来越无用，从而破坏了促进共同繁荣的根源。因此，建立一个充满尊严的工作环境，以及更加科学的管理机制，将对促进国民经济的可持续增长举足轻重。马克思提出"人类社会"，以确保整个社会能够有效地使用全部资料，从而达到共同富裕的目的。这一理念强调，只有当整个社会能够合理地使用这种资料，才能彻底摆脱人们自身资料的奴役，从而达到真正的共同繁荣。"人类社会"的工作方式让工人感到非常荣幸，他们可以从中受到精神和肉体的双重释放，并培养出一种乐观向上的个性。这种工作方式既可以帮助工人提升工资水平，也可以鼓舞他们追求更好的未来。此外，工资水平的改善也使工人的收入水平更加稳定，从而促使他们更加充分地发挥个人潜力。

3. 劳动的结果：尊严是共同富裕社会的外在规定

在当今这个充满竞争的时代，保障公平、公开、公正的劳动价值观已经成为每个公民的基本原则。因此，在实现共同富裕的道路上，保障公众的权利和利益，使每个公民都能从自己的劳动中受益，这也成为实现公平、公开、公正的最终目标。通过遵守有关劳动权的法律法规，我们有权利享受到有利于保护和利用自然资源的权利，从而促进全民的经济和文化的繁荣，使我们的国家和我们的民族更加繁荣昌盛。因此，我们必须以最高的标准和最大的热情去看待每个参与者，以确保每个公民都有平等的权利。对于任何一个人来说，自由和平等是一种基础，而"等价交换""正义"则是对它的一种更具体的表达。资本主义的政治经济学家强调，任何人的贡献，无论是从社会上还是从个人层面，都是一种重要的权利，而且必须得到平等的对待。马克思强调，以"等价交换"的方式进行的经济行为存在着明显的形式主义与剥夺主义，从根本上说，它们都导致了经济的异化。他提倡，通过劳动，人们可以获得超越物质财富的财富，从而获得极高的经济利益。然而，资本主义国家提供的报酬只能够弥补劳动者在某些特殊情况下的损失，而无法实现真正的经济增长。这意味着，劳动者只能从产品中获取最少的收益，而无法获取真正的经济增长。最终，这些收益将被用于满足资本主义国家的经济需求，而非真正的经济增长。虽然劳动可能为我们带来一定的收入，但是却无法构成一种普遍的经济状况，反倒更加依赖于个体的利益。

可见，要实现共同富裕，就必须改善资本主义的不公平状况，使所有公民都可以平等地获取到自己的工作报酬，而不存在贫富差距。因此，要实现真正的公平，就必须建立一个公平、公开、公正的劳动制度，以保障每个公民都可以获取到自己的工作报酬。经过社会各阶层的努力，资本与劳动的流通与交换已经摆脱了资本主义剥削的束缚，它们的目的已经超越了个人财富增长的渴望，而是为了让社会上的每个个体都能够获得更多的收益，从而实现社会的共同富裕。应当强调的是，实现真正的共同富裕并不是仅仅依靠工资的大幅度增长。要真正达到共同的繁荣，工资必须与其所得的收入成相等的比例。随着共产主义的发展，人们的收入水平得到极大的提升。但是，由于资本的垄断，人们的收入仍然受到一定的限制。因此，要想达成一个更加均衡的收入，就必须建立一个使得每个人的收入得到均等保障的机制，从而使得每个人的收入得到合理的分配，达成一个更加均衡的收入水平。劳动者的权利与自由，以及他们的工作成果，构成了一个充满活力的，具有普遍性的、可持续性的，具有深远影响的，能够推进全民共享的社会。

（二）实践逻辑：劳动尊严对共同富裕社会的现实指引

中国共产党人应当秉承勤奋、节俭、诚信的精神，不断推进理论建设和理论创新，从而促进全民实现共同富裕。

1. 前提逻辑：坚持勤劳致富，优化生产关系

在共同富裕的社会里，生产关系是维护劳动者权利的基础，它不仅是消费资源分配的结果，也是反映生产方式特征的重要标志。因此，在这种情况下，人们的财富分布完全取决于他们生产资源的拥有情况。当所需的物质财富都归属于一个社会时，"生产资料公有—合作劳务—共有结果"的理念就得以落地，这样，每个人都可以以公正的方式参与到社会的经济建设中，从而达到共有财富的目的。经济的繁荣和进步，离不开每个人的努力和汗水。辛勤劳动为构建一个繁荣昌盛的社会发挥着至关重要的作用。尽管如此，仍存在许多贫困地区的劳动者无法获得平等的劳务和工资待遇。为了实现全民共享繁荣，我们需要建立一个健全的就业环境，不断完善和优化相关的政策和法规。

"共同富裕路上，一个也不能掉队"[①]。为了让每个公民都能够获得实现财务自由的机遇，我们需要不断完善和优化就业政策，积极鼓励和引导各类创新型和技能型的就业，特别是对于那些经济发展较慢的地方，我们还需要坚决打击"等、靠、要"的不良行为，促进贫困群众的自主发展。社会主义所有制结构的建立为实现全民共享繁荣发展的目标奠定了基础。若要实现真正的共同繁荣，必须改变传统的经济结构，让全民参与其中，"要抓紧抓实农业、畜牧业生产，确保市民的'米袋子''菜篮子'货足价稳，确保农民的'钱袋子'富足殷实"[②]，让每个人都拥有自己的财富，让每个人都从辛苦的工作和努力获取收益，而不是仅仅依靠个别的财务收入。随着中国经济的不断增长，非公有制经济已经成为中国特色社会主义市场经济体制的一部分，其贡献的税收占比达到60%，国内外总额占比达到70%，

---

① 习近平总书记在十九届中共中央政治局常委同中外记者见面时的讲话［EB/OL］.http//www.xinhuanet.com//politics/19cpcnc/2017-10/25/c_129726443.htm.

② 杨典.为全面建成小康社会夯实基础多管齐下保基本民生［N］.人民日报，2020-06-17（009）.

创新成就占比达到 80%，城乡劳务就业机会占比达到 90%，中小企业总量占比达到 90%。中国的非私营部门具备公有制企业发展的基本属性，它能够减轻资本与劳动者的冲突。它为促进社会的进步做出了巨大贡献，为达到全民平等的目标提供了必要的支持。然而，它本身也存在的资本倾向，导致了不平等的分配。随着时代的进步，我们必须采取措施，以确保未来的可持续性。首先，我们必须积极推进非公有制经济的改革，加强其管控，以促进其可持续增长。其次，我们必须加强政府的监管，以确保其可持续性，以保障全民的福祉。最后，我们确保全民的合法权益得到充分保障，从而实现全民的共同富裕。

2. 过程逻辑：维护劳动尊严，实现体面劳动

"把增进人民福祉、促进人的全面发展、朝着共同富裕方向稳步前进作为经济发展的出发点和落脚点"①。劳动的尊重和自由，是实现共同繁荣的基石，更是促进社会发展的重要支撑。劳动为社会劳动者提供了基本的物资和精神支持。但是如果劳动者没有受到公平对待，那么这种非法的劳动方式将对劳动者造成严重伤害，削弱他们劳动热情。这样，我们就无法真正促进社会公平，让劳动成果真正惠及每个人。马克思主义指出，资本主义经济社会中劳工的本质在于剥削劳工的权利，他们的劳动活动无法获得公平的待遇，而劳务的结果却可能会变成无尽的负担，这就需要社会主义的劳动制度能够更好地满足劳动者的需求，从而确保劳动者的健康和可持久地发展。要实现以健康生产方式为根本、前提和保障提出的安全生产目标，必须建立在进一步提高安全保护能力、持续改善健康生产状况、确保劳工安全感和身心健康的基石上，以确保安全生产水平能够适应经济和社区的发展。

社会劳动保障体系的发展需要政府进行大幅度的调整，并加强对劳动者的保障。具体来说，应该制定更加严格的劳动保障制度，包括但不限于

① 杨典. 为全面建成小康社会夯实基础多管齐下保基本民生［N］. 人民日报，2020-06-17（009）.

就业、失业保障、劳动合同、劳动关系监督、劳动保险和劳动者与雇员之间的沟通机制。通过这些措施，我们可以保障劳动者的权益。在我们的社会主义国家，只有建立起充满爱心、平等、包容的劳动氛围，才能让人们真正享受到体面劳动的荣耀。我们应该营造劳动光荣的文化氛围，让所有的劳动者都能够获得社会的公平对待，并受到应有的尊重。政府应该积极引导社会舆论，利用新闻媒体宣传劳动者的感人故事，让全社会认可劳动文化，从而推动劳动者与政府、单位以及劳动者之间建立起平等的关系，从而消除劳动过程中存在的不公正现象。因此，劳动文化的改善对于促进社会公平正义具有十分重要的意义。只有通过建立和谐、公正的关系，以及充满创造性的劳动，才能持续激发出建设共同富裕的活力。新时代的体面劳动不再局限于传统的谋生观念，它不仅是马克思劳动过程的尊重，更是实现共同富裕的重要途径。

3. 结果逻辑：坚持贡献发展，改善民生福祉

只有贯彻以人民为中心的经济社会蓬勃发展基本思路，才能够真正实现共同富裕的理想。新时代推进共同富裕社会建设，必须坚持将共享发展理想付诸实践，以实现共同繁荣。

实现全民共享繁荣的目标，必须从改善公平正义的角度出发，加强对公平正义的认识，并以此来促进公平正义的实施。公平正义的实施，需要从改善公平正义的角度出发，以确保公平正义的实施，促进全民的福祉。习近平总书记在庆祝"五一"国际劳动节大会上的讲话中指出："党和国家要实施积极的就业政策，完善制度，排除阻碍劳动者参与发展、分享发展成果的障碍，努力让劳动者实现体面劳动、全面发展。"[①] 为了建立一个充满活力的、公平公正的、共同经济发展的社会，必须以保护所有人的权益为前提，努力推进公平、公开、公正的分配制度，使每个人都得到公平的机

---

① 习近平．在庆祝"五一"国际劳动节暨表彰全国劳动模范和先进工作者大会上的讲话［N］．人民日报，2015-04-29（002）．

遇，而非少数人的特权，也非严整划一的平等社会主义。因此，必须将保障劳动者的合法权益作为推进公平公正的重点任务，"坚持按劳分配原则，完善按要素分配的体制机制，促进收入分配更合理、更有序"①。

　　尽管当前中国正处于社会主义初级阶段，并且面临着许多挑战，如市场经济、非公有制经济以及财政分配等问题。为了解决这些问题，中央政府需要完善分配机构的职能，并贯彻以人民为中心的经济发展思路，进一步提高民众的生活品质。此外，中央政府还需要推进税务改革，以促进财政的均衡发展，并减少财政负担，以促进人民的福祉。只有通过努力提升真实、公义、公开、正义的机制，使得所有国民都享有公正的权益和机会，这样，我们的共同富裕和劳动的尊严才能实现，而其最终目的就在于提高公众的幸福感。要实现全方位深化改革的目标，就要以提高民众的生活质量、促进平等公正精神为出发点和落脚点，以实现民众的充分发展，让所有人都能够享受到更加平等、公正的待遇，并且能够体验到归属感、幸福感和成就感，这样才能够促进共同的繁荣昌盛。为了更好地满足民众的日常需求，我们必须努力构筑健全的社会保障体系。首先，我们应该全面实施基本的社会救济机制，确立低收入家庭的生存保护机制，以有效降低农村和城镇的贫困家庭的最低生活标准；其次，我们应该全面实施城市公共服务的均衡分配，着重建设农村的道路、电信、交通运输、物流等基本设施，并且实施更有效的城市统筹开发政策，以实现农业和国民经济的可持续发展；再次，我们应该全面实施农业和国民经济的振兴，着重关注农业和农村的可持续性，并且在农业和经济方面给予更多的投入和支持。马克思恩格斯曾经指出，由于资本主义的剥削和压迫，人们的收入水平低下，因此他们提出了一种新的解决方案，即通过改革和创新来促使人们获得更多的财产和权利。随着新的历史机遇，我们必须克服当前的挑战，"必须多谋民生

---

① 习近平.决胜全面建成小康社会夺取新时代中国特色社会主义伟大胜利［M］.北京：人民出版社，2017：46.

之利、多解民生之忧，保证全体人民在共建共享发展中有更多获得感，不断促进人的全面发展、全体人民共同富裕"①，通过改革和创造，以促进全民的福祉。要解决当前的工作压力，就必须努力提高劳动者的工作质量，确保他们享受到应得的权利，从而使全民都能够走向幸福。

二、代际公平

共同富裕是社会主义的本质要求。强调共同富裕不仅要关注由生产力发展带来最大多数社会成员的"财富"丰富，做大社会财富的"蛋糕"，夯实共同富裕的物质基础，更需强调"共同"这一支撑生产力得以客观发展的"社会关系"因素。"共同"的含义在范围上强调的是涵盖"全体""大家"；在内容上强调的是全体社会成员物质生活和精神生活的均衡富裕，全体社会成员生活质量的全面提高；在过程上强调的是"同时""同步"，但人们达到富裕的水平有高低、程度有差别。因此，共同富裕从根本上讲强调的是坚持以公有制为运行主体的社会制度，以维护和实现全体人民的利益为价值目标，而不是资本驱动的趋利行为；强调尽力而为、量力而行，通过加强基础性、兜底性民生保障建设，促进基本公共服务均等化，先后有序逐步实现有底线有层次的、差距适度的社会发展目标。

（一）政治代际公平

马克思恩格斯的政治代际公平思想旨在通过改革和创新的手段来确保劳动者的政治权利得到充分的保障，以及为子孙后代提供更加公正的政治环境。他们以批判的眼光，深入剖析了资本主义社会中政治代际公平的实质，并且指出了影响这种公平的各种因素，以及国家之间政治公平存在的问题与挑战。

在资本主义社会中，代际公平仅限于财富阶层。然而，在其他社会中，

---

① 习近平.决胜全面建成小康社会夺取新时代中国特色社会主义伟大胜利［M］.北京：人民出版社，2017：23.

人们则更加关注如何通过家庭或宗族的关系来实现真正的代际公正。因此，在各个时期，人们都应该获得相对的权利和机遇。在资本主义制度下，虽然有些地方的政治公正受到限制，但大多数地区的群众仍然能够享受到基本的经济和文化自由，他们也能够从中受益。然而，在这种制度下，个体的财富和地位仍然被视为最重要的因素，从而使他们的权力受到限制，从而使他们的福祉受到影响。尽管资本主义体系允许许可的变化，但它们最终只能带给资产阶级更加不均衡的财富分配，从而取消了传统的个体特权与家族特权。因此，在某种程度上，资本主义体系已经放弃了对不同阶层的公正。

马克思恩格斯指出，资本主义社会的存在导致了社会不公正的状况，其中最重要的两个方面就是政治特权、腐败。这种不正当的行为不仅限于社会的不均衡，还会影响到社会的稳定性，从而阻碍社会的进步。由于垄断资本主义的兴起，它们把财富转移到了少数人手里，使他们可以以更高的价格获得更多的财富，这也就意味着，伴随时光的推移，社会中的贫富差距将变得更加明显，这将使得社会中的普通老百姓无法享受到真正的社会公正，甚至可能面临着更加深远的社会危害。

当马克思恩格斯生活的那个年代，外来的殖民者肆无忌惮地向世界发动攻击，他们不断地破坏着亚非拉的文明，并且以此为基础，来改变亚非拉社会。马克思恩格斯认为，资本主义列强以其残酷的手段，无视亚非拉的脆弱性。这种以暴力手段取得的社会秩序，实质上是一种极端的政治不公正。强大的力量具备侵略性，而脆弱的国家只会遭到沉重的打击。根据全球历史，那些被视作外部威胁的民族，通常被迫屈服，无法实现其独立的发展，而且由此导致的结果是，这些国家既无法获得主权，又无法参与全球事务，其财富被外部力量控制，使得现今的社会及其子孙都无法享受到真正的公正。

"公平正义是中国特色社会主义内在要求"。① 中国共产党一直以人民为中心，不断促进政治代际的公平性。习近平总书记在党的十八届三中全会第二次全体会议上的讲话中指出："在不同发展水平上，在不同历史时期，不同思想认识的人，不同阶层的人，对社会公平正义的认识和诉求也会不同。"② 当前我国仍处于社会主义初级阶段，以人民为中心仍然是我国的本质特征。促进共同富裕不只是一个经济社会现象，更是一个关乎党的执政基石的重要政策课题。"无论处在什么发展水平上，制度都是社会公平正义的重要保证"。③ 为此，党中央积极投入，努力构筑完善的社会主义法律法规和社会主义保障制度，各级党组织和广大党员充分发挥自己的主观能动性，促进社会和谐发展。一是全过程人民民主，保证了人民享有平等的政治参与权。所有公民都应该拥有完整的自由，并且可以根据宪法和其他相关规定进行公正的投票、讨论、决定、执行和监督。我们应该采取多种方式来表达我们的想法，确保每个公民都拥有同样的公共利益。全过程的人民民主的实现，就必须从上到下，从党中央到地方，最后到基层，都要建立起民主制度，在一系列复杂的过程中相关的工作部分和工作人员都要落实好自己的工作职责，相互监督，确保人民都能够广泛地、平等地参与政治生活。二是全面建设和推进公共服务制度体系现代化，保证人民享有平等的权利，并获得根本的利益。公共服务型政府也一直坚持以改善民生为己任，"按照兜底线、织密网、建机制的要求全面建成覆盖全民、城乡统筹、权责清晰、保障适度、可持续的多层次社会保障体系"④，加强惠普性、基底性保障建设，完善住房供应、补贴等保障体系，让人民有更优的生活条件，享有平等的发展机会。公共服务制度体系的建设，保障了属于人民的根本利

---

① 习近平谈治国理政（第一卷）[M].北京：外文出版社，2018：13.
② 习近平谈治国理政（第一卷）[M].北京：外文出版社，2018：96.
③ 习近平谈治国理政（第一卷）[M].北京：外文出版社，2018：97.
④ 习近平.决胜全面建成小康社会夺取新时代中国特色社会主义伟大胜利[M].北京：人民出版社，2017：47.

益，建立健全了基础公共服务体系的均等化考核体系，让每个公民都有自由的选择权，很好地维护了人民的民主权利。

（二）经济代际公平

尽管资本主义国家可以通过提供资金和技术来实现政府的控制，但这种控制却无法改变贫困和落后的状况，从而使得整个社会的福利分配变得更加不均衡。当代劳动者之间的收入水平存在巨大的差距，从而导致了代际间的不公正。然而，即使当代劳动者的收入水平有所提高，这种不公正也将继续存在。

资本的追求利润的倾向是造成社会不公正的重大原因。由于建立在私营财富和特权的社会结构，使得资本家能够肆意地剥夺和压迫劳动者，从而给社会带来了极大的负担。然而，由于缺乏充分的社会福祉，以及各种形式的不平衡，许多穷困的国家在实现社会公正的道路上遭遇了阻碍。为了满足自身的利益，资本主义帝国试图通过攻击、抢劫、破坏各种贸易壁垒，以及滥用军事手段，以维护自身的霸权。许多落后的国家因为持续的财富剥削而导致其经济结构的极大破坏，从而使得它们无法获得真正的社会公正。

随着"公平"的实施，资本主义的私有化将导致资产阶级的财富更加集中，削弱社会的公正性，导致了社会的分化，从而给无产者带来了更多的不公正，最终导致了社会的分裂和瓦解。如果我们希望让无产阶级享受到更多的权利和机遇，我们必须首先摧毁资本主义的私有制和它所带来的剥削。这样，我们才可以采取行动来改变这些状况，并让所有的人都享受到更多的权利和机遇。无产阶级革命可以作为实现这个目标的有效手段，它可以帮助我们改变这些不公平的传统，并创造出一个更加公平的社会。

自1978年改革开放以来，中华民族伟大复兴得到了极大的推动，其中最重要的是推动了中国生产力的进步，使得中国的经济水平得到了提高，国家实力得到了长足的发展，但是也带来了一些新的挑战，比如，出现了国家发展不平衡，两极分化较为严重等问题。为了消除社会的不均等，减少贫困的现象，国家积极推动农业现代化建设，努力构建更加均等的社会。

一是实施乡村振兴战略，有效破解了发展不平衡问题。努力消除农业与工业的落后状态，促进农业和农村的可持续增长。经过不懈努力，我们已经成功提高了农村的基本设施，使得农民的生活质量得到显著提升，并且减小了城市与农村之间的差异。通过乡村振兴带来的积极影响和作用，更多的外来资金和先进的技术等源源不断进入农村，农民从仅凭自己双手进行劳动中解放出来，学到更多的新技术后，利用这些新技术发展新产业，不断开展各种农村创业活动，这就直接创造了更多的就业机会，很好地解决了农村劳动力过剩的问题，更是让一些外出打工的年轻人看到了家乡发展的机会，从而选择回到家乡，共同进行乡村建设；同时，这一系列的积极措施也直接拉动了乡村经济的有效增长，进而减小了与城市经济发展之间的差距，为农村的经济发展提供了一个更加公平的大环境。

二是坚持"两个毫不动摇"，这为市场竞争提供了公平的条件。毫不动摇地坚持公有制经济，可以实现发展成果的共享。随着政府对于财富的重视，现阶段，政府已将一定比例的财政收入用于补贴，以及其他形式的投入，以满足广大人民的需求。此外，政府还将大力推行政策，以激励、扶植、指导各类非公有制经济的健康发展，完善市场环境，促进中小企业发展，提供金融服务。与此同时，政府也兼顾到了中小企业在整个市场环境发展中的挑战和困境，明确了对于中小企业的支持，鼓励其进行创新，发展新兴产业，提升自身的市场竞争力，这一系列的措施也从另一个层面优化了市场的环境，解决了企业之间发展的不平衡。

（三）文化代际公平

文化是一个国家的灵魂，它的持久性、深远性以及普遍性对于一个国家的进步至关重要。文化可以促进社会的进步，并且可以保证一个国家的长久繁荣。任何一种社会状况的文明都必须以一种主流思想为指引，那便是主宰性的意识形态。因此，我们必须坚持以马克思恩格斯的观点为指引，以实现社会主义的可持续发展，而不受过去的思想束缚。为了让社会主义的理念更加深入人心，我们需要博采众长、借鉴吸收，在批判性继承发展的过程中促进文化平等的政治权益。各种人类文明各有千秋，价值平等。"每一种文明都扎根于自己的生存土壤，凝聚着一个国家、一个民族的非凡智慧和精神追求，都有自己存在的价值。人类只有肤色语言之别，文明只有姹紫嫣红之别，但绝无高低优劣之分。"①对待各国各民族文化应该一视同仁，平等是文明交流互鉴的前提。这样，我们的文化才能沿着正确的道路继续前进，避免受到任何负面影响。在某种程度上，社会主义意识形态为促进不同阶层之间的文明和谐提供了坚实的根据。

在当今世界，代际公正不仅仅体现在文化层面，而且在经济、政治、社会等各领域带来长久的影响。因此，我们应该努力增强文化的软实力，以便更好地促进国家的发展。习近平总书记强调，人民是文化的创造者，也是接受甚至是欣赏文化的主体。坚持文化为人民服务，要坚持以人民为中心的创作导向，提高文化产品质量，为人民提供更好更多精神食粮，要引导广大文化文艺工作者深入生活、扎根人民，把提高质量作为文艺作品的生命线，用心用情用功抒写伟大时代。因此，加强文化的保护发展中华优秀传统文化，保护好、开发好、利用好红色革命文化，积极创造社会主义先进文化。只要民族文化得到保护和传播，文明的血脉不断、根魂不散，就可以实现民族的长久繁荣。

如今，我们的民族拥有着丰富多彩的文化遗产，它们既见证着中华民族的悠久传统，又成为推动民族进步的强大动力。为了促进文化的发展，我们必须珍视并加以保护。这不仅有助于增强我国的文化软实力，也有助于促进我国的文化共享。同时，我们还应该努力探索并发展各种不同的文化，以便在国内外能够获得认可。文化是促使人类发展的关键，它可以改变我们的生活。为了推动中国特色社会主义的可持续发展，我们必须积极推动以科技和知识为核心的文化创新，增强人们的思想和精神素质，并且在思想和政治领域提升自身的影响力。同时，我们必须重视和培养具有中

---

① 习近平.深化文明交流互鉴共建亚洲命运共同体［N］.人民日报，2019-05-16.

国传统价值观的文化精神，使其在国家和人民中得到认可。习近平总书记 2016 年 9 月 9 日在北京市八一学校考察时发表讲话，指出："教育公平是社会公平的重要基础，要不断促进教育发展成果更多更公平惠及全体人民，以教育公平促进社会公平正义"①。要完成中国梦的伟大理想，就要加大马克思主义理论的宣传，使社会主义核心价值观更加深入人心，激起全体中华儿女的爱国主义热忱，创造中华民族的现代文明。

三、主体自由

随着时代的发展，人类的自由得到了充分的实现。第一阶段，即"对人的依赖"的实施，它使得人类可以根据不断变化的环境，建立起一个具有可持续性的、可调节的、可控制的、可管理的、可控制的社会结构。这一阶段主要是以国王为中心的专制统治，在这样的制度环境下，统治者的一切意志就代表了人民的意志，人民在这一过程中只能是被动地接受，接受国王下达的安排、命令。平等和自由都是很有限度的。在资本主义时期，个人的发展来到了第二阶段，也就是"对物的依赖"。在这一时期中，生产力得到了很大程度的发展，随着世界市场的开发和拓展，让人们看到了更多美好的事物，所以也更加频繁地进行一些生产和交易活动，人与人之间的社会关系也在一定程度上更加的密切化。然而资本主义的生产分工制度对劳动者来说也是单一的，只能让他们从事某一项特定的生产活动，其他方面的能力也就相继缺乏了。随着社会的进步，人有了更高的要求，在共产主义社会，每一位公民都可以拥有更多的机遇，获得更多的尊严，达到更好的生活状况。人可以尽情地、充分地发挥自己的主观能动性和创造能力，还能够以自己的爱好、兴趣或者是个人意愿去随意的发展、提升自我，更多的脱离了自然和社会环境的束缚，真正成为自己的主人。这也是我们共同奋斗的目标。

---

① 习近平谈治国理政（第二卷）[M].北京：外文出版社，2017：365.

（一）实现共同富裕的基础和价值就是实现主体的自由

1. 主体自由为实现共同富裕奠定了理论与实践基础

第一，马克思的人的全面发展理论详细阐述了人的需求发展、劳动技能的发展与自由发展，这在一定程度上很好地表现了人的需求的复杂本质，这也为我国推动实现共同富裕这一宏大的目标提供了理论基础和支持，首先必须满足每个人的基础物质生活，才可以考虑精神生活的满足和丰富。物质文明和精神文明，这两者对于每个人的生活是缺一不可的，所以国家就要创造独立自主、公正开明的社会环境和风气，不能压抑个人的性格和特点，尽可能多地为个人的发展提供积极和便利的条件。

第二，在历史的发展进程中，所有的社会活动，人都是作为主体，并存在于所有的环节。对于实现共同富裕，人也是最重要的推动者。在进行生产活动的时候需要生产要素，人起着决定性的作用，无论是物质还是精神都离不开人，没有了人，财富也就没有存在的意义。在对于历史和社会发展进程的探索中，人的认识在不断地提升和进步，这一改变促进了社会的发展，不断丰富多样化的实践活动让人们有了更多的体验，进而促进了自身的能力发展，同时，也可以让人们更好地适应千变万化的社会。在当下，无论是各项科技，还是文明都无时无刻发生着变化，人与人之间都存在着竞争，尤其是国家方面，其竞争不仅仅是军事、经济，更是文化和人才的竞争，所以说在推动共同富裕早日实现的过程中，必须重视人才的培养，关注每一个人的成长与发展，只有真正将人的工作做到位，才可以让共同富裕的发展在每个阶段都能注入新鲜的血液和力量，才能够更好、更快地实现这一目标。习近平总书记指出："广大劳动群众要勤于学习，学文化、学科学、学技能、学各方面知识，不断提高综合素质，练就过硬本领。要立足岗位学，向师傅学，向同事学，向书本学，向实践学。"①

---

① 习近平.在知识分子、劳动模范、青年代表座谈会上的讲话［N］.人民日报，2016-04-30（002）.

2. 主体自由是实现共同富裕的价值旨归

每个个体的自由都是人民的心愿，也是社会发展和进步的基础。在从前，我国的社会生产力还没有达到成熟的时候，只是在大力发展经济，认为只有经济提升上来了，人们的物质生活得到了满足才可以幸福；但是在这一过程中忽视了自然环境的和谐、忽略了人的精神文化世界的发展，把金钱、利益作为评判人们生活是否幸福的唯一指标，这一观念最开始就是错误的，所以并不能给人们的生活带来幸福感，反而是像一把枷锁，将人们的个性和生活束缚了起来，让大家变得没有那么的自由。随着社会的进步，人们逐渐意识到了这个问题，精神世界与物质世界需要进行统一。我们所追求的共产主义要实现社会财富的积累，那么就必须要消灭传统的对于主体自由的限制，这样一来社会才可以最大程度地满足每个社会成员的需求，让每个人都得到自由的发展。共同富裕在实现共产主义的过程中只是一个必经的重要过程和环节，其目标同样也是实现主体的自由化。

（二）共同富裕为主体自由奠定基础

1. 共同富裕为实现主体自由奠定物质和文化基础

"一切人类生存的第一个前提，也就是一切历史的第一个前提，这个前提就是：人们为了能够'创造历史'，必须能够生活。……第一个历史活动就是生产满足这些需要的资料，即生产物质生活本身。"[1] 社会是由个体组成的，在社会中，每一个人的自由聚合起来都会促进社会的发展，同样的，社会的发展和进步也为个体的自由提供了必要的条件和环境。人的自由发展和自身的需求满足有着最为直接的联系，这也是人和其他动物有着最大区别的原因和表现。人的需求的满足，首先是物质层面的需求，其次是精神层面的需求，只有二者都得到了满足，人才有一定的自由发展。在中华人民共和国成立初期，生产力还较为落后，当时的人们在各个方面都受到客观环境和一些物质条件落后的限制。在改革开放以后，科学技术有了明

---

① 马克思恩格斯选集（第1卷）[M].北京：人民出版社，2012：158.

显的提升和进步，生产力在这一时期也得到了很大幅度的提升，但是整体发展比较不均衡，两极差距较大，特别是教育资源、医疗条件等公共服务都显示出分布不均衡，这一时期的发展存在一定的片面性。在新时代，我国意识到了这些存在的不足，并且将发展的重心调整到了共同富裕的层面上，这种共同富裕不单单指的是物质层面的富裕，还有精神层面的共同富裕，将满足人们的多元化需求。

2. 共同富裕为主体自由提供了空间和平台

人与社会的发展是一体的，人的自由发展也就离不开社会的发展。社会之所以能够前进，是因为人的因素，人作为主体在社会中不断进行更加复杂、多样、丰富的社会实践活动，促进了社会的发展。在这一过程中人的社会身份与角色也不再单一，每个人或许都承担着不一样的社会职责，社会的关系也因此变得更加复杂且多元化，这些变化都为主体的自由提供了必要的客观环境和条件。在如今，我们所要建设和达成的一个共同富裕的社会究竟是怎样的一个社会，其实就是一个各项生产和经济活动丰富多样、人们能够充分参与政治、文化事业发展繁荣、社会和谐稳定友善、生态环境良好的全面发展的社会。在这样的一个社会中人们的生活幸福感较高，可以充分自由地参与到各项积极的活动中，在每一个不一样的方面都可以贡献自己的力量，从而发展自己多样化成长与进步，也是让人与人之间的交流更加的频繁密切了，让人在一个社会中不仅有一种身份，还可能有更加多样化的社会身份，让人们在实践中提升自我，对于人们的创造能力是一种培养和提升，让人们突破自我，有更多发展机会。

3. 共同富裕推动了主体自由发展的能力提升

"以劳动托起中国梦"。① 人的自由与个人能力是有着一定联系的，一个人要想自由发展，就必须先有一定的能力为自己创造良好的物质和精神

① 习近平. 在庆祝"五一"国际劳动节暨表彰全国劳动模范和先进工作者大会上的讲话[N]. 人民日报，2015-04-29（002）.

生活条件，只有这些得到了满足，人才能够自由发展。个人的自由发展并非来源于自然界，而是历史的必然结果。主体的自由需要通过人在参与社会实践活动的过程和人与人之间的交往中实现。一个人能否获得真正意义上的自由发展，很重要的一个影响因素就是其自身能力的高低。除了物质上的需求，现代文明的进步为人类带来了前所未有的机遇，它让人类拥有了一系列的技术，如经济、文化、政治、教育、科学、技术、管理、法律、文化、军事、科技、信息化、科技、网络等，从而让每个人拥有了追求梦想、实现目标的机会，并且可以获得更多的成就感。当今，为了达到真正的共同繁荣，我们必须努力营造一种更加公正的社会环境，以确保每个公民均享受到充分的财务自由、技术进步以及其他方面的权利，从而使他们在经济上、社会上、文化上均享受到公正的待遇。

四、平等共享

平等，是人类古往今来所共同追求的目标与价值。人对于平等的追求从未停止，在社会主义里，对于平等的发展更加的具象化，科学社会主义第一次明确了平等的内涵。关于平等，马克思也提出了自己的观念，他提出了"各尽所能，按需分配"的原则。列宁认为，要实现真正的平等，必须消除阶级差异。当社会中的每一个人都可以得到生产资料的公平分配，劳动和工资也将得到公正的对待，这将带来一个新的挑战，如何从表面的平等转变为实质的平等，也就是真正实现"各尽其能，按需分配"的原则。因此，我们只有通过社会主义制度，才能实现真正的民主和平等，最终达到共同富裕的目标。

平等不是单一的某一个环节的平等，不是一个结果平等的展现，而是过程性的，从基点到起点，都必须贯彻公平，所以平等是一个过程性的社会活动。有研究平等理论的学术专家提出了相应的观点，权利平等、福利平等、机会平等、资源平等、能力平等等都是从某一个阶段或者环节中体现的。平等过程中每一个环节都是相互影响，一环扣一环的，是部分与整体的全面统一。如果不注重平等的过程性，就没有办法实现真正意义上的平等。平等的过程性在实现共同富裕的过程中就得到了充分的体现，共同富裕的平等从基点开始，到过程，到结果都需要达到平等，所有的人民都可以平等的共享致富的机会、条件、资源、服务和成果。

（一）基点平等：全体人民共享致富的权利

权利是每一个公民在社会环境中生存和发展的基点。保证权利的平等是最重要的，如果没有这样的基础，那么所谓的平等只能是一种虚无缥缈的概念。权利平等有着毋庸置疑的重要性。从政治哲学家罗尔斯开始，西方的一些理论学者就比较注重在经济领域内对平等进行探讨，而在权利方面对平等的关注并不多。但是这并不代表权利平等不重要，以罗尔斯为代表的政治学家之所以未将研究与探讨的重点放置到权利平等上，是因为他们认为权利平等在经过法国大革命后应该是每个人都对此有着深刻观念了，资本主义社会就是建立在权利平等的基础上的，所以权利平等其实早就已经实现。但是在资本主义社会中，正义只能通过司法程序来实现，而且这种司法程序也不能保证所有人都享有平等的权利，即多数人受到了剥夺，因为资产阶级控制着大量的生产资源。他们以掠夺和压榨的方式来谋求财富，使得大多数工人无法依赖于他们的技术和技能来保障其基本的生活需求。

共同富裕是将平等这一重要内核放置在社会主义权利平等的基点上的，所有的人民都平等享有致富的机会和权利。法律规定的权利是权利的重要形式，权利的平等首要就表现为法定权利的平等。平等也是社会主体法律的基本属性，我国的宪法将平等作为其所承认的最高准则。它贯彻以人民为中心的发展思想，以改革、开发、稳步、进步的方式推进中华人民共和国的建设，宪法还规定我国公民平等享有民主、劳动、休息、特殊情况下获得物质帮助、受教育等权利，为实现共同富裕提供了权利保障。

针对弱势群体，我国通过法律或政策上的特别规定，给予他们特别照顾，依法确保他们实际拥有和其他公民同样的权利。比如《中华人民共和国就业促进法》规定："各民族劳动者享有平等的劳动权利。用人单位招用人员，应当依法对少数民族劳动者给予适当照顾。"《中华人民共和国妇女权益保障法》规定："妇女在政治的、经济的、文化的、社会的和家庭的生活等各方面享有同男子平等的权利。""国家采取有效措施，为妇女依法行使权利提供必要的条件。"我国法律规定了人民平等共享致富的权利，但法定权利不代表权利的实现。法律权力上升到现实权力仍有一段路程，需要从科学立法、严厉执行、公平正义、全民守法上下功夫。建立健全保障全体公民平等致富的法制体系，将宪法规定的公民平等权利体现在一切法律法规制度体系中，进一步强化法律对促进共同富裕的基础作用；在执法和司法程序上做到一视同仁，消除任何主体资格歧视，一律平等适用法律，让每个自然人和法人在执法和司法中都能感受到平等、公平和正义；弘扬以平等为重要价值内核的法治精神，营造全民尊法学法守法用法的法治环境和全民平等相待、守望相助的平等氛围，"使发展成果更多更公平惠及全体人民，在经济社会不断发展的基础上，朝着共同富裕方向稳步前进"①。

（二）起点平等：全体人民共享致富的机会

法律和道德都规定人人生而平等，无论是在物质上还是在现实的社会生活环境中，因为各种复杂因素的作用下，每个人的智力水平、健康状况、外貌条件等都是存在差异化的，虽然说法律和道义规定人生来平等，可是实际情况所展现的往往是不平等的。机会平等为实现基点平等提供了更多的可能性。机会平等有两个方面，一种是形式上的，另一种是实质上的。不管生来是什么种族、民族、性别，继而是什么年龄，在一个社会中是什么地位，只要有一样的才能、技能水平，就有着平等的成功的机会。形式上的机会平等在表面上看来对于人的影响非常大，但是从内在来看，它并没有严格地审视人在社会中的境况和自然先天条件的不平等，往往最后能够获得机会并走向成功的一定是在社会境况和自然先天禀赋中拥有优势的

①　习近平谈治国理政（第一卷）[M]．北京：外文出版社，2018：41.

部分群体。举个简单的例子，需要选拔体能好的工作，往往能够获得这个机会的一定是家庭条件较为富足的孩子，因为家庭条件的支持，让他们可以在成长的过程中获取充足的营养，而贫穷的家庭很可能孩子的基本生活条件都难以满足，孩子成长的营养没有满足，自然较为瘦小，所以同样的机会摆在面前，当选的可能性富裕家庭出生的孩子机会可能就更大一些。所以这一例子就可以很好地反映，机会是同样平等的，但是并不是真正意义上的公平。也正是因为形式机会平等没有意识到起点公平的重要性，这也受到了罗尔斯等其他政治学家的批判。罗尔斯提出"公平的机会平等"，他指出首先要在形式上实现公平，让所有人都可以拥有和获得平等的机会，进而实现各个不同地位的平等，所以就要为机会的平等创造平等条件，改善不平等的生活条件、受教育条件等，让每一个人都能获得真正意义上的平等机会。

机会的平等是达成共同富裕的重要内在要求。机会的平等，才能首要保证人们可以获得平等的资源和条件，如果致富的机会不平等，那么一部分人有致富的可能，另一部分人却没有了富裕的可能性，这就直接影响了共同富裕的实现。因此，必须通过深化改革创新制度安排，"逐步建立以权利公平、机会公平、规则公平为主要内容的社会公平保障体系"①。从当前我们国家的发展现况来看，最主要的问题就是贫富差距较大，机会并不均等的问题。例如也有人经过研究和分析后指出我们中国的收入差距较大的其中一个原因就是大家所接受到的机会是不平等的，从出生、户口及其家长文化水平及专业、出身和户口是影响机会不均衡之主要因子，乡村地区更加严重机会不均衡，必须"全面深化改革必须着眼创造更加公平正义的社会环境，不断克服各种有违公平正义的现象"，"通过创新制度安排，能克服人为因素造成的有违公平正义的现象"。②

---

①　习近平谈治国理政（第一卷）［M］. 北京：外文出版社，2018：96.

②　习近平谈治国理政（第一卷）［M］. 北京：外文出版社，2018：97.

　　因此，促进机会平等可以有效降低收入分配差距，促进共同富裕。"使人人都有通过辛勤劳动实现自身发展的机会"①。以人民的福祉和经济社会的和谐成长稳固为中心，我们应该积极探索和实施可持续的经济发展政策，加强对农业和农村的支撑，加快推进城市融合，推进经济社会可增长，努力消除城市和农村之间的财务和劳务壁垒，进一步提高全体人口的生活，推进经济社会的和谐成长稳固。为了促进社会发展，我们应该努力改善城市和农村地区的基础设施，使所有人都能享受到同样的教育、职场、健康、社会保障和福利。其次，还需要从根本上去尽可能为大家制定与维护公平的制度体系，那么就必须将不公平的制度摧毁，进而结合本土的实际发展情况实行和推广户籍制度的改革，与此同时也要将科学的农村土地制度落到实处，这就需要政府和相关部门一起将工作的职责完全肩负起来，当然在这个过程中也不能一成不变，需要以每一个地方的不同特点和发展为中心，进一步对土地制度进行改革创新。通过改革创新的步伐，我们将努力打破社会上的偏见、歧视以及任何形式的不公正，为每个人提供一个充满发展机会、实现梦想的舞台，让每个人都能够在这个世界上有自己的价值，为社会做出贡献，不断推动社会发展，实现全民共享繁荣。

（三）进程平等：所有人民共享致富的能力

　　为全体人民创造平等的机会就要从客观环境和因素上想办法，要尽可能地去除个人方面不能把控的外部不公平、不均等的因素，只有这样才可以为每一个人提供一样的、平等的机会。然而，内在原动力是推动一切进步的基础，而外部环境则对其产生影响。外部因素虽然对于个人的成长和发展能够造成一些影响，但是重要的方向和未来都是把握在个人的手中。同样的资源、条件或者服务，分配到每一个人的手中，但是在使用和处置的过程中，每个人的想法、能力的不一样也会造成资源使用效力的不同，

---

① 习近平.决胜全面建成小康社会夺取新时代中国特色社会主义伟大胜利［M］.北京：人民出版社，2017：47.

所以说即便是在百分之百平等的机会环境下，结果也不一定是完全平等的。机会平等从本质上来说关注更多的是外部因素，并没有从深层次去思考外部因素和条件发挥影响作用的实现机制。在这样的情况下，机会平等也只是一种形式上的平等，对于个人的帮助也是微乎其微的。著名经济学家科恩经过研究与思考，发现了在机会与结果之间存在着"中间状态"，另一位经济学家阿马蒂亚·森将这一"中间状态"总结成为"可行能力"。也就是结合我们所分析的个人能力，能力的平等就是影响机会与结果之间的过程平等。人们工作、创业、致富的能力如果达到了平等，也就是每一个人都可以对自己所获得的机会、资源、服务进行合理和充分的利用，进而达到自己的目标。

中国共产党一直秉承以马克思列宁主义为指导思想，深刻认识到人民群众的根本利益能否实现关系到国家社会发展的关键所在。习近平总书记也曾指出，新时代的伟大成就是党和全体人民共同努力、共同拼搏奋斗的成果！

"劳动是财富的源泉，也是幸福的源泉。人世间的美好梦想，只有通过诚实劳动才能实现；发展中的各种难题，只有通过诚实劳动才能破解；生命里的一切辉煌，只有通过诚实劳动才能铸就。"[1]共同富裕的主体与内核是所有的中国人民，所以要想达成这一美好目标就必须所有人民共同努力、共同拼搏，共同富裕不仅是所有人民一起享受的成果，也是需要大家一起努力和奋斗的目标。在这一过程中很重要的一部分就是促进个人致富能力与水平的提升，让能力也尽可能平等化，也就是坚持以人为本。

激发人们心底想要富起来的希望，同时帮助他们建立只要自己肯努力，就一定会有收获，能够富起来的信心，这也是经过长期脱贫工作总结的经验。通过所有人民在长时间不懈的奋斗中，我们国家已经实现了全面小康

---

① 习近平.在知识分子、劳动模范、青年代表座谈会上的讲话［N］.人民日报，2016-04-30.

的目标，脱贫工作也取得了重要进展与突破。正因为如此，一些领导和干部就产生了松懈的心理和情绪。同样的群众方面，部分人脱离了绝对贫困，但是他们在实现了第一阶段的目标后就似乎失去了前进的方向，对于未来的发展比较迷茫和困惑，也有的群众在保证了基本温饱后就比较的满足，安于现状，止步不前，还有少部分人在脱贫后就产生了"等靠要"的不良心理，这一系列的现况对于共同富裕的实现都非常不利。内生动力是实现共同富裕的重要一步，针对内生动力缺乏的情况，需要以美好的生活前景激发人们内心对于物质和精神生活更高层次的需求，将致富的动机强度提升。当前在网络上，"躺平"这一词汇的出现也从侧面反映出了人们内心的动力与实际需求、付出之间的不对等，所以说还是应该多加宣传和营造正确健康的消费观念与生活方式，激发人们对于幸福生活的追求。

要引导人们树立正确的观念，在新时代必须独立自主、自强，通过自己双手努力奋斗才可以创造幸福的美好生活。美好的生活不会自己到来，必须通过自己的踏实付出。习近平总书记指出："广大劳动群众要勤于学习，学文化、学科学、学技能、学各方面知识，不断提高综合素质，练就过硬本领。要立足岗位学，向师傅学，向同事学，向书本学，向实践学。"①

要厘清和界定好政府与个人之间的权利与责任，政府对于共同富裕的实现不能包干，主要是在实现的过程中起着引导和调控的作用，个人才是实现共同富裕过程中的主力军，需要肩负起重大的责任。劳动创造价值，奋斗成就人生。

内生动力是推进共同富裕的一个重要因素，不仅如此，能力平等还包括一个人的文化素质、心理素质水平、健康状况等。从这些因素来看，能力的养成是比较复杂的，关系着教育、就业和医疗水平等一些基本公共服务上。因此必须激发人的内心的动力，同时国家应促进医疗、教育等公共

---

① 习近平.在知识分子、劳动模范、青年代表座谈会上的讲话［N］.人民日报，2016-04-30.

事业往更好的方向发展。古往今来，人民都是一个国家发展的不竭动力，人民顽强的意志、勤奋的精神，这些良好的内在动力都是他们创造财富的重要内核。文化素质、心理素质水平、技能水平等不仅是能力的表现，也是一个人重要的精神财富，能力的平等不仅是意味着物质与精神的富裕，更是精神共同富裕的一种体现。正是在社会主义社会中，劳动者成了社会成员的"共同身份"。劳动不仅使每个生命穿越欲望主体，而且充分彰显其内在价值，成为个体成就美德、实现卓越的现实基础，使个体不断走向丰富、充盈、绚丽、深刻。

（四）结果平等：全体人民享有共同富裕的成果

"历史不过是追求着自己目的的人的活动而已"①。共同富裕劳动分配的正义诉求必须体现在结果平等中才是平等的真正实现。在人类不断寻求发展的历史长河中，所有的奋斗和拼搏都是为了结果的平等。在如今，结果平等这一概念也受到了一些质疑和挑战，其中比较典型的有"拉平反驳"与"责任批评"这两种不同的声音。"拉平反驳"这一观念指出，将收入较高的人的财富积累拉低，从而使得其与财富拥有者较少的人民相持平，这一操作虽然保证了结果的平等，但是综合来看，这一操作并没有积极的影响，也没有给人们带来实际的好处，甚至因为这一操作会在一定程度上影响社会生产力的退步。"责任批评"的代表是德沃金，他认为在实现结果平等的时候，也要兼顾每一个个体的责任，勤奋、节约的人在实现共同富裕的过程中因为要弥补懒惰、铺张的人的不良行为，这一过程显然对于部分人是完全不公正的，所以必须让每个人为自己的行为负责，承担相应的后果。还有一些持自由主义观念的人认为平等在某一方面其实是影响了自由，降低了社会的总体效率。所以更多的人还是更加倾向于机会平等。即便结果平等这一概念面临的挑战和收到的争论不少，但是结果平等是平等的本质这一点谁也不能否认，如果没有了结果的平等，平等也就不复存在。

---

① 马克思恩格斯文集（第5卷）[M].北京：人民出版社，2009：295.

　　我国新时代努力前进的方向和奋斗的目标就是实现共同富裕，如何知道目标是否达成，就是要通过每个人的真实感受，同时结果也要是可以检验的。共同富裕的结果平等是坚定了必须发挥人民主体性的观念，再次重提和强化了责任意识，打破"责任评判"和"拉平反驳"这些不同言论的挑战，坚持不懈的追求高质量的发展。如同全面建成小康社会，实现共同富裕也是一个伟大的目标和任务。经济社会要想发展必须以"人民群众物质生活和精神生活都富足"为准则，以促进全民共享繁荣为目标，这就需要我们在促进经济发展的过程中，不断提升人民的生活水平，让他们在物质上、在精神上都得到充分的发展。实现共同富裕，就必须以政治民主、社会和谐为基础。共同富裕并不是说完全的、整齐划一的均等主义。从过程中来看，共同富裕并没有要求每个人的步伐都要严格保持一致，保持相同的速度，保持向前迈进的步伐大小一致，而是允许一部分人先富起来，分阶段、分层次、有规划、有考量的循序渐进；就发展程度而言，共同富裕更不是均等富裕，是有着一定差异的，居民的实际收入和消费水平之间的差距应该是维持在合理的区间范围之内，城乡之间的富裕程度也是有着合理差距。共同富裕的结果平等是最终的环节，其达成是依赖于起点、过程等一系列环节和进程中的平等共同促成和推进的。促进共同富裕的关键措施是完善收入分配的制度，所以要从这方面下手，合理改进分配的方式方法，提升对于劳动者的关注度，与此同时，我们应该通过增强税收、社会保障和转移支付的政策来促进第三次分配的实施，通过"扩中""增低""调高""取非"的方法，促进橄榄型分配的实现。

　　总而言之，共同富裕的平等是整个实现过程的平等，是每一个人在拥有权利平等的基础上，充分使用平等机会，不断奋斗实现共同富裕，各个环节相互协调和配合，全面推进社会主义平等。社会主义平等事业不可能一蹴而就，是中国共产党带领人民不断实践、不断推进的历史进程。中国特色社会主义进入了新时代，以习近平同志为核心的党中央，顺应时代要求，扭住发展这个关键不动摇的同时，着重丰富发展的内涵，着力解决新时代人民群众在经济、政治、文化、社会、生态等方面日益增长的需要，直面我国社会与经济发展不协调，收入差距加大等问题，着力破解城乡之间、地区之间、行业之间、男女之间存在的不平等问题，更加注重在发展中补齐民生短板、促进社会公平正义，稳步推进共同富裕。

第 六 章

路径探索：共同富裕与美好生活的实现

社会主义的本质要求决定了中国共产党始终扭住发展这一"牛鼻子"，着力消除贫困，尽力改善民生，始终致力于共同富裕的事业发展。中国共产党始终将人民对日益增长的美好生活需求作为改革创新、治国理政的出发点与落脚点，稳步推进共同富裕的前进步伐，切实回应负责任政党对人民美好生活期待的利益诉求。

第一节　发展基础：消除贫困与做大"蛋糕"

实现共同富裕，首先需要创新贫困治理路径与实现机制，切实消除贫困，阻断返贫；同时以乡村振兴为抓手，发展现代化农业，做大富裕的蛋糕，让发展成果更多地惠及全体人民。

一、消除贫困，重在"共同"

中国共产党始终坚持把共享发展作为国家发展的根基，努力推动社会主义事业的发展，努力提高人民的生产条件，提升人民的社会地位，构筑共享发展美丽国家。经过多年的努力，我们已经成功走上了中国特色社会主义道路，这也成为中国未来的唯一方向。改革开放是中国特色社会主义建设的重要转折点。邓小平在深入研究和分析社会主义实践中，为我们指明了一条达到道路，即进一步发展生产性，缩小贫富差距，克服两极分化，这是达到共同富裕的基本保障。邓小平强调，要把社会主义发展与人类生产力发展紧密结合起来，以公有制为基础，推动经济发展，达到共同富足。他认为社会主义的根本原则就是在以公有制为主体的制度下实现共同富裕。消除贫困始终是中国特色社会主义建设进程中的一项重要任务。党的十八大以来，党中央提出了全面建成小康社会的奋斗目标。2012 年底，中国依然有 9899 万贫困人口，大部分贫困人口集中在深度贫困地区，贫困治理难度较大，全面建成小康社会任务艰巨。习近平总书记强调："如果贫困地区长期贫困，面貌长期得不到改变，群众生活长期得不到明显提高，那就没有体现我国社会主义制度的优越性，那也不是社会主义。"①

中国特色社会主义的本质要求对中国共产党贫困治理工作提出更高要求。满足人民对美好生活日益增长的需求是中国共产党执政的目标追求。随着贫困治理进程的深化，中国共产党带领人民群众解决了困扰已久的绝对贫困问题，缓解了经济发展中出现的不平衡、不充分对中国经济社会发展的压力。随着人类物质生存能力的持续改善，人类对于美好的期待也越来越高，他们不但希望拥有更加丰富的物质文化活动，还希望能够享受到更加公平、正义、安全、环保的社会环境。人类渴望拥有更加美好的人生，因此，中国特色贫困治理必须覆盖更广泛的领域，以实现均衡、充分的发展。必须不断丰富贫困治理理论体系，与时俱进地创新贫困治理方式，促进经济结构平衡发展，营造公平正义的社会环境，推动民生福祉建设，不断增加人民群众获得感、幸福感，以实际成效稳步推动全体人民实现共同富裕的最终目标。

中国特色社会主义的本质要求引领中国发展实践的现实走向。实现共同繁荣，需要让每个人都能从中受益，这不仅是马克思主义的核心理念，也是中国人民的迫切愿望。中国共产党始终坚持中国特色社会主义道路自信，科学判断社会发展实际状况，勇于面对发展进程中遇到的问题和矛盾，

---

① 李稻葵 . 消除贫困的中国道路［J］. 中央社会主义学院学报，2022（5）：121—124.

不断完善中国特色社会主义理论体系。始终将实现社会主义本质要求贯穿于中国经济社会发展的全过程。中国共产党始终坚持以共同富裕为核心，不断加强贫困治理，努力把"蛋糕"的经济发展效果变得更加可观，让广大群众在发展中得到更多的收益和幸福。尽管当今世界的经济发展环境、条件和理念都在不断变化，但中国特色社会主义的本质要求仍然不变，它指引着中国走向实现共同富裕的目标。因此，我们必须不断探索创新模式，推进经济社会的高质量发展，完善贫困治理机制，缩小贫富差距，促进人与自然的和谐共处，坚持开放的格局，建设人类命运共同体，以民众为中心，促进社会的公平正义。在此背景下，解决贫困问题是社会主义的根本要求，也是实现共同富裕的先决条件，以科学的理念引领贫困治理是一场深刻的变革。

（一）贫困治理路径创新

随着中国经济的持续增长，"大水漫灌"的脱贫攻坚战略无法满足当今的需求，为了实现彻底的脱贫，我们需要探索出一条更加先行的、更具创造力的脱贫攻坚之道，以期达到更好的脱贫目标。2013年11月，习近平总书记第一次将"精确帮扶"的思想引入湖南省；12月，《有关技术创新激励机制扎扎实实推动农村扶贫开发工作的若干意见》随之而来；2014年，国家发布《构建精确帮扶工作机制方案》，以更加全面、系统的方法来实施扶贫政策，并且就"扶持谁""谁来扶""怎么扶""如何退"的关键内容作出详尽解释。习近平总书记强调，要把"六个精确"和"五个一批"的政策落实到位，着力解决贫困人口的根本性问题。通过实践，我们发现，采取精确扶贫和脱贫政策是解决绝对贫困的一种创新方法。

《中共中央国务院关于打赢脱贫攻坚战的决定》指出，坚持因地制宜，创新体制机制。突出问题导向，创新扶贫开发路径，由"大水漫灌"向"精准滴灌"转变；创新扶贫资源使用方式，由多头分散向统筹集中转变；创新扶贫开发模式，由偏重"输血"向注重"造血"转变；创新扶贫考评体系，由侧重考核地区生产总值向主要考核脱贫成效转变。中国已经从以往的以地域经济增长为衡量标准的方式，转而将更多精力放在消除绝对贫困上，这也是新发展阶段推动乡村振兴的有力抓手。

第一，精准识别、建档立卡，解决"扶持谁"的问题。对贫困人口的精准识别是推进贫困治理工作的重要前提。中国特色贫困治理对贫困人口的瞄准机制经历了"贫困地区—贫困县—贫困村—贫困户—贫困人口"的识别体系创新。首先，精准扶贫需要摸清贫困人口底数，对贫困人口具体情况进行全范围摸底排查，将贫困人口的致贫原因、贫困程度、收入来源、生活需求等情况掌握清楚，将扶贫对象精准化、明确化分类，保证贫困治理覆盖全体贫困人口。其次，建档立卡，实现动态管理。通过将贫困户的详细信息录入国家帮扶发展信息管理网络，加强对贫困户的数据分析，促进部门之间的信息交流，为政府制定更有效的扶贫政策和实施措施提供可靠的数据支持。再次，加大摸排工作力度，及时掌握贫困人口脱贫发展实际情况，做好已经稳定脱贫的贫困人口退出、新增贫困人口纳入工作，实行全方位监测的动态信息管理机制，杜绝扶贫资源浪费现象。

第二，加强领导、坚强队伍，解决"谁来扶"的问题。习近平总书记强调，要推动建立国务院主导、省（地区、直辖市）负总责、市（地）县抓实施的扶贫开发机制，确保职责落实到人，分配明晰、目标清晰、考评准确、各司其职、各尽其责、配合运作、协作用力，以推动脱贫攻坚取得实效。坚定不移地贯彻党的领导是中国特色社会主义制度的核心优势，必须将贫困治理与党的建设紧密结合，不断提升党的贫困治理能力和水平。首先，切实落实领导责任机制。扶贫工作实行中央统一领导，省级负责监督，市县负责运行，落实党委一把手的职能。加强贫困治理绩效考核，保障贫困治理工作顺利推进。其次，提升基层党政组织贫困治理水平。做好驻村工作队、第一书记选派工作，利用好大学生"村官""三支一扶"等人才引进手段，将贫困治理作为政府干部锻炼能力的重要平台。再次，提高贫困治理工作者的工作能力。通过采取案例教学、交流访问等方式，加大了对贫困治理工作者尤其是基层干部的培训力度，加强了贫困治理人才队伍建设，促进了贫困治理工作者懂扶贫、会帮扶，提高贫困治理队伍工作能力。

第三，区别分类、靶向施策，解决"怎么扶"的问题。对于打赢脱贫攻坚战，我们必须聚焦重点，精确位置，采取更加有力的措施，更加精细的工作，以面向特殊的困难人群，实施精确的扶贫。要依据贫困人口、贫困地区的各种致穷因素、贫困程度和状况，采取分类施策，精确施药，提升扶贫治理的有效性。首先，做好贫困问题分类工作。按照地、人、致贫原因、贫困类型的原则对贫困地区和贫困人口进行分类管理，提高综合施策的精准性。其次，做好精准施策工作。从顶层设计上，根据不同分类制定不同政策方针，保障贫困人口、贫困地区能够在政策扶持下有效发展。从实践路径上，落实好"五个一批"工程，将发展生产作为贫困治理的主攻方向，易地搬迁、生态补偿、教育社会保障作为贫困治理的重要手段，做好精准扶贫重点工作，扶到点上、扶到根上，切实满足贫困人口、贫困地区脱贫发展需求。

第四，严格标准、有序退出，解决"如何退"的问题。脱贫退出机制是保障贫困治理成效的重要机制。首先，设定贫困县、贫困户退出时间表，按规划达成脱贫目标。根据贫困地区、贫困人口实际发展情况，对贫困县和贫困户脱贫时间做出规划，实现有序退出。其次，设定退出后的缓冲期，激励贫困县、贫困户积极脱贫。在一定时期内摘帽不摘政策，巩固贫困县、贫困户的自我发展能力。以保留帮扶政策、提供脱贫奖励的手段激发贫困县、贫困户的脱贫积极性，提高脱贫效率。再次，严格做好脱贫成果验收和评估工作。强化贫困县、贫困户退出监督问责机制，不断完善脱贫成果考核机制，建立健全第三方评估机制，对贫困县、贫困户摘帽过程中降低标准、虚假脱贫的问题进行严肃追责，做到真脱贫、脱真贫，保障脱贫成果有效性。

第五，跟踪监测、防止返贫，解决"如何稳"的问题。稳定脱贫成果，保障脱贫人口不返贫是贫困治理的重要环节，为相对贫困治理夯实基础。五年来，我们一直在努力巩固脱贫攻坚战的成果，并将其与农村复兴规划紧密结合，以推动国民经济和社会的发展，确保脱贫致富成果不会再次出现。首先，健全多元监测体系，对脱贫成果实行动态监测。建立健全省负总责、市县主体责任、乡镇第一责任、村社直接责任、相关部门联动责任的监测责任体系，保障脱贫成果的有效性、稳定性。其次，做好"回头看"工作，确保及时监测到返贫风险。针对不同类型的脱贫人口细化监测指标，重点监测自然灾害、突发疾病、公共事件等因素对脱贫人口稳定发展的负面影响。再次，完善政策衔接机制。在过渡期落实摘帽不摘策，推动产业发展、社会保障、消费扶贫、就业优先的政策同脱贫成果有效衔接，提高脱贫人口、脱贫地区的发展能力，稳定脱贫成果。

（二）贫困治理模式创新

中国一直秉承政府主导、社会参与的原则，努力推动贫困地区的脱贫攻坚，这不仅是中国特色社会主义制度的显著优势，更是中国脱贫攻坚的重要抓手。政府在贫困治理中起主导作用，通过对贫困治理工作的科学规划和宏观管理，为贫困治理工作的推进提供物质条件、政策保障、工作方法和行动方向，称为"输血"。社会参与的积极性和多元性，称为"造血"。"输血造血"的方案得以有效地实施，其不仅汇聚了各界力量，也激发了全民参与扶贫，动员了全部社会资源，提升了扶贫开发的内在活力，形成了一套科学、系统的贫困治理模式，促进了贫困治理的改革和创新，这也正是习近平总书记有关贫困治理的重要论述的核心组成部分。保障"输血"、偏重"造血"是从根源上消除贫困问题，推动共同富裕的主要办法，是贫困治理模式的创新成果，也是中国贫困治理取得的重要经验。

中国特色贫困治理模式经历了阶段性的创新和转变。随着贫困治理不断深化，固定的贫困治理模式难以满足当下的贫困治理需求，贫困治理模式的创新是必然选择，也是必然结果。中华人民共和国成立初期，中国贫困程度较深，呈现普遍贫困的状态。党领导人民对缓解贫困、解决人民的温饱难题进行了初步探索。贫困治理模式以政府对贫困人口的直接救济为主，是单一的"输血"模式。虽然在一定程度上缓解了贫困，但是贫困人口无法通过自身的发展从根源上消除贫困。改革开放以来，为弥补单一"输血"在贫困治理中的不足，中国贫困治理开始对"造血"模式进行不断探索，在加大"输血"力度的同时增加"造血"能力。国务院专门成立了扶贫领导办公室，根据贫困县的实际状况，规划扶贫项目，通过"以工代赈"的方式引领贫困人口积极参与扶贫项目，取代对有劳动能力贫困人口的直接物资救济，鼓励贫困人口自力更生实现减贫发展。21世纪初，《中国农村扶贫开发纲要（2001—2010年）》为中国扶贫治理模式提供了重要指导，实施"输血""造血"双轮驱动模式，农村合作医疗、最低生活保障、"五保"供养制度等政策措施得到了充分实施，贫困户得到了基本生存和发展的保障，同时，政府也加大了对扶贫开发项目的投入，让贫困户发挥自身的主体作用，并且为具备发展潜力的贫困户提供了就业和创业的政策支持，从而实现贫困人口的全面脱贫。通过提升个人能力和发展潜力，帮助贫困人口摆脱贫困。党的十八大以来，中国创新地提出了精准扶贫精准脱贫战略，贫困治理路径发生转变，贫困治理模式也随之转变，变为保"输血"、重"造血"的模式。

第一，坚持以政府为主导和引领，健全政府对贫困治理资金支持、政策制定、制度保障、治理思路、行动方针等宏观层面的掌控，发挥好政府的"输血"作用，为贫困治理的推进提供基本保障。

第二，健全市场参与机制，发挥市场资金在贫困治理中的灵活优势，增加贫困治理的物质基础，保障"输血"力度，激活"造血"活力。推动金融扶贫、产业扶贫市场化发展，拓展贫困人口增收发展的机会和渠道，发挥政府和市场机制协同发力的双重作用。

第三，提高贫困人口自身发展能力，增加贫困治理的内生动力。贫困人口的脱贫意愿和发展主动性对减贫发展至关重要。完善公共服务体系，加强教育扶贫，培养贫困群众的自主意识、文化素养和技能，有效阻止贫困的代际传承，提升"造血"政策的执行能力，建立起全民参与的贫困治理机制。可见，保"输血"、重"造血"的贫困治理模式在贫困治理中占据重要地位，减少低收入人口面对贫困问题的脆弱性是贫困治理的重要推动力。在乡村振兴的过程中，也要发挥好政府和市场的"输血"作用，为乡村发展提供基本保障。通过持续改进"造血"模式，加强农民参与，巩固脱贫致富攻坚战成果，推进农业市场经济全方位健康发展，为实施农业振兴、推进共同富裕提供强有力的支撑。

（三）贫困治理资源使用方式创新

贫困治理资源，尤其是资金的使用，在贫困治理中发挥重要的作用。为实现减贫发展目标，政府财政不断加大资金投入力度，但是由于贫困程度较深、减贫发展任务重，政府财政投入的资金远远不能满足贫困地区、贫困人口减贫发展的需求。尤其是在贫困治理过程中，还存在贫困治理资金的"跑、冒、滴、漏"现象。一些基层领导干部单纯追求政绩，申报不合理的扶贫项目，导致扶贫资源的闲置和浪费。一些基层政府虚报冒领、挪用贪占扶贫资金，"苍蝇式"腐败问题不容小觑。财政资金投入和分配不合理，资金使用方式较为单一，扶贫资金管理使用方式分散，扶贫项目发挥效益不足。这些现象导致贫困治理资源使用效率低、成效小，也损害了党和政府的执政形象。因此，必须创新贫困治理资源使用方式。

习近平总书记强调，要加大投入，保证帮扶资金投入与脱贫致富攻坚战总体目标各项任务相配套并进行资本融合，建立健全涉农项目资金投入管理机制，保证资金投入能够精确投入脱贫致富攻坚战建设项目，进一步提高利用率和效益。为了有效地治理贫困，政府应该大力投入资金，以促进贫困地区和贫困人口的发展。同时，应该进行资金整合，将贫困治理资金的运用方式统一起来，以缓解多头散乱筹资带来的问题，进一步提高基金的利用率。

第一，完善贫困治理资源管理使用政策。通过相关政策的制定和完善，为推动贫困治理资源使用方式创新提供制度保障。国家高度重视帮扶资金投入的运用和管理工作，出台了一整套严格的政策法规，包括《我国帮扶资金投入管理方法》《财政部门帮扶资金投入管理方法》《中央财政专门帮扶资金投入管理方法》等，以确保帮扶政策措施的有效实施。此外，国务院办公厅和相关单位还发布了《对于鼓励贫困县实施财政统筹综合运用财税涉农资金试验的若干意见》《对于搞好贫困县涉农资金综合试点工作的文件》，以推动贫困地区财政政策的有效利用。在相对贫困治理中，要不断完善贫困治理资源使用管理的制度规范，保障贫困治理资源使用效益最大化。

第二，健全财政资金投入和分配方式。财政资金投入是扶贫资金的主要来源，为贫困治理取得成果提供坚实的物质基础。优化扶贫资金的分配方式是实现扶贫物质基础效用最大化的重要前提。

健全财政资金的投入方式。加大地方政府资金投入力度，鼓励社会资本积极参与扶贫资金投入，拓展扶贫资金投入渠道，增加扶贫资金金额。当前贫困治理资金主要来源于中央统筹投入，地方政府投入占比较小。要完善中央与各级政府的资金投入比例，根据财政收支情况调整各级资金投入比例，确保投入资金与减贫发展目标任务相适应。

健全扶贫资金的分配方式。根据减贫项目规模、减贫发展需要以及减贫绩效评估结果，优化资金分配，确保扶贫资金用在刀刃上。根据项目规模以及产业扶贫具体需求，突出扶贫资金使用重点，使扶贫资金使用效益最大化。采取完善的绩效激励和竞争机制，严格执行"跑、冒、滴、漏"规定，有效提升扶贫资金的使用效率。

第三，推动扶贫资金多元化使用，健全扶贫资金项目管理。一方面，当前扶贫资金使用方式主要包括以补贴形式将扶贫资金分配至贫困人口，以及将扶贫资金直接投入扶贫项目建设。随着贫困治理进程的深化，必须创新扶贫资金使用方式，因地制宜发展符合新阶段发展要求的产业和项目，探索多元化资金使用方式，构建政府财政投入、社会资本积极参与的扶贫资金市场化使用机制，发挥扶贫资金补贴与扶贫项目开发合力。针对贫困地区的帮扶工作，国务院印发了《有关进一步完善县级脱贫致富攻坚战项目数据库建立的指示若干意见》，以促进帮扶项目的有效整合。按照地方扶贫资金预算、项目实施进度、项目减贫成效等因素，对贫困地区的扶贫项目分级分类，并以此为依据调整扶贫资金分配。完善扶贫项目申报机制，健全扶贫项目资金使用公示制度，同时完善扶贫项目的政府采购方式，健全招标采购机制，落实扶贫资源采购问责机制，预防和减少贫困治理资源浪费现象。

第四，完善扶贫资金使用监管体系。加强对扶贫资金管理使用对象的监管力度。对扶贫资金筹集部门、预算部门、分配部门，使用扶贫资金的各级政府组织以及所有扶贫工作人员，进行严格监管，促进巡视审查常规化，建立长效机制。构建公开透明的资金使用清单机制。将资金来源、资金数额、资金分配以及使用等详情列入清单范围，公开资金使用明细，有效杜绝扶贫资金贪腐现象，也是扶贫资金使用监管的重要前提条件。严格制定扶贫资金使用监管规章制度。完善扶贫资金使用监管相关政策，建立科学合理的监管评价标准，明确监管、惩处具体工作流程。拓展扶贫资金使用监管渠道。发挥第三方监管的重要作用，完善第三方监管规章制度，提高第三方监管机构的职能。通过资金使用清单的公开，保障人民群众对扶贫资金使用明细的知情权，加强人民群众对扶贫资金使用的监管。健全扶贫资金绩效考核机制。建立扶贫项目管理绩效、扶贫资金投入绩效、扶贫资金使用绩效等分类绩效考核激励机制，倒逼贫困治理相关工作人员进行资金使用的自我监督，提高政府工作人员使用扶贫资金的能力。

（四）贫困治理考评体系创新

中国特色贫困治理考评体系是在贫困治理过程中不断发展完善的。随着贫困治理进程的推进，针对不同的贫困治理重点任务、奋斗目标、减贫成果，贫困治理政策方针不断发生变化，贫困治理考评体系也随之完善，为如期消除绝对贫困，全面建成小康社会提供了有力的制度保障。一方面，贫困治理考评体系的创新和完善有利于减少重生产总值、轻贫困人口实际需求的数字脱贫现象，保障贫困治理的实效。习近平总书记多次强调要创新贫困治理考评体系，将提高贫困人口的生活水平作为基层领导干部的考核标准，引导基层领导干部以贫困治理为工作重点。建立健全的贫困治理考核机制，不仅能够促使基层领导干部更加积极主动地参与到脱贫攻坚中来，而且能够更好地满足贫困人口的实际需求，激发欠发达地区脱贫攻坚的积极性，提升脱贫攻坚的效率。由此看来，必须注重贫困治理考评体系在贫困治理进程中发挥的保障作用，在不同贫困治理阶段，不断推动贫困治理考评体系创新发展。

对中国特色贫困治理历程的考察中可以发现，贫困治理考评体系随着贫困治理政策方针的变化在不断创新、调整。在改革开放初期，由于中国贫困人口基数较大，存在人民群众普遍贫困的现象，中国贫困治理主要以人均绝对收入为衡量标准，对国家贫困县的贫困治理进行考核与评估，考核标准单一。中国贫困治理处于初步探索阶段，实施了一系列由中央财政直接拨款的扶贫开发项目。为保障扶贫资金能够用到实处，产生了针对扶贫项目落实情况的考核评估办法，形成了项目考核机制。随着《我国农业扶贫攻坚发展纲要（2011—2020 年）》的实施，为了更好地达成帮扶发展的目标，各级官员不仅要努力争取帮扶发展项目，还要重视其真正的减贫效果，以免资源的浪费。此外，为了更好地达成帮扶发展的目标，还要建立完善的资金和项目激励机制并对其实行考评，以推动贫穷管理的改革。

2012 年，国务院扶贫开发领导小组发布《扶贫开发工作考核办法（试行）》，以考评的框架为基础，弥补了项目考核的不足并将重点放在基层政府减贫实效上。2014 年 1 月，中央办公厅、国务院办公厅发布《有关创新机制扎实推进农业扶贫开发工作的若干意见》，进一步强调贫困治理考核体系的重要性，并以具体的考评措施来推动农业扶贫开发工作的进程。基于《有关完善贫困县党委领导班子和领导干部经济社会进步实绩考评管理工作的若干意见》，组织部和国务院加大了贫困治理考核力度，将基层党组织作为重点考评对象，以确保其充分发挥作用，提升贫困村的经济社会发展水平。2016 年 2 月，中央办公厅和国务院办公厅发布了《省部级党组织和人民政府扶贫开发工作绩效考评方法》，以中央政府主导、省负总责、市县抓实施的方式，加强对省级政府减贫管理工作的监督检查，激励各级党组织积极参与，共同努力，营造良好的减贫环境，为推动贫困地区的可持续发展提供有力的制度支撑。

自党的十八大以来，我国贫困治理考核评估体系不断创新完善，形成了一套全面、科学的中国特色贫困治理考核评估制度。一是定点帮扶机制和东西协作机制的建立，充分体现了中国特色减贫道路的制度优势，有效地促进了区域协调发展，减小了地区贫富差距，为社会进步提供了有力的保证。二是完善贫困治理领域专项考核评估机制，通过贫困治理工作督查巡查、扶贫专项巡视、民主党派监督的方式，廓清贫困治理工作作风。根据《脱贫致富攻坚工作工作责任书》，国家对各省、区、市党委和政府的脱贫致富工作进行了严格的考核，以确保贫困问题得到有效解决。三是建立健全贫困县退出专项考核评估制度，确保扶贫资金发挥最大效用。主要利用第三方评估机制，对贫困县脱贫实际进行严格考核评估。要强化对帮扶工作的社区督导，深入开展贫困民众的满意问卷调查，完善第三方评估监督机制，以评价帮扶措施的实施状况和帮扶效果。在评价精确帮扶效果时，不仅要看减贫总量，更要看脱贫致富水平，严格把关，不得提出不切实际的技术指标，对于搞虚假数字脱贫致富的行为，要严厉追究责任。健全第三方评估相关政策规范以及评估标准，发挥第三方评估的客观性和公正性，保障贫困治理成效的精准性和真实性，提高政府贫困治理的能力和水平。

二、做大"蛋糕"，责在"富裕"

实现共同富裕的关键在于做大"蛋糕"，共享蛋糕，如何做大蛋糕是政府职能部门的当务之急，此处从平衡经济增长、改善营商环境、加大科技投入三个方面进行论述。

（一）平衡经济增长，抓住"牛鼻子"

实现共同富裕的关键在于做大"蛋糕"，做大"蛋糕"的关键在于促进经济的蓬勃发展，增强经济的内生动力，目前，各个地区经济发展的差距越拉越大，资本的聚集性让财富集中在少数发达地区，而欠发达地区则陷入资源匮乏、人才稀缺的恶性循环。因此，想要实现区域经济的平衡发展，发达地区必须起到带头作用，放大拓展自己的经济优势，努力培植新的经济增长点，充分适应当下竞争激烈的市场环境，同时，政府也需要制定精准的货币政策，促进发达地区与欠发达地区的经济均衡稳定的发展。政府还应该构建一个公平的市场环境，打造一个统一的市场体系，消除地域带来的货物流通、资源流通障碍，开放城市户口获取窗口，完善城市落户的各项政策，破除人才流通的壁垒。加快推动乡村振兴、促进农村改革，形成与城市保持同步的消费市场，推动土地市场化改革，让农民从土地中获得更多的收入，有效实现我国经济均衡发展，减小城乡差距，实现共同富裕。

（二）改善营商环境，摒弃"空架子"

经济增长的各项"硬环境"都会越来越稳定固化，而"软环境"则是推动企业继续发展、扩大产能的动力，其中，营商环境的优劣决定了地区吸引投资的能力，直接关系地区经济的稳定持续发展，还会对当地就业产生不可忽视的影响。如何营造一个良好的营商环境，必须平衡好三个矛盾关系，一是平衡好公平与效率的关系，既要保证公平性，又要凸显高效性，企业要想在市场上博得更多的话语权、影响力，获得更大的竞争力，不仅需要企业生产的产品质量过硬，获得消费者的喜爱，还需要政府提供公平的营商环境、均等的公共服务。通过梳理企业与政府沟通交流过程中出现的各种问题，进一步简化审批申办理流程，去除一系列无效手续，务实真诚，不玩虚头巴脑的花架子，让"真路子"理念在中国商业环境中落地生花。二是处理好市场与政府的关系，让市场在经济发展中起主导作用，扩大市场在经济发展的话语权，同时，为了减少市场的盲目与资本的扩张、行业的垄断在经济发展中的不良影响，政府依然需要对市场进行干预，但这种干预必须以法律为基石，不能过度、越界。三是把握好服务与监督的角色转换，站在国际视角上看，创造良好的营商环境，意味着政府服务需要不断优化创新，与时俱进，要对市场进行监督管控，监管的关键在于依照法律进行监管，核心在于对大众公开，避免某些暗箱操作。还需要与目前的数字经济相结合，推出"网络化""无纸化"服务，为企业解决困难，实现共同富裕。

（三）加大科技投入，解决"卡脖子"

实现共同富裕，还要在高科技领域加大创新投入，解决"卡脖子"问题。一是站在全局视角在国家层面加大科技领域的创新投入，弄清楚我国在哪些领域被"卡脖子"，尽快查缺补漏、填补空缺，提升企业的创造能力；同时，政府应出台解决"卡脖子"的各项有效措施和相关政策制度。二是以开放的态度、创新的思维在产业结构上迅速做出调整，从低端产业转型至高端产业，实现所谓的产业升级，在竞争异常激烈的全球化时代，传统闭塞的模式已经无法适应当下瞬息万变的世界，因此需要更加广阔的视野、创新的思维，将知识要素与创新元素进行有效整合，让创新成果尽快变现。三是站在企业层面，加大创新投资，从某种程度上来讲，解决"卡脖子"问题的关键在于企业，国有企业将目光投放在具有战略意义的高科技领域上，民营企业则应把目光聚集在与生活息息相关、提升人民生活质量的高科技领域上，例如智能装备、智能健康、智能教育等领域。

第二节　制度保障：增进制度规约的实践智慧

在新时期，我们必须坚持和健全中国特色社会主义政治体系，促进国家治理体系和社会力量发展，深入掌握社会主义发展的要求和时期发展潮流，把体系构建和社会力量建设工作摆在更为重要的地位，以实现全面深化改革的目标。

推进国家治理体系和管理功能发展现代化，旨在通过强化治理效果，充分发挥中国特色社会主义制度的优越性，不断完善机制，弥补缺陷，使现有机制更加成熟发展，强化政策实施，进而实现制度优越性向管理效果的转变。我国社会的管理功能是指通过建立健全的法律法规、政策、机制、组织、行动、决策等来完成我国的长远发展目标的能力。这种功能不仅表现在改革、发展、稳定、内政、外事、国防建设等领域，还表现在管理的科学化和可持续性。拥有有效的管理力量是必不可少的，如果缺乏这种力量，即使采取最先进的方法和措施，也很难让管理制度发挥出最大的效果。

共同富裕不仅是中国发展的一项组成部分，更是全面建成小康社会的重要基础，是迈向新的发展高度、实现新的发展目标的重要动力。只有坚持不懈地推进，我们才有望在未来实现中华民族伟大复兴的目标。自中华人民共和国成立以来，"先富带动后富"的出台，为推动共同富裕的实现提供了有力的理论支撑，并在实践中不断深化和完善。党的十八届三中全会第一次明确提出，完善和发展中国特色社会主义制度、推进国家治理体系和治理能力现代化。十九届四中全会进一步明确了我国特色社会主义制度建设的重要性，并就如何实现这一总体目标作出了全方位部署。我国特色社会主义制度建设是党和人民在漫长历史中不断探讨、积累、开发的科学体系，它不仅为我国经济社会蓬勃发展打下了扎实的根基，也为我国社会主义现代化建设提供了强大的支撑。

一、加强党的集中统一领导，完善党的领导制度体系

为了达到共同富裕的目标，我们必须加强党的集中统一领导，并且把"保持党对所有工作的主导"作为我们的首要方略，以此来促进国家治理体系和管理力量的现代性发展，从而为达到现代化发展路线提供有力的支撑。党的十九大强调，我们党要始终坚持马克思主义执政，勇于担当时代先锋，坚定不移地把马克思主义作为我们的行动准则，坚定不移抵制任何影响党的政治先进性和廉洁性的问题，坚定不移去除任何破坏党的正确肌体的病毒，进一步提升党的思维引导力、民众组织力、经济社会发展感召力，确保我们党永葆旺盛生命力和强大战斗力。坚信共产党的领导是中国特色社会主义的核心，其不仅是中华人民共和国成立以来实现现代化、建设小康社会的保证，也是实施社会主义中国梦的重要动力。党的十九届四中全会

提出从六个方面加强和改善党的集中统一领导，即建立不忘初心、牢记使命的制度，完善坚定维护党中央权威和集中统一领导的各项制度，健全党的全面领导制度，健全为人民执政、靠人民执政的各项制度，提高党的执政能力和领导水平制度，完善全面从严治党制度。进而将党的领导落实到国家治理各领域各方面各环节，确保国家始终向共同富裕现代化道路前进。

二、坚持人民至上价值理念，健全人民当家做主制度

我们必须贯彻以人民群众为中心的经济发展思路，努力推动我国社会制度和治理方式的进一步完善，走上共享财富的现代化发展大道，以此来实现人民至上的价值观。为此，我们必须建立一个更加完整、更加稳定的社会主义政治体系，以保障人民的福祉。在中国共产党的领导下，中国群众通过改革实践取得了巨大的成就，其中最重要的是建立了一套符合中国国情的基本体系。在历史过程中，这一制度不断得到健全，为党和国家的蓬勃发展提供了坚实的保障。未来的体制改革应该以发展社会主义民主政治为指导，强化人民当家做主的体制，扩大民主集中制途径，充分发挥民主集中制咨询、决策、监督等多种权利，以期更好地反映人民的意愿，促进实现共同富裕的进程，并以此激励全体公民参与其中，以便他们真正以合理的方式积极参与到国家事务的管理中来。

第一，人民代表大会制度是促进人民民主发展的关键性框架，它不仅使人民能够充分参与决策，而且也为实现人民当家做主提供了坚实的政治基础。人民代表大会制度作为当代中国根本政治制度，是当代中国的政体，从根本上保证了人民当家做主的实现。人民代表大会制度是党和人民共同缔造的一项伟大成就，它不仅在中国政治发展史上占据着重要地位，而且也为世界政治发展史提供了一项全新的政治模式，是促进中华民族辉煌的主要基础。①

---

① 李娟.新时代实现共同富裕的社会保障制度研究［J］.新经济，2023（2）：69—75.

第二，政治协商制度是中国共产党与民主党派在不断推进中国社会进步的过程中，共同打造出的一个具有重要意义的制度，以此来促进全体公民的权利，使其能够真正享有自己的政权。在中国共产党的领导下，人民政协在推动国家发展中发挥着越来越重要的作用，肩负着更加光荣的历史责任。人民政协是一个具有深远影响力的协商民主组织，其通过建立协调机制，促进了全民参与的民主进程，并成功推动中国共产党的领导和社会的发展。

第三，两会是民主的出现，标志着人民当家做主的新时代到来。这种民主的双向发展，使两会民主的出现更加符合中国国情。从全国两会到地方两会，不断朝着制度化、规范化、程序化的方向发展。两会作为每年一度向国际社会和人民群众展示人民当家做主的重要呈现方式，成为中国式民主发展的重要平台。

第三节　体制构建：促进平衡与发展充分

为了实现共同富裕的现代化道路，我们必须全面深化改革，以提升我国的执政力量。这就需要我们设计出一系列的机制，其中包括中央的顶层机制。通过构建和完善机制体系，更好地分析经济社会的复杂性，从而改变发展中的失误，解决进程中的问题。构建和完善体制机制的核心是实现共同富裕。实行共同富裕的现代性路线与西方资本主义发达国家的现代性路线有着显著的差异，其中最重要的是建立一套有效的财政分配机制，确保以公共制为主体的所有制经济，以及财政转移支付等政策措施，有效地将改革开放的成果惠及所有人。由于生产资料的私有化，西方资本主义发达国家的贫富差距日益扩大，为此，中国采取以公共制主体，多种所有制共存的政策，以期彻底消除这一现象。然而，在民生领域，仍然存在许多不足，尤其是在教育、医疗等领域，缺乏有效的改善措施，导致这些领域的需求无法得到充分满足。我们要坚定以人民群众为中心的经济发展思路，持续提高供给侧的公共服务质量，使人民群众真正受益，提高生活质量，保障权利，这是实现共同富裕现代化的关键所在。完全消除城乡发展和收入分配差距，使全体人民共享繁荣昌盛的重大意义变得更加突出。走上共同富裕现代化的道路，既是当前的一项艰巨挑战，也是一项漫长而又充满挑战的使命，因此，党和国家必须坚持以人民群众为中心的理念，遵循求真务实的思想路线，兼顾实际需求和可行性，充分运用系统思维规划全局，进一步推动共同富裕现代化的进程。

制度在国家治理中扮演着至关重要的角色，它不但影响着整个国家经济的发展，还影响着管理的效率。只有建立健全的制度，才能真正提升执政才能，使其达到现代化水平。社会制度的科学化和合理化，需要通过社会管理来体现，而这种成果，不仅取决于社会制度，还取决于人的主体性行为。要坚定不移地促进中国特色社会主义制度发展，就必须不断完善制度建设，采取科学的方法和路径，将我国的制度优势转化为我国的治理效能。

一、收入分配体制改革

党的十九大报告强调，要扩大收入分配力量，提升收入分配效果，推广基本公共服务均等化，减小人均收入分布差异，使改革成效惠及所有民众，实现经济社会公正正义。因此，政府应当积极创造均等的机会，不断提高一线劳动者工资报酬，以此推广收入分配的有效运作。作为财政政策的制定者，政府应该强化对再分配和第三次分配的监管，并采取有效措施，如实施收入税革新、加快现代社会生存保障体制构建、推广基本公共服务均等化等，以期最终减小人均收入差异。但是，这种改善的速度远远跟不上质量的提升。因此，我们应该在新的发展阶段更加重视再分配和第三次分配的作用，并鼓励和支持慈善事业的蓬勃发展。

（一）发挥有效市场对初次分配的积极作用

初次分配是实现共同富裕首当其冲、至关重要的环节，是实现集体共同富裕的根源，政府的首要任务则是建立劳动力、土地、资本、信息、数据、技术等用于社会生产经营的要素统一的综合大市场，并且有效发挥市场在初次分配中的作用，以形成符合中国国情的初次分配收入结构。

一是构建完整全面的生产要素市场，建立我国市场需求决定的产业链。构建统一市场是政府为实现共同富裕、破除价格壁垒、抑制市场垄断做出的必要措施，这项措施能够在极大程度上完善价格制定机制、提升生产经营。除此之外，政府还需要构建知识产权、新型技术、计算机数据等创新型生产要素综合市场，以提升知识本身的价值为主要动机，促使其他各种生产要素有条不紊地流动。最后，理顺不同所有制经济中劳动力、资本及其他生产要素之间存在的某种联系，调整资本在分配收入结构中所占比例过高的趋势，避免初次分配收入不均带来的一系列分配问题。

二是为创业者提供具有经济活力的创业平台，为就业者提供公平竞争的就业环境，努力打破各种行业门槛，破除妨碍企业之间公平竞争的行业垄断，加大力度建设创新性创业平台，为更多中小企业提供技术支持，鼓励更多优秀人才加入创业队伍，为更多人提供就业机会，也从某种程度上为人民提供更多的生财之道与致富机遇。规范各种新型产业的劳动制度、用工体系，保护劳动者的合法权益，维护劳动者的基本尊严。除此之外，为了促进健康的就业生态、创造公平的就业环境，也为了加快劳动力的流动速度，使广大农民工群体能够积极主动地投身城市建设，更好地融入城市社会中，必须坚守同工同酬的制度准则，完善岗位培训体系，加强入职上岗服务，不搞歧视，公平公正地对待农村劳动者，同时提高农村劳动者的综合素质和业务水准。

三是提升农民生产致富的能力，帮助农民尽快逃离贫困，促进乡村振兴。我们需要加大力度完善农村基础设施，推动城乡均衡发展，减小城乡差距。全方位推动土地市场化改革，提升集体资产的变现能力，让农民摆脱贫困，实现财富自由。创新集体资产经营模式，促进农村产业化发展，加强对高新技术的使用，减小人均收入差距。

（二）发挥有为政府在再分配中的主导作用

政府是国家意志的集中体现，是人民的代言人，其对收入再分配在整个收入分配过程中起到不可代替的领导作用。

一是规范收入分配制度。加强对垄断行业的收入管理，清除借助市场化改革的名号变相为个人牟取利益的乱象，坚决取消各项非法收入，抵制各种权钱交易，禁止操纵股市、玩弄股民、割韭菜、偷漏税收、账面造假等违法行为。

二是健全现代税收制度。进行税制改革，优化税收结构，培育税收来源，建立有助于实现共同富裕、维护社会均衡发展的税务机制，政府应该加强增值税等的征收力度，推动房产税、遗产税的征收，同时，减轻老百姓个人所得税的征收力度，提高个人所得税的免征额度，减轻人民的生活压力。除此之外，大幅度减轻劳动所得税，增加对资源、能源、环境方面的税收力度，强化对数字经济、平台经济的税收管控力度，大力扶持小微企业，增加其税收优惠。最后，减少对生活必需品的消费税，限制各种不合理的税收减免、税收补贴，遏止跨国避税、国际逃税。总之，税收制度的改革、税收结构的调整是优化收入分配的重要手段，是实现共同富裕、减少贫富差距的必要做法。

三是健全线上支付体系，明确政府职能部门的职责，预估线上支付体系的适用范围，评价线上支付体系的可行性。全方位推动生态补偿机制，在民生保障领域增加投入力度，让工业发展带动农业发展，城市发展带动农村振兴，实现区域均衡协调发展，推动产业平移，构建阶段性扶贫机制，合理利用发达地区生产要素的优势，激活不发达地区的生产动力，缩小地区与地区之间的差距，以实现共同富裕。

（三）发挥社会主义核心价值观在三次分配中的引导作用

通过以公益慈善为基础的三次分配，可以有效缓解初次分配和再分配之间的不平等，从而促进社会的均衡发展，实现更加公平、和谐的收入分配结构。

一是弘扬公益慈善文化。通过扎实推动社会主义观的实施，发扬中华精神，加强爱国主义、集体主义的宣传教育，倡导以善为本、乐于助人、乐于奉献的精神，营造一个充满正能量、热爱公益的社会环境。为了让更多的中高收入人群和企业能够更好地回馈社会，我们应该加强宣传，让受赠者感到满足、幸福和安全，让捐助者感到成就，从而激发全社会的公益精神和慈善文化。

二是完善多层次慈善体系。在现行福利彩票、体育彩票基础上拓展公益基金筹资渠道，创新公益基金产品，加快民间慈善组织发展，把政府指导和市场化运作更好地结合起来，强化慈善组织运作的社会化、公开化和透明化。鼓励发展网络捐赠、社交平台捐赠和众筹等慈善途径，拓展慈善服务领域，开展扶贫济困、扶老救孤、助残优抚、医疗救助、教育救助、灾害救助等各种慈善形式，提供更多更便利的慈善渠道。

三是健全慈善事业的相关法律法规。通过健全相关法律法规，推动慈善事业持续稳定地进行，促使慈善机构健康蓬勃的发展，提升慈善业务的服务性质。强化对慈善机构、慈善组织的监督管控力度，避免出现公器私用的不良现象，影响大众的慈善热情。除此之外，将慈善业务与税务优惠、公共服务、金融支持结合在一起，激发企业的捐款动力。

以人民为中心是我国经济发展的重要核心，习近平总书记的经济发展思路强调了实现共同富裕的重要性，因此，我们应当全面准确地把握中国特色社会主义中实现共同富裕的科学发展内涵，以马克思主义的指导为引领，保持和健全社会主义市场经济，深刻推进改革开放，以此来保障共同富裕的实现。在这个充满挑战的时代，我们应当继续推动收入分配制度变革，优化初次分配、再分配和三次分配的方式，并在创新上继续尝试，以便走上中国特色社会主义共同富裕的大道。

二、要素市场体制改革

共同富裕的道路是不断变化、持续发展的动态过程，在这个过程中，市场始终扮演着非常关键的角色。同时，建立以政府与市场相结合的经济制度是我们国家改革开放的重要成果，这种制度优势从某种程度上避免了资本的无限扩张带来的市场垄断。目前，增强供给端应对需求端变化的灵活性、适应性，促进供给侧结构性改革，促使经济健康稳定持续发展，建设现代化经济体系，都需要极大程度上发挥市场在资源配置中的巨大优势。因此，坚持生产要素市场化改革的原则是我们国家发展经济的重要前提条件，构建起"市场为主导，政府为辅导"的经济体系，让市场在资源结构调整中起主要作用。政府也要加大行业管控力度、提升公共服务能力，为生产要素市场化提供良好的环境。换句话说，让市场在资源配置中起主导作用，并不意味着政府不重要，而是要让市场、政府充分发挥自身的优势，要实现所谓的生产要素市场化体制改革。

首先，需要政府转换以往的角色，改变固有认知，在资源配置中"退位让贤"，从价格的制定者转变为规则的制定者，从直接参与资源配置的"球员"转换为间接维护良好市场化的秩序，创造优秀市场化环境的"裁判"，防止出现行业垄断等影响国家经济发展的状况，生产要素市场有条不紊的流动从某种程度上需要社会作为一个整体进行有序流动，提升各个要素的生产效率，促进经济高速、稳定、持续的发展。

其次，需要深化户籍制度改革，健全人才流动机制，在我国生育率持续走低、老龄化不断加深的当下，劳动人群会逐渐转变为负增长，农民工进城务工的速度明显放慢。目前，农民工在城市务工遭受的不平等待遇问题日益显著，如何提升农民工群体的生产效率，保障农民工群体的个人权益，提高劳动者的尊严，需要解决的就是农民工自身权益的保障，政府应该进一步消除户籍准入机制，扩大行业准入门槛，防止出现地域歧视，促进教育、健康等与人民生存息息相关的领域的公平发展。共同富裕是国家意志、人民选择的结果，只有人人参与生产要素市场化改革，形成一种人人分享的社会氛围，才能实现这一宏图伟愿。

三、社会治理体制改革

社会治理体制在维持社会稳定、激发人民生产动力上一直发挥着极其重要的作用，如何在社会治理体制中凸显营造"人人为我，我为人人"的社会氛围，构建"人人有责、人人尽责"的命运共同体则是实现共同富裕的重中之重，共同富裕的社会愿景是社会实现共建、共享、共治的全新面貌，不只是政府职能部门的任务，也不只是个人的美好愿望，而是各种企业、组织、团体的共同希冀，建设多元的社会治理体制，满足各个阶层、各个领域、各个主体的利益与需求，是政府实现共同富裕的关键步骤。

一方面，政府需要在管理层面实现转型。行政人员需要做到终身学习、改变传统思维、树立服务观念、依法行政、提高效率，将"为人民服务"作为其毕生追求。在行政手段层面，大力使用权利清单、责任清单、负面清单，明确政府的权力范围，不越权，不逾矩，明细自身的责任义务，为人民做好服务，在全方位市场化的社会环境下，厘清政府与社会之间的关系，营造和谐的社会秩序，塑造良好的社会氛围。权责清单制度的建立依然是社会治理体制改革的关键步骤，是实现共同富裕过程中政府发挥作用的重要表现。明确政府的定位不仅能够减轻政府在公共服务、社会工作中的重担，也能够让更多的主体参与实现共同富裕的进程，增强其对共同富裕这一美好愿景的认同感。同时，调整政府的权力范围，优化政府的权力行使机制，扩大社会事务负面清单的适用范围，坚决秉持公平公正的工作态度，做好社会治理体制的顶层设计，建设相关社会规章制度。在划分权力范围的同时，政府还要增加公共服务领域的财政支出，通过完善社会组织发展专项资金，执行财政支出绩效评价制度，提升政府财政支出的效率。另外，对各主体进行监督管控则是保证各主体不逾矩、不越权的必要前提，能够在极大程度上避免政策制定执行的失误，使共同富裕沿着既定目标前进。

另一方面，社会治理体制改革不只是政府职能部门的任务，还需要社会其他主体共同配合。首先，需要全方位落实《国务院机构改革方案》中的"放管服"改革措施，向市场放权、向社会放权、向地方放权，明确社会各个主体的职责范围，促进政府部门、社会组织之间的合作，实现共同富裕、和谐发展。其次，完善社会组织的相关法律制度，明确社会组织不能凌驾在法律之上，更不能凌驾在政府之上，必须加快社会组织的立法步伐。最后，政府在社会组织工作中依然起领导作用，提升社会组织的公共服务能力，对社会组织的扶持力度、人才培养要持续不断地进行，构建完整的社会组织参与社会治理的相关机制，完善相关设施，积极鼓励企业、行业商会、志愿者组织加入社会治理，利用他们特殊的社会身份提升公共服务能力，建立公平公正、透明清晰的公共服务购买机制，促进公共服务的市场化，让社会组织成为社会治理的主力军，推动社会经济持续稳定均衡的发展。

四、深化文化体制改革

在生产力中，文化所起到的作用至关重要，当前各个国家在发展的过程中都认识到了文化的重要性，文化已经成为评判一个国家综合实力的重要组成部分。共同富裕的实现和现代化的建设过程中，文化体制的改革创新是重要助力。从客观环境来看，对外影响着世界范围内的认可与支持，是发展中国家实现发展的一种崭新的模式；从内部环境来看，社会主义精神文明的建设，满足人民日益增长的精神文化需求是当前亟须完成的重要任务。在改革开放的进程中，我国的文化体制改革从未止步，在发展的过程中结合人们的实际需求做了许多良好的调整，让人们的物质生活水平在提高的同时也与精神文明世界同步发展，创造了一系列了不起的成果。文化体制改革创新为共同富裕的现代化建设提供了强大动力，进而让人们从文化生活中获得了更多精神方面的熏陶，更好地满足人们对于未来美好生活的需求与向往。对此，习近平总书记提出："任何时候任何情况下，与人民群众同呼吸共命运的立场不能变，全心全意为人民服务的宗旨不能忘，坚信群众是真正英雄的历史唯物主义观点不能丢。"这也是从根本上为文化体制的改革创新指明了方向和路线，无论在什么样的情况下都要坚持以人为本的这一理念，人民群众才是推动历史与社会发展前进的主体因素。深化文化体制改革，也要坚持从不同的社会实践中获取源源不断的文化发展动力与能量灵感。无论是国家层面，还是政府方面以及相关的工作部门和工作人员在开展工作时，必须以人民的基本需求为主，站在人民的立场和视角上，尊重人民群众的首创精神，更要从制度层面去鼓舞人民积极进行文化创造，只有这样才能促进工作有效进行。文化体制的改革究其根本就是解放和发展文化生产力的重要环节，通过文化体制的改革创新促进文化的创新发展，最终让文化能够繁荣不息，这也是制度层面上的保证。在世界舞台上讲好"中国故事"并非易事，要深化改革的力度，对我国几千年来的深厚文化资源进行合理的发掘和利用，充分发挥和展现我国文化产品的独特与创意。

在弘扬社会主义核心价值观，继承和发扬中华民族优秀传统文化，坚持中国精神的同时，我们并不排斥学习借鉴世界优秀文化成果。所以在对外展现自身良好的文化时，也要积极吸收其他文化中的精华部分。我们的共同富裕现代化道路在进行和实现中要保持着充分的文化自信，以大方、开化、正确积极的态度对待外来文化，也要以辩证的态度仔细分辨，在与外来文化的互动交流中实现自我文化的发展与繁荣。

五、社会保障体制改革

城镇居民的福利落实，城乡一体化建设的进行，都要深化社会保障体系。在加深社会保障体系建设的过程中，要有方向、有方法、有要求的进行。在大力推动生产力发展的过程中，一方面不能只是单一化的追求生产力的提升，而忽略了生态文明的平衡。要保障生态文明建设，更要有绿色发展的理念和态度。社会保障体系的改革是共同富裕实现的必要条件，我国的共同富裕现代化道路是社会主义道路，决不能走资本主义道路。在全面建成小康社会的过程中，脱贫工作取得了重要进展与成效，但是这并不是我们的终点，而是我们迈向社会主义现代化进程中的一个重要基石。脱贫只是第一步，只是一个起点，致富是接下来的第二步骤，致富后还要实现共同富裕的现代化道路，从实际发展中真正落实和保障人民的生活环境。社会保障体制的改革与创新是解决我国社会主要矛盾的有力环节，这也需要在民生领域进行更多样化的创新发展。

发展的不平衡与不充分，这是两个问题，但是又有着统一性，所以我们必须要坚持发展不动摇，不松懈，在做大"蛋糕"的同时，也要考虑如何分配这个"蛋糕"是合理且公平的。"让改革发展成果更多更公平惠及全体人民"的要求，就是通过建立健全各项制度，完善社会的相关政策，分好"蛋糕"。

第四节　道德培育：提升公民美德的伦理教化

共同富裕并不仅指的是物质财富方面的积累，而是由物质财富与精神财富共同组成，共同富裕是道德提升的物质基础，其中物质富裕是共同富裕的主要表现。随着中国共产党的正确领导，带领全体中国人民在新时代进程中建立了许多丰厚的成果，在脱贫攻坚战中赢得了伟大的胜利，全面建成小康社会让城乡、区域之间的经济差距更小，社会发展更加和谐。无论是物质层面的条件，还是精神层面的条件，人民的生活都比以前有了巨大的提升。人们的基础生活得到了保障，为实现共同富裕提供了良好的实践经验与物质基础。只有实现精神富裕的社会，才是真正的富裕。

一、发挥公民美德的认知功能，形成促进实现共同富裕的价值共识

在中国人民的共同努力下，我国已经成为世界第二大经济体，但也出现了一些崭新的问题需要我们去解决。例如，对于社会财富的分配，如何

做才是合理的、科学的，让所有的社会成员享受经济发展的成果是必须的，这不仅是社会公正性的表现，也是道德水平提升与进步的体现。共同富裕与道德水平的提升，这两者之间存在着一定的关系，道德水平会影响共同富裕的实现进度，而道德水平的提升与发展也离不开物质基础条件。

道德水平的提升与共同富裕之间的第一个互动关系是道德水平是推动共同繁荣的重要能量。道德提升和发展是在经济利益的基础上的。经济利益影响着道德发展的前进方向，同时道德也是经济发展在一个时代中的关系反映，同经济社会的发展是相互促进，互为表里的。唯物史观提出，无论是道德观念还是价值观念的形成与发展，与一个人自身所处的社会阶层有着密切的相关性，也就是生产和交换的经济关系。道德提升发展与共同富裕互动之间的第二个表现是共同富裕为道德进步发展提供了物质基础。从所有国家的发展历史进程来看，在经济发达的国家，人民的道德素质水平是相对而言总体上比物质条件落后的地区要好。人们可以接受更好、更广泛的教育和医疗条件等，但是对于生活条件较为贫困的人们来说，他们或许无暇顾及精神层面的修养，而是更多地为自己的基本生存问题而担忧。所以随着时代的发展，各项科学技术的发展等也推动了经济社会的发展，为共同富裕现代化道路建设提供了丰厚的物质基础，在有了物质基础的保障后，人们才有更多的时间与精力去享受自己的精神生活，在这个过程中才能更加主动提升自己的道德素质。尽管从实际情况来看，物质生活水平的好坏与人们的道德水平的高低并不一定存在着同步关系，甚至还会存在负向关系。但从人类社会发展的总体情况来看，人的道德水平与物质生活水平具有正向发展的同向关系。所以综合而言，一个社会的经济、物质水平发展得越好，社会的总体道德素养也就越高的。

因此，提升道德水平，完善美德境界是实现共同富裕的题中应有之义。而提升道德水平、践行道德行为的首要前提是具备充分美德认知。发挥公民的美德认知，是一个循序渐进的过程。

第一，要引导人们树立正确的、平等的义利观。只有这样在市场上进行各项经济活动时，人们才可以保证自己各种交易行为的规范，也要加强人们对初次分配的正确认识，要让人们明白"效率优先，兼顾公平"的原则。通过实践我们已经明白绝对的平均主义是不可能的，要实行按劳分配，依据每个人自己所付出的多少，以及个人的道德、技能水平进行分配，这样才能更加公平，也可以更好地促进人们的主动性和积极性。共同富裕是所有人的富裕，同时也要求每个人在经济社会的建设中贡献自己的一份力量，积极进行创新。所以在这个过程中也要弘扬和宣传社会主义核心价值观，让人们能够有正确的劳动、就业、财富和道德观念。反观当下，有少部分人为了经济利益而不惜铤而走险，走上违法犯罪的道路，这就是在致富的过程中没有坚持和树立正确的劳动、就业、财富和道德观念，不仅危害自己，也影响了他人，甚至是整个社会，所以要尤其注意引导人们在进行经济活动的过程中遵纪守法，维护正确的道德观，建设和谐美好的社会主义社会。我国在经过改革开放后，经济水平得到了长足发展，各项生活条件得到大幅度改善，人们的生活更加幸福。但当下经济发展非常迅速，不同业态的经济不停更迭，在飞速发展的过程中，贫富差距逐渐扩大，人们的收入不均衡，社会的福利政策还不太完善，尤其是对于弱势群体的生存权问题的考量，还存在不足和欠缺。对于大部分群众，可能生活的基本问题得到了满足，还可以比较自由地去满足自己的精神生活，但是仍然有一些少部分偏远地区因为交通等现实性的问题，发展落后，教育、医疗等都是大问题，生存压力依然庞大，所以要求他们也共同参与建设中来是不切实际的。这就要求相关部门引起重视，针对不同地区、不同境况，制定合适的改善政策和支持服务，让弱势群体的生活可以真正得到改善和有所保障，让人们对自己的生活有信心、有安全感，这样才能够有机会激发他们内心对于未来美好生活的构想，让他们也同样可以积极主动参与社会道德建设的文明实践之中，最终实现共同富裕。

第二，加强党员干部、政府工作人员的道德修养。党员干部和政府工作人员在进行共同富裕的进程中发挥着不可替代的作用，所以要不断加强培养他们个人的公平公正、无私奉献的道德理念。二次分配就是要更好地考虑弱势群体。首先保证收入群体的积极性，其次要更加保护低收入群体的利益，要起到在总体上进行宏观调控的作用，目的就是要缩小贫富差距，这也是实现共同富裕的重要措施。当前对于经济发展需要在已经做大"蛋糕"的基础做好，将"蛋糕"分配做好。那么这就对党员干部和政府工作人员的道德素养提出了更高的要求。要保证党员干部和政府工作人员能够从始至终树立和坚持公平公正的理念，对各项资源进行合理充分的分配，也要尤其关注弱势群体。在政策实施后，也要积极关注各项运作与数据，看看工作是否产生实效，或者说自己的工作还有什么欠缺之处，都要相应的进行改进和完善。共同富裕的实现是一项浩大的艰难的工作，在这个过程中需要所有人各司其职，不仅要将自己分内的工作做好，还要有强大的责任心，也要有各个方面精心的组织、设计、规范、调节。只有加强所有人对于共同富裕的认识，才能真正实现共同富裕。

第三，引导和帮助人们树立正确的慈善观念与受赠观念。共同富裕的内核不只是经济方面，更重要的是物质经济与精神文明的共同富裕。在当前，政府及相关工作人员在工作实践的过程中不仅是专注于"扶贫"方面，也从基础上做到"扶智"这一点，让人们可以有更多的技能，从而主动参与经济生产活动之中，实现长足发展。那么在第三次分配的过程中就要偏向于精神文明层面的道德意识强化，在前文中我们已经阐述了，第三次分配就是以道德水平为基础的，大多以慈善、志愿服务的形式展现。所以需要加强相关主题活动的举办，让人们能够了解慈善活动的意义，并参与其中，让人们可以真正投入共同富裕的精神文明的建设之中。

二、发挥公民美德的规范功能，强化促进实现共同富裕的行为践履

首先，要在市场中建立和完善道德伦理准则，让经济主体在市场中可以充分发挥自身的主观能动性。道德规范就像是一种准则，让人们可以有法可依，前提是在人们都有一定的道德自觉，道德规范的设立才有意义，

这就要求道德规范是合理的、科学的，才能被人们所认可和接受。要体现自主、平等、互惠、互利，以市场的竞争水平为基础，公平公正为原则，设立一套符合市场经济运作与发展的道德伦理规范体系。此道德伦理规范体系并不是为了规范市场的发展，而是针对市场中的人，希望可以促进和提升人的道德行为水准，进而提升人的精神文化生活水平。简而言之就是这种道德伦理规范是为了市场经济的长远发展，让人们可以在正确的道德理念的管理下，更加积极主动地致富，这样一来市场的整体环境才会是和谐的，市场经济才能健康良好的发展。

其次，在实现共同富裕的道路中，党员干部发挥着带头作用至关重要。因而从严格、科学地选拔人才至关重要。共同富裕的重点在于"共同"二字，它并不是少部分的富裕，也不是大部分的富裕，而是所有人的共同富裕，这也就要求在进行二次分配工作环节时要克己、无私、明大义。一方面，党员干部要起到标杆作用，以自身积极公正的形象为广大群众树立良好的标杆，积极践行和维护社会主义核心价值观，让所有的人民可以团结一致，积极推动共同富裕建设。另一方面，需要有意识的推动税收改革创新，让物质条件与精神文明生活更加具有惠普性和共享性。

最后，在进行第三次分配时，要想顺利进行，就要尤其重视和利用榜样的强大力量。第三次分配主要是以道德力量为基础的，目的也是非常清晰的，以物质生活水平的提升为基础，进而带领精神文明生活的提升，实现共同富裕。关于第三次分配的科学、合理方面，当前还没有系统的道德准则来专门规范。但是有像《中华人民共和国慈善法》《救灾捐赠管理办法》等可以作为参考，在进行设计和组织第三次分配行动时以公平公正等的原则为基础，进而建设科学的道德伦理行为准则。在这一工作环节的展开中，重要的就是如何保证一个合适的度量衡，不能大力进行道德行为绑架，也要大力宣传和提倡进行志愿服务、乐善好施。尤其要注意对于人们道德行为规范的引导，严厉打击违反正义与道德良知的原则，进行非法或者以私利为主的系列慈善活动等。影响共同富裕实现的因素有很多，其中国家的经济和社会的发展质量就是其中的一个重要因素，同时收入与社会福利再分配的制度体系也不可忽略。在 2021 年 8 月召开的中央财经委员会第十次会议上就针对这个问题进行了详细的阐述，要建立健全初次、再次、第三次分配方式的合理化基础制度安排，在初次分配的实践中必须以市场机制进行调节，再分配以政府的调控为主导，对于第三次分配进行着重说明，因为其对于实现共同富裕有着重要影响。这一基础制度安排是结合了我国的经济与社会、人民生活发展的实际情况制定的，也是对于实现共同富裕的美好憧憬。这也是第三次分配从理论要求上的进步到实践活动中的细节规范，第三次分配在道德水平的基础上进行，这一特点很好地丰富和完善了共同富裕的内涵。

道德在推动共同富裕实现的进程中起着重要的作用。第三次分配的理论概念主要分为三个部分：一是第三次分配中所提出来的实践主体不再以政府和市场为主，而是将各社会力量和社会组织为主体，再利用慈善募捐等志愿活动等多为公益性的活动方式，自发为较为困难的群众提供帮助。二是此理论概念在一定程度上打破了原有市场的分配体制，解决了政府再分配存在的一些不足，它的分配方式是以道德、文化习俗等因素为主而进行评判、分配的。三是第三次分配从提出就在一定程度上弥补了之前的一些不足和问题，其是在初次和再分配的基础上融合贯通而生成的，所以相对来说更具有科学性。

第三种分配方式是以道德水平为基础的，表现在慈善和志愿服务这两大方面。慈善事业是面向大众群体的一种广泛性的道德活动。当前我国社会中的贫富差距逐渐扩大，在道德化的基础上以第三次分配的方式对收入和社会财富进行分配，是促进共同富裕的一种可行的良好方式。这就要求所有的社会成员有正确向上的慈善意识，有能力的团体可以积极主动的参与慈善活动，团结一心，共同推动慈善事业的正向发展，对于先富起来的团体通过慈善活动帮助弱势群体，不仅可在一定程度上帮助弱势群体的生活条件，也缩小了贫富差距。既解决了贫穷群体的困难，同时对于富裕的群体来说，他们以自己的力量切实帮助了有需要的人，他们个人的社会价值也得到了提升。

对于志愿服务而言，就是第三次分配发挥实际功能的另外一种举措。志愿服务结构主要有志愿者、志愿组织和社区组织等，其最明显的特征就是在自愿和无偿的基础上进行一系列帮助他人的活动和服务。共同富裕包含了精神与物质两个层面，志愿服务可以为他人提供帮助，在实践活动中奉献自己的精神与力量，即便没有报酬，往往会收获更多的精神层面的财富，这也是体现了利他主义和人道主义的道德精神。在物质生活不断被满足，且生活水平条件越来越好的当下，对于精神文化层面的探讨更多了，部分人的精神世界空虚、贫乏。志愿服务活动就可以很好的、简单的解决这一问题。一个人生活在社会上需要被他人认可，这种方式可以让自己感知到自己存在的意义与价值，所以我们需要让更多的人参与志愿活动，构建良好的道德共同体，提升整个社会的道德水平。

三、发挥公民美德的调节功能，完善促进实现共同富裕的评价保障

经济社会需要有道德行为准则的约束，否则就会混乱起来，所以要以道德维护市场的整体秩序，让经济社会更加良好与长远的发展。在实现共同富裕的道路中，究竟应该以什么内容为发展的对象，发展致富的人是谁，如何去致富等，这一系列问题都需要以道德价值进行研判的。当前网络发展非常迅速，各种新媒体方式不断出现在人们的眼前，也被人所接受，可以利用新媒体，大力宣传通过自己的双手勤劳致富、诚实守信、热心公益的榜样人物，这些都是以先富带后富的积极案例，也要给这些进步人群适当的精神与物质奖励，鼓励他们更加积极地展现自身的优良道德素养。不仅如此，对于在市场经济中以一己私利谋取不正当的利益而损害他人利益的行为要进行相应的处罚和谴责，进行报道引起公众关注，一方面让大众明白和意识到这种不正确的道德观念和行为的后果是不好的，另一方面也要以舆论压力去帮助和促使这些走错道路的人积极主动改正，通过两方面

双管齐下，维护和促进社会主体市场经济的长远、健康发展，同时也推动了社会道德的前进。

为了促进服务型政府的发展，我们应该加强道德舆论的监管，并且积极探索多种有效的监管机制，使之成为可持续发展的重要支撑。我们应该加强贯彻道德准则，积极拓展民间参与途径，如开展多样的民主监管、公众参与、社会舆论参与，使更多的人参与共同富裕的项目中来，从而更好地促进其发展。只有通过完善政务信息系统，让每个人都清楚了解到政府的决定和执行，才有可能让这些决定和执行变得更具有可操作性和可信度，从而确保共同富裕的有效执行。现阶段，我们应该充分利用网络道德舆论。由于其独立、开放、包容的特质，网络道德舆论可以让我们快速、准确地向政府官员施加监管。此外，其巨大的威慑作用也倒逼官员必须认真履职，以维护社会的公平正义。

我们应当采取积极措施，加强第三次分配的道德规范体系和社会舆论评价，积极倡导和落实共同富裕的道德观，强化对违反公平正义行为的惩戒，营造一种尊重他人的良好环境，从而使第三次分配更加顺畅、和谐。通过大力弘扬慈善理念，将其视为社会的责任，并且向那些踊跃投身于慈善活动的人们发放适当的激励，从而促进社会的发展。通过收集捐赠者的反馈，我们可以迅速改变捐资的类型、数量，尽可能地让受益者感受到公平的待遇，并鼓励他们积极参与资金募集。此外，我们还应该积极推动慈善机构的公开招募，增强其公众形象，确保资金的有序运作，并为慈善活动的可持续发展做出积极贡献。

结　语

马克思正义思想的时代敞开

结语的目的不是结束，而是进一步敞开，使马克思的正义思想在当下时代中敞开。世界历史的发展在本质上是资本穿越民族国家界限的藩篱走向全球化的过程。马克思根据其所生活时代的弊病对自由资本主义时期资本主义生产方式的不正义性问题进行了揭露和批判。与此同时，马克思也深刻揭示了资本主义发展对世界历史形成所做出的重要贡献。它使整个世界紧密联系在一起，人类历史的发展由民族国家转向世界历史，它促成和开拓了世界市场的形成和经济全球化的发展。正像马克思所指出的，"资产阶级，由于开拓了世界市场，使一切国家的生产和消费都成为世界性的了"。① 世界市场的形成和经济全球化的发展都是源于资本追逐剩余价值，不断扩张的内在本性。"创造世界市场的趋势已经直接包含在资本的概念本身中。任何界限都表现为必须克服的限制。" ② 资本逻辑在全球化时代仍然占据主导地位。它使整个世界按照资本逻辑的运转模式而运转。英国学者简·阿特·斯图尔特指出，"剩余积累的动力在全球化发展史上始终是核心力量。而且，如果没有资本主义，很难想见全球关系会出现并发展起来"。③可见，马克思对资本主义的批判鲜明地表达了其对正义伦理的诉求。他在《资本论》中对资本主义运行方式和剥削本质做出了详尽的发掘，并且在科学社会主义理论体系中，表达了对未来正义社会制度的描绘，展现了马克

---

① 马克思恩格斯文集（第 2 卷）［M］. 北京：人民出版社，2009：35.

② 马克思恩格斯文集（第 8 卷）［M］. 北京：人民出版社，2009：88.

③ ［英］简·阿特·斯图尔特. 解析全球化［M］. 长春：吉林人民出版社，2011：103.

思主义理论体系深刻的人文情怀。在马克思的理论体系中，充分记录了在资本主义工业时代中，普通劳动者的生存状态，也描绘了未来共产主义制度能够实现的共同富裕，共创美好未来的伟大愿景，这也正是马克思主义理论对社会正义的思考和诉求。

因此，马克思基于资本主义生产方式批判的正义观念对在当代资本逻辑主导生产的全球化时代仍然具有现实启发。正像英国学者埃里克·霍布斯鲍姆所说，人们之所以对资本主义的未来产生怀疑主要是因为资本逻辑的无拘无束的全球化运作。因为自然资源总是资本产生利润的主要来源，而资本生产又总是以大自然界为废弃物的排泄和倾诉之地。之所以会产生这一结果无外于那些遵从无限经济增长理论的生产者们对自然资源及能量的无限性的假定。在这样的时代境遇中，如何运用马克思主义的基本观点和方法来诊断现代社会生产发展的弊病，审视和评估人的自由和全面发展和自我实现是时代发展的必需。

对此，当代中国必须在资本逻辑主导的世界秩序中回应中国现代化道路的文明自觉与使命担当，继承马克思正义理论的核心要义，建构中华民族现代文明的社会伦理秩序与价值规范体系。共同富裕是人类社会孜孜以求的伦理目标。自古以来，中国人民不断追求的一个道德理想就是共同富裕。诸如"不患寡而患不均，不患贫而患不安""老吾老以及人之老，幼吾幼以及人之幼"，这些人们耳熟能详的经典名言表达了中国古代思想家对小康社会和大同社会的道德期盼。共同富裕也是马克思主义所关注的社会发展问题。按照马克思和恩格斯关于未来社会的构想，到了共产主义社会，阶级之间、城乡之间、脑力劳动和体力劳动之间的对立与差别将彻底消除，人们将得到各尽所能、按需分配的伦理对待，真正实现社会财富和社会资源的共享，每个人都能获得自由而全面的发展。

当代中国已经建立了社会主义制度，也实现了以生产资料公有制为基础的生产方式，消除了以生产资料私有制为基础的生产方式的弊病。但是，目的我国最大的国情是处于并将长期处于社会主义的初级阶段。这一国情决定了我们必须重视正义问题。因为"只要人类还没有达到共产主义社会的高度，正义就是人类所无法超越和必须面对的事实。"①社会主义市场经济体制的建立一方面促进了社会生产力的极大丰富，使我国真正"富起来"了。毋庸置疑的是社会主义制度为我国的市场经济的有效运行提供了制度层面的合理性和公正性的保障，将社会主义市场经济建立在生产资料公有制基础上的。但在全球化的浪潮中，市场经济的内在运行逻辑仍旧是以资本逻辑来主导的，在具体操作层面上也仍旧存在着资本主义生产方式所滋生的形式正义和实质不正义的问题。如在当代中国经济社会发展过程中呈现出了劳资矛盾、贫富差距、生态环境恶化、权益侵犯等问题。因此，我们需要让资本逻辑主导的生产"讲规矩"，使其规范化、合理化、正义化，在社会主义生产方式框架内为人类的解放和自由全面发展服务。中国的现实问题需要我们从马克思正义观念那里寻求理论支撑与破解之道。当下中国，构建马克思语境下的社会主义公平正义原则与标准适得其所。

作为马克思主义理论指导下的社会主义制度，中国特色社会主义的制度体系体认社会正义的伦理诉求，构建共同富裕美好生活的社会环境是必然的发展方向。中国特色主义进入新时代，正义伦理的理论发展和共同富裕的具体实践，都有了富有中国特色和时代特色的最新发展。正义伦理的政治价值、内在诉求和价值旨趣的内涵也有了新的含义。主张新时代的劳动尊严，实现更长眼界的代际公平，主张劳动者的主体自由，全体人民共商共建共享的新时代共同富裕理论也在中国特色社会主义建设的伟大实践中不断发展。对共同富裕理论的未来发展也有了方向性的规划，无论是对发展基础问题的理解，为实现更高水平的共同富裕所要求的制度保障，促进平衡与发展的体制构建，还是与之并行的社会主义公民道德素质培养，都是未来共同富裕理论发展的前沿视角。

我国正处于百年未有之大变局的新时代，在消除绝对贫困、全面建成

---

① 林进平. 马克思的"正义"解读［M］. 北京：社会科学文献出版社，2009：168.

小康社会之后，又将实现共同富裕作为未来社会发展的伦理目标。我国已成为世界第二大经济体，社会主要矛盾已经转化为人民日益增长的美好生活需要和不平衡不充分的发展之间的矛盾，而共同富裕是解决社会发展不平衡不充分的根本着力点。推进共同富裕及其伦理实现的百年历史有力支撑了中国特色社会主义减贫理论，丰富了中国式现代化道路以及人类文明新形态。社会主义公有制主体的性质决定了财富生产和分配的"人民至上"的价值取向。坚持走社会主义发展道路，就是要坚定不移地逐步实现共同富裕；坚持共同富裕，关键要坚持共同富裕的实践伦理和过程伦理，彰显人类文明新形态的魅力。

全体中国人民追求美好生活的愿景，马克思主义理论体系中的正义伦理诉求和中国特色社会主义新时代的伟大实践中都有着对共同富裕美好未来的创想，这些美好愿望如今正形成合力，在中华民族伟大复兴中国梦的实现过程中，提供着无尽的内生动力。我们终将创造并最终实现一个符合全体人民共同理想的美好未来。

参考文献

一、外文译著

［1］马克思恩格斯选集.第2版（第1、2、3、4卷）［M］.北京：人民出版社，1995.

［2］马克思恩格斯选集.第3版（第1、2、3、4卷）［M］.北京：人民出版社，2012.

［3］马克思恩格斯文集（第1、2、3、5、7、8、10卷）［M］.北京：人民出版社，2009.

［4］马克思恩格斯全集.第1版（第13、26、42、49卷）［M］.北京：人民出版社，1962—1982.

［5］马克思恩格斯全集.第2版（第1、3、19、30、31、32、33、44卷）［M］.北京：人民出版社，1996—2006.

［6］资本论（全三册）［M］.北京：人民出版社，2004.

［7］1844年经济学哲学手稿（单行本）［M］.北京：人民出版社，2000.

［8］德意志意识形态（单行本）［M］.北京：人民出版社，2003.

［9］列宁.列宁全集（第26卷）［M］.北京：人民出版社，2017.

［10］［古希腊］柏拉图.理想国［M］.郭斌和，张竹明译.北京：商务印书馆，1986.

［11］［古希腊］亚里士多德.尼各马可伦理学［M］.廖申白译.北京：

商务印书馆，2003.

[12][古希腊]亚里士多德.政治学[M].吴寿彭译.北京：商务印书馆，1965.

[13][英]霍布斯.利维坦[M].黎思复，黎廷弼译.北京：商务印书馆，1985.

[14][英]约翰·洛克.政府论（下篇）[M].丰俊功，张玉梅译.北京：北京大学出版社，2014.

[15][法]卢梭.论人类不平等的起源与基础[M].李常山译.北京：商务印书馆，1962.

[16][法]卢梭.社会契约论[M].何兆武译.北京：商务印书馆，1997.

[17][法]卢梭.论政治经济学[M].王运成译.北京：商务印书馆，1962.

[18][英]大卫·休谟.道德原理研究[M].周晓亮译.北京：中国法制出版社，2011.

[19][英]大卫·休谟.人性论[M].关文运译.北京：商务印书馆，1980.

[20][英]托马斯·孟.英国得自对外贸易的财富[M].袁南宇译.北京：商务印书馆，1965.

[21][英]威廉·配第.配第经济著作选集[M].陈冬野等译.北京：商务印书馆，1983.

[22][法]布阿吉尔贝尔.布阿吉尔贝尔选集[M].伍纯武，梁守锵译.北京：商务印书馆，1984.

[23][法]弗朗斯瓦·魁奈.魁奈经济著作选集[M].吴斐丹等译.北京：商务印书馆，1979.

[24][法]杜阁.关于财富的形成和分配的考察[M].北京：商务印书馆，1961.

［25］［英］亚当·斯密.道德情操论［M］.蒋自强等译.北京：商务印书馆，1997.

［26］［英］亚当·斯密.国民财富的性质和原因的研究（上卷）［M］.郭大力，王亚南译.北京：商务印书馆，2009.

［27］［英］大卫·李嘉图.政治经济学及赋税原理［M］.郭大力，王亚南译.北京：商务印书馆，1976.

［28］［英］大卫·李嘉图.李嘉图著作和通信集（第三卷）［M］.北京：商务印书馆，1977.

［29］［奥］庞巴维克.资本实证论［M］.陈端译.北京：商务印书馆，1997.

［30］［法］蒲鲁东.什么是所有权［M］.孙署冰译，北京：商务印书馆，1982.

［31］［美］萨缪尔森.经济学［M］.高鸿业译.北京：商务印书馆，1979.

［32］［美］诺奇克.无政府、国家与乌托邦［M］.姚大志译.北京：中国社会科学出版社，2008.

［33］［英］史蒂文·卢克斯.马克思主义与道德［M］.袁聚录译.北京：高等教育出版社，2009.

［34］［美］阿拉斯戴尔·麦金太尔.追寻美德：道德理论研究［M］.宋继杰译.南京：译林出版社，2011.

［35］［美］阿拉斯戴尔·麦金太尔.谁之正义？何种合理性［M］.万俊人等译.北京：当代中国出版社，1996.

［36］［美］德沃金.至上的美德［M］.冯克利译.南京：江苏人民出版社，2012.

［37］［美］大卫·哈维.正义、自然和差异地理学［M］.胡大平译.上海：上海人民出版社，2015.

［38］［美］丹尼尔·贝尔.意识形态的终结［M］.张国清译.南京：江

苏人民出版社，2001.

[39][英]哈耶克.通往奴役之路[M].王明毅，冯兴元等译.北京：中国社会科学出版社，1997.

[40][美]汉娜·阿伦特.人的境况[M].王寅丽译.上海：上海世纪出版集团，2009.

[41][德]哈贝马斯.现代性的哲学话语[M].曹卫东译.南京：译林出版社，2011.

[42][美]博登海默.法理学、法律哲学与法律方法[M].邓正来译.北京：中国政法大学出版社，2004.

[43][英]G.A.柯亨.自由、正义与资本主义[A].吕增奎编：《马克思与诺齐克之间》[C].南京：江苏人民出版社，2007.

[44][英]G.A.柯亨.卡尔·马克思的历史理论：一种辩护[M].段忠桥译.北京：高等教育出版社，2008.

[45][英]G.A.柯亨.自我所有、自由和平等[M].李朝晖译.北京：东方出版社，2008.

[46][英]G.A.柯亨.拯救正义与平等[M].陈伟译.上海：复旦大学出版社，2014.

[47][俄]杜娜叶夫斯卡娅.马克思主义与自由[M].傅小平译.沈阳：辽宁教育出版社，1998.

[48][美]约翰·E.罗默.在自由中丧失——马克思主义经济哲学导论[M].段忠桥，刘磊译.北京：经济科学出版社，2003.

[49][美]佩弗.马克思主义、道德与社会正义[M].吕梁山等译.北京：高等教育出版社，2010.

[50][美]约翰·罗尔斯.正义论[M].何怀宏等译.北京：中国社会科学出版社，1988.

[51][美]约翰·罗尔斯.政治哲学史讲义[M].杨通进，李丽丽，林航译.北京：中国社会科学出版社，2011.

［52］［美］约翰·罗尔斯.道德哲学史讲义［M］.顾肃，刘雪梅译.北京：中国社会科学出版社，2012.

［53］［美］塞缪尔·弗莱施哈克尔.分配正义简史［M］.吴万伟译.南京：译林出版社，2010.

［54］［英］巴利.社会正义论［M］.曹海军译.南京：江苏人民出版社，2012.

［55］［美］艾伦·布坎南.马克思与正义［M］.林进平译.北京：人民出版社，2013.

［56］［加］凯·尼尔森.马克思主义与道德观念［M］.李义天译.北京：人民出版社，2014.

［57］［美］R.W.米勒.分析马克思：道德、权力和历史［M］.张伟译.北京：高等教育出版社，2009.

［58］［美］约翰·罗默.社会主义的未来［M］.余文烈等译.重庆：重庆出版社，2010.

［59］［美］罗伯特·查尔斯·塔克.马克思主义革命观［M］.高岸起译.北京：人民出版社，2012.

［60］［美］桑德尔.自由主义与正义的局限［M］.万俊人等译.南京：译林出版社，2011.

［61］［英］肖恩·赛耶斯.马克思主义与人性［M］.冯颜利译.北京：东方出版社，2008.

［62］［美］埃尔斯特.理解马克思［M］，何怀宏等译，北京：中国人民大学出版社，2008.

［63］［德］A·施密特.马克思的自然概念［M］.欧力同，吴仲昉译.北京：商务印书馆，1988.

［64］［加］本·阿格尔.西方马克思主义概论［M］.慎之等译.北京：中国人民大学出版社，1991.

［65］［美］詹姆斯·奥康纳.自然的理由［M］.唐正东，臧佩洪译.南

京：南京大学出版社，2003.

［66］［美］约翰·贝拉米·福斯特.生态危机与资本主义［M］，耿建新，宋兴无译.上海：上海译文出版社，2006.

［67］［美］约翰·贝拉米·福斯特.马克思的生态学：唯物主义与自然［M］.刘仁胜，肖峰译.北京：高等教育出版社，2006.

［68］［英］佩珀.生态社会主义：从深生态学到社会正义［M］.刘颖译.济南：山东大学出版社，2012.

［69］［日］岩佐茂.环境的思想——环境保护与马克思主义的结合处［M］.韩立新等译.北京：中央编译出版社，2006.

［70］［美］蕾切尔·卡逊.寂静的春天［M］.吕瑞兰等译.上海：上海译文出版社，2015.

［71］［美］德内拉·梅多斯等.增长的极限［M］.李涛，王智勇译.北京：机械工业出版社，2006.

［72］［美］赫波特·马尔库塞.单向度的人［M］.刘继译.上海：上海译文出版社，1989.

［73］［英］伯尔基.马克思主义的起源［M］.伍庆，王文扬译.上海：华东师范大学出版社，2007.

［74］［英］史蒂文·卢卡斯.马克思主义与道德［M］.袁聚录译.北京：高等教育出版社，2009.

［75］［美］哈里·布雷弗曼.劳动与垄断资本［M］.放生等译.北京：商务印书馆，1979.

［76］［美］布若威.制造同意：垄断资本主义劳动过程的变迁［M］.李荣荣译.北京：商务印书馆，2008.

［77］［美］安德鲁·芬伯格.技术批判理论［M］，韩连庆，曹观法译，北京：北京大学出版社，2005.

［78］［美］弗雷德里克·詹姆逊.重读《资本论》［M］.胡志国，陈清贵译.北京：中国人民大学出版社，2013.

［79］［美］大卫·哈维.跟大卫·哈维读《资本论》［M］.上海：上海译文出版社，2014.

［80］［法］托马斯·皮凯蒂.21世纪资本论［M］.巴曙松译.北京：中信出版社，2014.

［81］［意］德拉·沃尔佩.卢梭和马克思［M］.赵培杰译.重庆：重庆出版社，1993.

［82］［美］米歇尔·于松.资本主义十讲［M］.沙尔博图等译.北京：社会科学文献出版社，2013.

［83］［美］保罗·斯威齐.资本主义发展论——马克思主义政治经济学原理［M］.陈观烈译.北京：商务印书馆，2006.

［84］［美］大卫·施韦卡特.超越资本主义［M］.宋萌荣译.北京：社会科学文献出版社，2006.

［85］［美］贝尔.资本主义文化矛盾［M］.赵一凡译.上海：三联书店，1989.

［86］［英］彼得·桑德斯.资本主义—— 一项社会审视［M］.张浩译.长春：吉林人民出版社，2005.

［87］［美］阿玛蒂亚·森.论经济不平等—不平等之再考察［M］.王利文等译.北京：社会科学文献出版社，2006.

［88］［法］米歇尔·波德.资本主义的历史［M］.郑方磊，任轶译.上海：上海辞书出版社，2012.

［89］［秘鲁］赫尔南多·德·索托.资本的秘密［M］.王晓东译.北京：华夏出版社，2012.

［90］［英］简·阿特·斯图尔特.解析全球化［M］.王艳莉译.长春：吉林人民出版社，2011.

［91］［英］埃里克·霍布斯鲍姆.如何改变世界：马克思和马克思主义的传奇［M］.吕增奎译.北京：中央编译出版社，2014.

［92］［美］威廉·格雷德.资本主义全球化的疯狂逻辑［M］.张定准译.

北京：社会科学文献出版社，2003.

[93] [多国] 海因兹·迪德里齐等.全球资本主义的终结：新的历史蓝图 [M].北京：人民文学出版社，2001：129.

[94] [英] 奥诺拉·奥尼尔.迈向正义与美德 [M].北京：东方出版社，2009.

[95] [德] 康德.法的形而上学原理 [M].沈叔平译.北京：商务印书馆，1991.

二、中文著作

[1] 习近平.决胜全面建成小康社会 夺取新时代中国特色社会主义伟大胜利——在中国共产党第十九次全国代表大会上的报告 [M].北京：人民出版社，2017.

[2] 习近平.高举中国特色社会主义伟大旗帜 为全面建设社会主义现代化国家而团结奋斗——在中国共产党第二十次全国代表大会上的报告 [M].北京：人民出版社，2022.

[3] 习近平.习近平谈治国理政（第一卷）[M].北京：外文出版社，2018.

[4] 习近平.习近平谈治国理政（第二卷）[M].北京：外文出版社，2017.

[5] 邓小平.邓小平文选（第3卷）[M].北京：人民出版社，2001.

[6] 汪子嵩等.希腊哲学史（第2卷）[M].北京：人民出版社，1993.

[7] 袁贵仁.价值学引论 [M].北京：北京师范大学出版社，1991.

[8] 杨耕.为马克思辩护 [M].北京：北京师范大学出版社，2004.

[9] 何怀宏.契约理论与社会正义 [M].北京：中国人民大学出版社，1993.

[10] 李惠斌，李义天.马克思与正义理论 [M].北京：中国人民大学出版社，2010.

［11］马俊峰．马克思主义价值理论研究［M］．北京：北京师范大学出版社，2012.

［12］马俊峰．社会公正与制度创新［M］．北京：中国人民大学出版社，2013.

［13］姚大志．正义与善——社群主义研究［M］．北京：人民出版社，2014.

［14］吴忠民．社会公正论［M］．济南：山东人民出版社，2004.

［15］宫敬才．马克思经济哲学研究［M］．北京：人民出版社，2014.

［16］吴向东：《重构现代性：当代社会主义核心价值观研究》（修订版）．北京：北京师范大学，2009.

［17］胡敏中．价值·公共价值·核心价值：社会主义核心价值观视点［M］．太原：山西人民出版社，2016.

［18］张二芳．自由、平等与社会公正[M]．北京：中国社会科学出版社，2011.

［19］孟祥仲．平等与效率思想发展研究—基于经济思想史视角［M］．济南：山东人民出版社，2009.

［20］张秀．多元正义与价值认同［M］．上海：上海人民出版社，2012.

［21］何怀远．发展观的价值维度［M］．北京：社会科学文献出版社，2005.

［22］邓安庆．正义伦理与价值秩序［M］．上海：复旦大学出版社，2013.

［23］涂良川．在正义与解放之间——马克思正义观的四重维度［M］．长春：吉林大学出版社，2011.

［24］林进平：马克思的"正义"解读[M]．北京：社会科学文献出版社，2009.

［25］王广．正义之后——马克思恩格斯正义观研究［M］．南京：江苏人民出版社，2009.

［26］何建华．分配正义论［M］．北京：人民出版社，2007.

［27］毛勒堂．经济生活世界的意义追问——经济正义与和谐社会的构建［M］．北京：人民出版社，2011.

［28］胡贤鑫．马克思经济伦理思想研究：马克思资本主义经济伦理批判理论［M］．武汉：湖北人民出版社，2015.

［29］吴兵．马克思经济伦理思想及其当代价值［M］．成都：四川大学出版社，2012.

［30］柳平生．当代西方经济正义理论流派［M］．北京：社会科学文献出版社，2012.

［31］柳平生．当代马克思主义经济正义理论及其实践价值［M］．北京：社会科学文献出版社，2015.

［32］谢富胜．控制与效率：资本主义劳动过程理论与当代实践［M］．北京：中国环境出版社，2012.

［33］方锡良．现代性批判视域中的马克思自然观研究［M］．上海：上海人民出版社，2014.

［34］傅强．凯·尼尔森激进平等主义正义观研究［M］．北京：中央编译出版社．2015.

［35］曹玉涛．分析马克思主义的正义论研究［M］．北京：人民出版社，2010.

［36］彭富明．马克思恩格斯正义批判理论研究［M］．北京：中央编译出版社，2013.

［37］廖小明．生态正义——基于马克思恩格斯生态思想的研究［M］．北京：人民出版社，2016.

［38］黄其洪，蒋志红．马克思批判性正义观研究［M］．北京：人民出版社，2016.

［39］赵海洋．马克思正义思想研究［M］．上海：上海人民出版社，2016.

［40］张兆民.马克思分配正义思想研究［M］.北京：中国社会科学出版社，2016.

［41］姚开建.经济学说史［M］.北京：中国人民大学出版社，2003.

［42］赵峰.新编经济学说史教程［M］.北京：北京师范大学出版社，2006.

［43］韩德强.萨缪尔森《经济学》批判：竞争经济学［M］.北京：经济科学出版社，2002.

［44］洪银兴，葛扬《资本论》的现代解析（修订版）［M］.北京：经济科学出版社，2011.

［45］许光伟.保卫《资本论》——经济形态社会理论大纲［M］.北京：社会科学文献出版社，2014.

［46］杨志，王岩《资本论》解读［M］.北京：中国人民大学出版社，2015.

［47］余斌.《资本论》正义［M］.南宁：广西人民出版社，2014.

［48］周志刚.中国社会正义论［M］.北京：中国社会科学出版社，2012.

［49］邓正来，郝雨凡.转型中国的社会正义问题［M］.南宁：广西师范大学出版社，2013.

［50］刘魁.从富强到正义：现代性重建与中国现代化的价值取向［M］.南京：江苏人民出版社，2015.

［51］姚洋.转轨中国：审视社会公正和平等［M］.北京：中国人民大学出版社，2004.

［52］丁任重，盖凯程，韩文龙.共同富裕的理论内涵与实践路径研究［M］.北京：中国社会科学出版社，2022.

［53］魏传光.马克思正义思想与现实［M］.北京：人民出版社，2022.

［54］林育川.马克思主义社会正义理论研究［M］.北京：中国社会科学出版社，2022.

［55］张晓萌.超越与回归：马克思主义正义理论研究［M］.北京：中国人民大学出版社，2019.

［56］郑永年.共同富裕的中国方案［M］.杭州：浙江人民出版社，2022.

［57］屈琦，韩文娟，苟卫锋.马克思主义正义观研究［M］.北京：中国社会科学出版社，2017.

［58］王立胜.共同富裕：看见未来中国的模样［M］.北京：中国财政经济出版社，2022.

［59］厉以宁，黄奇帆，刘世锦.共同富裕：科学内涵与实现路径［M］.北京：中信出版社，2022.

［60］任仲文.何为共同富裕［M］.北京：人民日报出版社，2021.

［61］谢伏瞻，高培勇.共同富裕理论探索［M］.北京：中国社会科学出版社，2022.

［62］许宝强，渠敬东.反市场的资本主义［M］.北京：中央编译出版社，2001.

三、国内论文

（一）学位论文

［1］易小明.正义新论［D］.长沙：湖南师范大学，2003.

［2］何建华.经济正义论［D］.上海：复旦大学，2004.

［3］张兴.马克思哲学中的生产概念［D］.武汉：武汉大学，2010.

［4］蒋志红.马克思的正义观研究［D］.武汉：华中科技大学，2011.

［5］黄海洋.马克思劳动视域下的正义观及其当代意义［D］.沈阳：辽宁大学，2013.

［6］刘岩.自由主义正义范式研究［D］.沈阳：辽宁大学，2014.

［7］赵海洋.马克思正义思想及其当代关照［D］.上海：上海社会科学院，2014.

［8］温泉.价值论视阈中的马克思正义观研究［D］.北京：中国社会科学院，2016.

（二）期刊论文

［1］习近平.扎实推动共同富裕［J］.求是，2021（20）.

［2］俞吾金.作为全面生产理论的马克思哲学［J］.哲学研究，2003（8）.

［3］李洁.重返生产的核心——基于劳动过程理论的发展脉络阅读《生产政治》［J］.社会学研究，2005（5）.

［4］张雷声.《资本论》探索资本主义生产方式运动规律的方法论体系［J］.中国人民大学学报，2008（2）.

［5］李惠斌.生态权利与生态正义——一个马克思主义的研究视角［J］.新视野，2008（9）.

［6］高兆明.马克思的唯物史观与道德观三问［J］.道德与文明，2007（3）.

［7］段忠桥.再谈"历史唯物主义与马克思的正义观念"［J］.马克思主义与现实，2017（6）.

［8］段忠桥.历史唯物主义与马克思的正义观念［J］.哲学研究，2015（7）.

［9］王新生.马克思正义理论的四重辩护［J］.中国社会科学，2014（4）.

［10］王新生.马克思正义理论的独特框架［J］.南开学报，2015（3）.

［11］李佃来."正义"的思想谱系及其当代构建：从马克思到分析的马克思主义［J］.学术月刊，2012（11）.

［12］李佃来.论马克思正义观的特质［J］.中国人民大学学报，2013（1）.

［13］李佃来.马克思正义思想的三重意蕴［J］.中国社会科学，2014（3）.

［14］李佃来.《资本论》的叙事结构与马克思正义思想［J］.华中师范大学学报，2015（7）.

［15］李佃来.历史唯物主义与马克思正义观的三个转向［J］.南京大学学报，2015（9）.

［16］李佃来.追寻马克思哲学的道德基础［J］.山东社会科学，2015（10）.

［17］张文喜.马克思对正义观的重新表达［J］.北京大学学报，2017（7）.

［18］白刚.作为"正义论"的《资本论》［J］.文史哲，2014（11）.

［19］白刚.回到《资本论》——21世纪的"政治经济学批判"［J］.学习与探索，2016（7）.

［20］林进平，徐俊忠.历史唯物主义视野中的正义观——兼谈马克思何以拒斥、批判正义［J］.学术研究，2005（7）.

［21］林进平.论马克思正义观的阐释方式［J］.中国人民大学学报，2015（1）.

［22］冯颜利.基于生产方式批判的马克思正义思想［J］.中国社会科学，2017（9）.

［23］王晓升.共同体中的个人自由和自我实现——马克思正义理论的新理解［J］.道德与文明，2014（5）.

［24］乔洪武，师远志.剥削是合乎正义的吗——西方马克思主义关于剥削与正义的思想探析［J］.华中师范大学学报，2013（5）.

［25］马嘉鸿.如何理解《资本论》重建个人所有制问题［J］.哲学研究，2017（5）.

［26］仰海峰.机器与资本逻辑的结构化——基于《资本论》的哲学探讨［J］.学习与探索，2016（8）.

［27］周凡.历史漩涡中的正义能指——关于"塔克尔—伍德命题"的若干断想［J］.马克思主义与现实，2011（3）.

［28］孟捷.论马克思的三种正义概念［J］.中国人民大学学报，2013（1）.

［29］毛勒堂.劳动正义：马克思正义的思想内核和价值旨趣［J］.毛泽东邓小平理论研究，2017（3）.

［30］李慧娟."资本主体性"批判——马克思现代性批判的本质［J］.社会科学辑刊，2013（5）.

［31］赵永刚.善与正义的统一——作为制度伦理的马克思道德哲学［J］.马克思主义与现实，2016（4）.

［32］高广旭《资本论》的正义观与马克思的现代政治批判［J］.哲学

研究，2015（12）.

［33］马拥军.历史唯物主义的"实证"性质与马克思的正义观念［J］.哲学研究，2017（6）.

［34］高云涌.马克思正义概念的哲学审视［J］.吉林大学社会科学学报，2016（3）.

［35］刘伟.论马克思恩格斯"超越正义的正义"［J］.湖南社会科学，2016（7）.

［36］陈飞.现实与超越：马克思正义理论的辩证结构［J］.道德与文明，2015（1）.

［37］王玉鹏.政治经济学批判语境中的马克思正义观阐释［J］.马克思主义与现实，2015（9）.

［38］徐峰.正义的在场与所指——以"马克思与正义"关系之争为线索［J］.云南社会科学，2014（1）.

［39］袁立国.正义观变革视野中的斯密—李嘉图—马克思［J］.天府新论，2015（3）.

［40］袁立国.生产方式的正义：马克思正义论的存在论视野［J］.社会科学辑刊，2015（5）.

［41］徐斌，巩立生.从马克思的正义批判看资本主义的二重性——基于对"塔克尔—伍德命题"的反思［J］.现代哲学，2017（1）.

［42］柴艳萍.解读马克思的交易正义观［J］.马克思主义与现实，2013（9）.

［43］陈飞.休谟的正义理论与马克思的批判性超越［J］.社会科学研究，2017（7）.

［44］陈传胜《资本论》的公平正义思想研究［J］.当代世界与社会主义，2008（5）.

［45］乔洪武《资本论》中的经济正义思想研究，当代经济研究［J］.2007（7）.

[46] 刘海龙. 生态正义的三个维度 [J]. 理论与现代化, 2009 (4).

[47] 陶火生. 资本中心主义批判与生态正义 [J]. 福州大学学报, 2011 (6).

[48] 刘颖, 韩秋红. 奥康纳生态社会主义之正义观——生产正义亦或分配正义 [J]. 当代世界与社会主义, 2012 (6).

[49] 柳平生. 当代西方经济正义理论研究 [J]. 经济思想史评论, 2007 (2).

[50] 柳平生. 当代西方马克思主义对马克思经济正义原则的重构 [J]. 经济学家, 2007 (2).

[51] 柳平生. 当代西方马克思主义对马克思经济正义思想的重读 [J]. 河南大学学报, 2009 (5).

[52] 谢昌飞, 韩秋红. 究竟是生产正义还是分配正义——兼谈马克思与奥康纳的区别 [J]. 当代世界与社会主义, 2013 (5).

[53] 李翔. 马克思对正义思想的批判与超越——基于生产正义的视角 [J]. 学术论坛, 2014 (5).

[54] 张欢欢. 生产正义还是分配正义—马克思与罗尔斯正义理论比较研究 [J]. 理论月刊, 2015 (1).

[55] 张艳涛. 思想史语境中的《资本论》——兼论《资本论》与 21 世纪"中国现代性"建构 [J]. 马克思主义与现实, 2015 (4).

[56] 王峰明, 牛变秀. 要在生产方式的高度认识剥削问题——立足于《资本论》及其手稿的阐释 [J]. 思想理论教育导刊, 2014 (2).

[57] 孙亮. 重审《资本论》中的"正义"概念——基于"事物化"与"物化"界划的视角 [J]. 学术月刊, 2015 (3).

[58] 孙亮. 马克思拜物教批判语境中的"正义"概念 [J]. 华东师范大学学报, 2014 (5).

[59] 覃志红. 时代境域中的马克思生产理论研究 [J]. 河北学刊, 2011 (2).

［60］仰海峰．生产理论与马克思哲学范式的新探索［J］．中国社会科学，2004（4）．

［61］王广．马克思视域中的劳动、生产资料与正义［J］．江海学刊，2009（4）．

［62］王广．马克思恩格斯对蒲鲁东正义思想的批判［J］．理论视野，2006（4）．

［63］王芹，颜岩．马克思生产理论的批判性何以可能？［J］．山东社会科学，2015（9）．

［64］郑元叶．马克思、生产方式和正义：塔克—伍德命题的批驳［J］．道德与文明，2011（6）．

［65］王峰明．马克思"生产方式"范畴考释——以《资本论》及其手稿为语境［J］．马克思主义与现实，2014（4）．

［66］李翔．当代中国语境下正义理论之建构［J］．学习论坛，2017（5）．

［67］汪行福．超越正义的正义论：反思"马克思与正义"关系之争［J］．江海学刊，2011（3）．

［68］李稻葵．消除贫困的中国道路［J］．中央社会主义学院学报，2022（5）．

［69］李娟．新时代实现共同富裕的社会保障制度研究［J］．新经济，2023（2）．

［70］邓莉．政治哲学视野中的共同富裕［J］．江西社会科学，2022（6）．

［71］付文军．共同富裕的政治哲学阐释［J］．思想理论教育，2022（6）．

［72］张志丹．论共同富裕的伦理意蕴［J］．道德与文明，2022（4）．

［73］张鹏．论共同富裕的伦理世界观及意义［J］．江西社会科学，2022（6）．

［74］范伟伟．历史唯物主义视域下共同富裕的伦理意蕴［J］．思想教育研究，2022（5）．

［75］吴宁等．马克思幸福伦理思想视阈下的共同富裕［J］．郑州轻工

业大学学报（社会科学版），2022（4）.

［76］马惠娣.马克思主义历史逻辑中的"共同富裕"［J］.哲学分析，2022（4）.

［77］刘荣军.马克思财富哲学视域中的共同富裕与三次分配［J］.深圳大学学报（人文社会科学版），2022（1）.

［78］袁航.新时代促进共同富裕"路线图"的哲学意蕴［J］.南开学报（哲学社会科学版），2022（2）.

［79］刘莉.新时代共同富裕背景下生态正义的理论逻辑与实现路径［J］.社会主义研究，2022（5）.

［80］赵丹丹，赵秀凤.新时代共同富裕的马克思分配正义向度［J］.浙江理工大学学报（社会科学版），2023（1）.

［81］贾则琴，龚晓莺.新时代共同富裕的时代内涵、长效困境与实现路径［J］.新疆社会科学，2022（4）.

［82］张由菊.新时代实现共同富裕的伦理路向［J］.内蒙古社会科学，2022（6）.

［83］龚天平，殷全正.共同富裕：思想回顾与伦理省思［J］.华中科技大学学报（社会科学版），2022（6）.

［84］晏辉.新时代共同富裕思想的伦理基础论证［J］.哲学动态，2022（9）.

［85］肖祥.共同富裕：社会正义的中国实践及其发展启示［J］.理论学刊，2023（1）.

［86］赫曦滢.共享：共同富裕的伦理出场［J］.学习与实践，2023（7）.

［87］贺汉魂.劳动正义：人民共同富裕市场经济体制的伦理基石［J］.甘肃社会科学，2023（2）.

［88］陈伟宏.共同富裕的伦理内涵［J］.思想理论研究，2022（10）.

［89］廖小明.中国式现代化新场域下共同富裕与公平正义互促提升探要［J］.广西社会科学，2023（3）.

［90］陈潭，廖令剑.共同富裕的正义追寻及其共同守护［J］.学术研究，2023（5）.

［91］臧峰宇，朱梅.关于马克思正义论研究的认知测绘［J］.哲学动态，2019（12）.

［92］林进平.论马克思主义正义观的三种阐释路径［J］.哲学动态，2019（8）.

［93］张晓萌.马克思主义正义理论形成的历史路径［J］.马克思主义理论学科研究，2019（6）.

［94］李楠.运用马克思主义正义观推进社会公平正义［J］.人民论坛，2022（Z1）.

［95］赵怀志.马克思正义观对推进共同富裕的启示［N］.学习时报，2022—11—29.

［96］陈培永，史锡哲.马克思主义正义观研究的中国出场、现状和走向［J］.中国社会科学评价，2021（2）.

［97］王代月.马克思的劳动正义理论及现实价值研究［J］.思想战线，2010（1）.

［98］刘华，钟清莲.新时代推进我国共同富裕研究的近路与展望？［J］.新视野，2022（4）.

［99］鲁品越.资本逻辑与人的发展悖论［J］.学习与探索，2013（2）.

［100］董必荣.资本逻辑："经济正义"的当代境遇［J］.伦理学研究，2016（6）.

［101］李培超.论生态正义［N］.光明日报，2005-03-15.

四、外文文献

［1］Hanan, *Joshua. Economic Justice*［M］. Oxford University Press, 2015.

［2］Hahnel, Robin. Economic justice［J］. *Review of Radical Political Economics, Spring*, 2005, Vol.37(2), p.131(24).

［3］Stohs, Mark. *Justice and Marx's "Capital"*［D］.ProQuest Dissertations and Theses, ProQuest Dissertations Publishing, 1980.

［4］Greaves, Duncan. Marx, Justice and History［J］. *A Journal of Social and Political Theory*, 1 October 1994, Issue 83/84, pp.13—35.

［5］Aslantepe, Ilker. *Capitalism, justice, and human autonomy*［D］. ProQuest Dissertations and Theses, ProQuest Dissertations Publishing , 2012.

［6］Fried, Marlene Gerber. Marxism and Justice［J］. *The Journal of Philosophy*, 10 October 1974, Vol.71(17), pp.612—613.

［7］Castellana, Richard. *Justice and Economic Life: An Interpretation of Marx's Critique of Capitalism*［D］. ProQuest Dissertations and Theses, ProQuest Dissertations Publishing , 1987.

［8］Gary Young. Justice and Capitalist Production: Marx and Bourgeois Ideology［J］. *Canadian Journal of Philosophy*, Vol. 8, No. 3 (Sep., 1978), pp. 421—455.

［9］Diquattro, Arthur. Alienation and Justice in the Market［J］. *The American Political Science Review*, 1 September 1978, Vol.72(3), pp.871—887.

［10］Andre Gorz. *Capitalism, Socialism, Ecology*［M］. London and New York: Verso Books, 1994.

后 记

本书的撰写是在我博士论文的基础上修改完善而成。2018年6月，我以《马克思关于资本主义生产方式正义性问题的思想研究》为题完成了博士论文答辩并顺利获得学位，在此，感谢母校北京师范大学哲学学院的培养，感谢我的博士生导师胡敏中教授、硕士生导师吴向东教授的悉心指导与帮助。在论文的选题上胡老师给了我极大的自由空间，在论文构思和写作过程中又给了我悉心的指导与支持。胡老师严谨的学术态度、精益求精的治学理念一直激励着我。感谢我的硕士生导师吴向东教授，在我的心中，吴老师一直是我的"第二博导"。可以说，在追逐博士梦想的路途上，没有吴老师的提携就不会有我的四年博士生涯。在论文选题和构思的过程中，吴老师总能给我以醍醐灌顶、拨云见日之感，在我边工作边写作论文的日子里，吴老师也总是询问和关心着我的论文写作的进展。吴老师是一位严师，更是一位仁慈的长者，他的学术之志和为人之道一直激发和感染着我。在这里，我要向二位导师深深地道一声"谢谢"！谢谢你们对学生的宽容与厚爱。

博士毕业后，一直有将博士论文出版的想法，但由于各种"机缘不巧合"，未能如愿。直到开始关注到"共同富裕"相关研究之后，才有了从马克思正义论的视角出发来阐释共同富裕的科学内涵和正义伦理价值的打算，这也为搁置已久的博士论文提供了一个"重见天日"的机会。马克思对资本主义生产方式的批判鲜明地表达了其对正义伦理的诉求，表达了对未来正义社会制度的描绘，展现了其深刻的人文情怀。正处于百年未有之大变局的新时代的我国，在推进共同富裕的历程中落实了中国特色社会主义减贫理论，丰富了中国式现代化道路以及人类文明新形态。马克思主义理论体系中的正义伦理诉求和中国特色社会主义新时代的伟大实践中都有着对共同富裕美好未来的创想，这些美好愿望如今正形成合力，在中华民族伟大复兴中国梦的实现过程中，提供着无尽的内生动力。

在本书研究和撰写过程中，赵雪老师承担了第六章"共同富裕"部分章节的撰写工作，郑甲平、黄逸超等老师在文献搜集、格式规范等方面做了大量工作，在此一并表示感谢！本书的研究得到 2023 年度河北省教育厅青年拔尖人才项目《共同富裕的正义伦理价值研究——基于马克思正义论研究的理论视角》（BJS2023016）的资助，同时也得到九州出版社的大力支持，在此表示衷心感谢！由于个人水平有限，本书必然存在不少问题和不足，敬请各位读者批评指正，以便在未来的研究中进一步改进提高。

刘建涛

2023 年 11 月